本书为国家自然科学基金青年科学基金
"战略性新兴产业中后发企业破坏性创新过程研究"资助项目
（项目批准号：71202116）

U0754711

基于金字塔底层的
颠覆性创新

Disruptive Innovation for the Base of
the Pyramid Markets

周江华　著

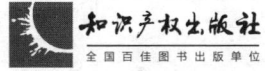

知识产权出版社

全国百佳图书出版单位

图书在版编目（CIP）数据

基于金字塔底层的颠覆性创新/周江华著. —北京：知识产权出版社，2018.8

ISBN 978 - 7 - 5130 - 4765 - 4

Ⅰ. ①基… Ⅱ. ①周… Ⅲ. ①企业创新—研究 Ⅳ. ①F273.1

中国版本图书馆 CIP 数据核字（2017）第 032789 号

责任编辑：李　潇　　　　　　　　　　　责任校对：谷　洋

封面设计：李志伟　　　　　　　　　　　责任印制：刘译文

基于金字塔底层的颠覆性创新

周江华　著

出版发行：知识产权出版社 有限责任公司	网　　址：http://www.ipph.cn
社　　址：北京市海淀区气象路 50 号院	邮　　编：100081
责编电话：010-82000860 转 8133	责编邮箱：elixiao@sina.com
发行电话：010-82000860 转 8101/8102	发行传真：010-82000893/82005070/82000270
印　　刷：三河市国英印务有限公司	经　　销：各大网上书店、新华书店及相关专业书店
开　　本：787mm×1092mm　1/16	印　　张：13.5
版　　次：2018 年 8 月第 1 版	印　　次：2018 年 8 月第 1 次印刷
字　　数：232 千字	定　　价：69.00 元

ISBN 978-7-5130-4765-4

自 序

　　本书的完成源于我长期以来从事的一项研究：世界经济的金字塔底层（BoP）市场是否能够成为创新的重要发源地？企业如何才能通过反传统的创新模式开启金字塔底层市场中的增长机会？这一选题源于已故管理学大师普拉哈拉德提出的思想：世界上最令人兴奋、增长最快的新兴市场存在于世界经济的金字塔底层。

　　长期以来，金字塔底层市场中的低收入群体一直被视为扶持对象，无法主动加入到财富创造的过程之中。最终导致的结果是，以慈善或企业社会责任等方式投入其中的经济资源无从发挥效率。因此，需要找到创新性的解决方案来解决金字塔底层市场的发展问题。在这种情况下，企业的金字塔底层战略提供了一种将企业创新和金字塔底层市场发展结合在一起的创新性解决思路。该理论从企业营利前景的角度而非以往单纯的社会责任角度关注企业面向低收入人群的创新活动，即金字塔底层群体未被满足的需求可以引导企业开发出创新产品来满足经济和社会的需要，并在全球范围内找到一种革命性的商业模式。

　　更为重要的是，真正具有革命性的商业模式也许不只是存在于金字塔底层市场，更可能是从金字塔底层市场出发，最终进入高端市场。在传统的商业模式中，绝大多数的技术和商业创新是在发达国家和地区实现的。这些创新产品或服务的目标市场首先是发达国家和地区的领先用户（lead user），然后才逐渐扩散到发展中国家或中低收入人群。这也可能是在中国及其他发展中国家原创性的创新成果比较少的一个原因。金字塔底层市场的存在，为企业提供了许多新的创新机会。因为金字塔底层市场要求不太苛刻，客户群体相对宽容，允许企业研发周期长、缺少清晰的收益或不易被浮躁的投资者所接受的新技术。这些创新最初以金字塔底层群体为目标市场，并且随着技术和商业模式的不断改进，还可以被用于更加高端的市场中。在适应金字塔底层市场的过程中，企业必须重新思考其产品和服务，公司的组织结构会发生变革，其所服务的产业也会发生变革。这样，通过实施金字塔底层战略，企业可能会找到一种新的商业模式。

这种技术和商业模式的创新，属于典型的颠覆性创新。颠覆性创新强调以边缘市场中非消费者的需求为出发点，推出全新的产品组合，进而颠覆主流市场。金字塔底层市场中有大量的非消费者群体，这些人被现有产品排除在外或者现有产品不能很好地满足其需求，因此很希望获得比主流市场中更简单的产品并为之支付成本，这些非消费群体正是颠覆性创新的理想目标。因此，金字塔底层市场中的独特需求是孕育颠覆性创新的温床。更为重要的是，在低收入市场建立的业务模型具有很强的可移植性，可以较容易地运用到高端市场。因此，颠覆性技术可以从金字塔底层市场开始破坏并不断向高端渗透。

已经有很多跨国公司开始关注金字塔底层市场中的创新机会。比如，GE公司提出的反向创新模式就是强调针对发展中国家的金字塔底层市场开发低成本医疗设备，而且这些低成本医疗设备随后又在高端市场获得了较快发展。同样在印度，ITC公司推出了"乡村电子会所"计划，为乡村提供个人电脑，帮助农户搜索国内外市场的价格信息。

这种创新模式在中国企业中也有很多成功的范例。比如我国的格兰仕就是通过设计简单、能效高且很适合中国厨房特点的微波炉，从中国市场开始颠覆，并成功颠覆了全球微波炉产业的竞争格局。大家所熟悉的山寨手机和电动自行车，实际上就是一种最初以金字塔底层群体为目标市场，然后又逐渐向高收入人群市场扩散的技术和商业模式创新。这种创新模式对于中国这样的发展中国家具有特别重要的意义。一方面，基于金字塔底层市场的颠覆性创新是一种能够将可持续发展和促进自主创新结合起来的发展模式；另一方面，由于相对于跨国公司，发展中国家的本土企业更了解金字塔底层市场，基于金字塔底层市场的颠覆性创新可以给发展中国家的本土企业提供一个通过自主创新与发达国家企业竞争的机会。对这一问题的深入探究将有助于发现我国企业通过金字塔底层市场对跨国公司进行赶超的新模式，积极寻找和探索新的且具有中国特色的创新路径。本书就是在这一理论背景下，通过对几个行业的深入分析和理论研究，探寻中国本土企业基于金字塔底层市场进行颠覆性技术和商业模式创新的机理，寻找适合中国特色的创新模式，为我国企业抓住这一跨越式发展机会提供理论指导。

本书的研究得到了国家自然科学基金青年科学基金（批准号：71202116）的支持，对于国家自然科学基金给予我们在调研过程中提供的经费支持，我们表示感谢。同时，如果没有企业和行业协会的积极支持，我们的研究也无法顺利完成。在企业调研过程中，相关管理人员表现出很高的热情，付出了大量时间，提出了很多真知灼见，令我们十分感激。最后，本书的完成要感谢清华大学经济与管理学院仝允桓教授，正是仝教授带领我进入金字塔底层研究这一领域，并且对我的研究进行了大量指导；还要感谢清华大学经济与管理学院李纪珍教授，他对于书中的案例及理论分析，提出了很多启发性建议；感谢对外经济贸易大学国际商学院邢小强教授在书籍整体框架方面的建议。

本书写作中最大的支持者是我的家庭。我的爱人一直是我的力量源泉，她对我研究工作的意义深信不疑，心甘情愿地为我从事这一项目提供空间和时间。我的女儿在我写作过程中，一直鼓励我坚持下去。对她们给予的支持，表示由衷感谢。

希望本书的出版能够推动中国企业更积极地参与到针对金字塔底层市场的创新实践之中。当然，由于书中涉及的知识范围非常广泛，加上作者水平所限，因此文中难免有错漏之处，敬请读者批评指正。

目　　录

第1章 金字塔底层战略的重要意义

1.1 背景介绍

1.1.1 金字塔底层（BoP）战略

随着社会主义市场经济建设的不断推进，中国在经济增长和社会进步方面取得了巨大成绩。然而，经济增长中的贫富差距越来越大，已成为一个不可忽视的社会问题。我国很多人（尤其是农村人口）仍生活在贫困之中。传统上，学术界和企业界倾向于将低收入群体❶视为经济发展的负担或者受害者，认为他们只能被动接受援助，无法主动加入到财富创造的过程之中，其结果是这一庞大群体对社会的依赖性日益增强，投入其中的经济资源无从发挥效益（唐方成，全允桓 & 席酉民，2006）。可持续发展观要求我们重新审视对低收入群体的看法，改变长期以来对该群体所形成的一系列偏见，将其视为富有活力和创新力的经济团体，找到与贫困人群共赢发展的模式。社会创业（social entrepreneur）、包容性增长（inclusive growth）、益贫式商业模式（pro - poor business）、金字塔底层（base/bottom of the Pyramid，BoP）战略等研究是这些发展思路的集中体现。

其中，金字塔底层战略是近年来受关注较多的一种基于市场机制的创新性解决方案。该理论认为，低收入人群这一位于金字塔底层的群体购买力总量巨大，对企业而言是巨大的商机，通过寻求满足该群体的潜在需求，企业可以创造出新的产品或服务来满足自身生存发展和社会进步的要求。通过实施 BoP 战

---

❶ 也就是贫困人口，为突出该群体具有参与经济活动的潜力，本书中统一用"低收入群体"这一更中性的概念。

略，企业可以找到一种革命性的商业模式，并导致产业结构发生变革（Christensen，Craig & Hart，2001；Christensen，Suárez & Utterback，1998），不仅为公司和消费者带来经济利益，而且可以为解决社会问题做出贡献（Prahalad & Hart，2002）。从这个意义来说，该理论是尝试融合企业与社会视角可持续发展的新探索。

传统上，理论界和企业界普遍认为低收入群体的市场购买力较弱、不乐于接受先进技术而且品牌意识很弱，因此企业开发这一市场代价高昂且无利可图（罗譞，2007）。BoP 战略则挑战了这些基本假设，认为在数量庞大的低收入群体中蕴藏着巨大的、必须被释放的购买力，为企业提供了一个潜在的巨大市场。该理论所提出的技术和商业模式创新已经出现在通信、能源、建筑、制药和金融等许多领域，并取得了较大的经济效益和社会效益，因此越来越受到学术界和商业社会的广泛关注。

1.1.2 BoP 战略与颠覆性创新

Christensen（1996）提出的颠覆性创新（disruptive innovation）理论[1]指出，企业通过引入与现有产品相比完全不同的产品和服务（往往是比较简单、更加便利和廉价的产品），可以吸引处于次要市场上不太挑剔的消费者（或者潜在消费者）。在此基础上，企业通过技术进步就可以将主流市场的消费者吸引入新价值网络，实现对原有市场的颠覆。颠覆性创新现象在很多行业都有发生，比如日本的汽车和钢铁产业通过颠覆性创新对美国相应的产业实现了颠覆性打击。

随着"成熟市场中心论"受到越来越多的挑战，一些学者开始指出，BoP市场有可能成为颠覆性创新的重要来源。BoP 群体被现有大多数产业排除在外，不受传统技术的束缚，因此使用新技术的转换成本很低；而且，BoP 群体相对宽容，要求不太苛刻，可以容忍新技术某些方面的一些缺陷，因此可以成为颠覆性创新的初期发展平台（Hart & Christensen，2002）。由于 BoP 市场中

---

[1] 很多文献中也将 Disruptive Innovation 译为"破坏性创新"。但本研究认为，"破坏性创新"这个词容易让人联想到熊彼特所提的"创造性破坏（Creative Destruction）"。事实上，Disruption 和 Destruction 两个词有不同含义，不能混为一谈。因此，我们使用"颠覆性创新"这个词，以更好地描述新技术所产生的颠覆性效果。

有大量没有被包容进现有价值网络的非消费群体，如果企业可以通过创造新的价值网络在该市场中推行颠覆性创新，则能够以该市场为平台启动新的增长引擎（Hart & Christensen，2002）。这一论断在一些发展中国家得到了证实。比如，简单易用的小规模太阳能用户系统就表现出颠覆性创新的特征，该项技术在很多发展中国家的 BoP 市场获得了远超过发达国家的增长速度（Miller，2009）。在中国，也有很多成功的案例。比如，山寨手机就是通过在 BoP 市场的颠覆性创新实现了快速增长（周江华，全允桓 & 李纪珍，2012）。

另外，商业社会也越来越重视面向 BoP 市场的颠覆性创新。比如，在过去几年里，通用电气、西门子、微软和飞利浦等公司纷纷开始推行先针对 BoP 市场的特点进行创新，然后再将其推广到发达国家的"反向创新"模式，其本质就是通过面向 BoP 市场的颠覆性创新找到新的机会之窗（Immelt，Govindarajan & Trimble，2009）。在跨国公司日益关注 BoP 市场的同时，作为 BoP 人群的大国，我国的企业更应该重视 BoP 市场带来的机遇。面向 BoP 市场的颠覆性创新为后发企业提供了利用创新获得超常规增长的机会，为我国企业实现后发优势提供了可行的发展路径。由于本土企业比跨国公司更熟悉 BoP 市场，如果可以根据 BoP 的特征推行颠覆性创新，就可以在创新中取得主动，实现跨越式发展（全允桓，周江华 & 邢小强，2006）。因此颠覆性创新与 BoP 战略的结合可以成为我国企业的可行战略。

在这一背景下，在中国特色的社会、经济和文化背景下探索中国企业通过颠覆性创新开展 BoP 战略的规律，无疑具有重要的理论和现实意义，有助于推动 BoP 理论和创新研究的发展。但是，颠覆性创新理论脱胎于发达国家的市场，其中的一些假设必然有不适合 BoP 市场的地方，因此，需要在借鉴已有理论并考虑中国 BoP 背景的基础上重新审视其基本假设，构建新的理论基础，探讨新的创新模式和创新实现路径。这正是我们要重点研究的内容。

1. 2　理论与现实意义

在中国开展面向 BoP 市场的颠覆性创新研究，具有重要的理论和现实意义。然而，虽然颠覆性创新在国内受到学术界很多关注，但中国作为一个 BoP 群体庞大的大国，在 BoP 领域的研究却很少，这同另一个 BoP 大国印度形成了鲜明的对比。事实上，对中国企业的 BoP 实践进行研究，可以丰富已有的颠覆性创新和 BoP 理论。中国特殊的社会、经济和文化制度等环境使得中国企业的 BoP 业务表现出一些独有的特点，挑战早期 BoP 理论中的一些假设（Kostka & Zhou, 2010），并推动相关理论研究的进展。

具体而言，本研究具有如下理论和实践意义。

（1）有助于企业通过创新开发 BoP 市场中蕴藏的商机。

BoP 战略改变了人们对 BoP 群体的旧有看法，强调企业与 BoP 群体的共赢：企业通过为 BoP 群体提供其所需的产品或服务而获利，BoP 群体则通过参与市场活动而提高生活水平。在 BoP 市场中有大量消费、生产和创新资源尚未开发，通过与 BoP 群体开展商业合作，企业不但可以开发 BoP 群体市场，而且可以开发该群体中潜在的资源，以创造更多的价值（Zhou, Xing & Tong, 2009）。

（2）有助于我国企业探索培养自主创新能力的新道路。

企业界上百年来固有的发展思路，都是以发达国家（或发展中国家的发达地区）市场的领先用户为中心，通过后续开发和营销扩散到其他市场。如果发展中国家的企业也追随这一发展思路，则会遇到后来者劣势问题（高旭东，2008）。首先在发达国家和地区的高收入群体中寻找领先用户的倾向，一开始就将发展中国家的企业置于不利的竞争地位，从而导致中国及其他发展中国家原创性的创新成果比较少。由于本土企业更了解 BoP 市场，开展面向 BoP 市场的颠覆性创新，可以为本土企业提供一个通过自主创新与发达国家企业竞争的机会，这对于培养本土企业的自主创新能力将会很有帮助。

BoP 市场有着独特的经济、文化和制度特点（如交通基础设施较差、制度可能存在缺陷等），要求企业采取创新性解决方案（Hart, 2005b），通过重新思考价值链来开发该市场中的机会（Prahalad, 2004a）。这些创新会推动新产品、服务和商业模式的开发，使创新型公司在该市场中具有独特的竞争优势；同时这些创新成果又可以推广到其他市场（Brown & Hagel, 2005；Hart & Christensen, 2002；Mahajan, Pratini De Moraes & Wind, 2000；Prahalad & Hart, 2002），因此企业能以 BoP 市场为平台，打造自己在多个市场的竞争力。

（3）有助于找出一种将可持续发展、构建和谐社会和促进自主创新的目标结合起来的企业发展模式。

BoP 战略与中国政府所提倡的包容性增长理念是一脉相承的，是贯彻这些理念的微观基础。通过企业的 BoP 战略，各种类型的个人和团体可以被包容进价值创造之中，使得经济增长和社会进步以及人民生活的改善同步，并且允许 BoP 群体公平合理地分享经济增长的好处，从而推动可持续发展目标的实现。具体而言，企业通过技术和商业模式创新进入 BoP 市场，还可以产生如下社会效益：

① 提高 BoP 群体的生产力和当地的经济发展能力。首先，获得创新性的产品和服务本身就可以提高人们的生产力（如电力供应、移动电话、农业设备、信贷与保险）；其次，在进入 BoP 市场的过程中，企业可以对自身的商业模式进行创新，将 BoP 群体或当地的微型企业整合入企业价值链的过程中，大大提高其生产力，在有效撬动当地资源的价值创造潜力的同时，还帮助 BoP 地区提高了经济发展能力和其他方面的能力，从而实现企业与 BoP 群体、BoP 地区的互惠式发展。

② 赋予 BoP 群体经济权利。与 BoP 群体开展商业合作可将其带入市场，从而从个体和群体层面上赋予 BoP 群体经济权利，使他们能够更好地掌握自己的生活，唤起其发展意识。企业通过提供信息和培训，可以惠及边缘化群体，赋予他们新的机会、希望和自豪感，给人们带来信心和力量，让他们依靠自己摆脱贫困。

（4）丰富 BoP 领域的案例研究，深化 BoP 理论体系。

尽管 BoP 领域已经有不少案例，但大部分案例仍以现象描述为主，缺少理论层次的分析（仝允桓，周江华 & 邢小强，2010），采用严格案例研究方法的研究成果还比较少。迄今为止，该领域的许多研究都将注意力集中在大型跨国公司，致力于帮助跨国公司在金字塔底层寻找新市场，对发展中国家本土企业的关注不够。事实上，在很多 BoP 地区，本土企业在构建本地化经济系统方面具有更大的优势，因此，深入探析中国本土企业的案例，将更加丰富 BoP 研究的视角。

另外，现有的大多数 BoP 研究都没有考虑一国的政治、经济、文化背景等方面的因素对具体 BoP 业务模式的影响，因此研究结论的可推广性招致了一些学者的批评（Prasad & Ganvir, 2005；Rost & Ydren, 2006）。本研究是在中国这一独特的背景下开展的，重点探讨中国 BoP 市场的特征以及我国的政治、经济、文化、制度等情景因素对企业的影响，探索中国企业开展面向 BoP 市场的技术和商业模式创新的特征。中国是一个处于转型经济中的发展中国家，经济体制、发展阶段和企业特点既不同于发达国家，也不同于其他发展中国家。因此，中国企业面向 BoP 市场的技术和商业模式创新有其自身的规律，对这些规律的探究将丰富已有的 BoP 研究，推动该领域进一步走向深入。

（5）丰富颠覆性创新研究的内容，完善相关理论。

面向 BoP 群体的颠覆性创新的对象、方法、过程和管理与传统的创新模式相比有着显著差异，从某种意义上来说是研究范式的变革。我国的 BoP 市场有其自身的特殊性和规律，面向 BoP 市场的颠覆性创新对一些传统的经济和管理理论假设提出了挑战（比如，BoP 群体作为市场参与者的作用，技术创新的来源等），并启发我们探索一些新的理论问题，包括 BoP 市场导向颠覆性创新的机制、新技术和商业模式在 BoP 导向创新中的作用等。本研究将在我国真实企业案例的基础上，深入探究中国企业面向 BoP 市场开展颠覆性创新的特征与内在机理，其成果是对 BoP 和颠覆性创新理论的拓展与丰富。

从颠覆性创新的角度探讨 BoP 问题，就是企业通过创新在 BoP 市场中发动创造性毁灭的过程。在这一过程中，企业首先要提出将 BoP 群体包括在内的新价值主张。由于产品与服务是企业价值主张（value proposition）的主要载体，反映了企业对于 BoP 市场的价值理念与看法，因此企业要通过颠覆性技术创新推出更适合 BoP 市场特点的新产品或服务。在此基础上，为了克服 BoP 市场中的地理分散与基础设施不完善等障碍因素，企业应识别到达 BoP 消费者的不同路径，通过对商业模式进行重新设计来使产品与服务能够更直接面对 BoP 市场的终端消费者（赵晶，关鑫 & 仝允桓，2007），使创新得以在 BoP 市场中快速扩散。

可以看出，面向 BoP 市场的颠覆性创新其实就是企业通过颠覆性技术和商业模式创新开发 BoP 市场的过程，随着技术的适用性、可获得性、可负担性与可接受性等问题得到解决，新的价值创造和价值传递模型被创造出来，并带动更多资源投入到这一循环之中，从而推动颠覆性创新在 BoP 市场中得到更快速的应用和推广。技术和商业模式是面向 BoP 市场的颠覆性创新的两个最重要因素，两者的协同是企业成功建立 BoP 业务的关键。然而，不论是在颠覆性创新研究领域还是在 BoP 研究领域，将技术和商业模式结合起来进行探讨的研究尚不多见，这为后续研究留下了很大的空间。本研究将重点探索这些问题。

（6）BoP 研究作为新兴的领域，为我们提供了在国际学术圈迎头赶上的机会。

虽然国际上已经有一些学者开始关注企业面向 BoP 市场的创新行为，但 BoP 的概念从 1998 年提出到现在，尚处于概念提出、内涵界定及内容完善阶段（仝允桓 et al.，2010；周江华，仝允桓 & 李纪珍，2010），没有形成完整的理论体系。因此，对中国企业面向 BoP 市场的颠覆性创新进行研究，将会是我们在国际上迎头赶上的良好契机。

综上所述，对企业面向 BoP 市场的颠覆性技术和商业模式创新进行研究具有重要的理论和现实意义。理论界、企业界和政策制定者都开始关注该领域，但还没有深入探讨。尽管目前的研究已经从多角度分析了 BoP 市场的特征、企业面向 BoP 市场的创新特点，但大部分研究仍以表象性描述为主，缺乏理论分析，关于创新模式、创新机理的研究还不多，关于创新过程也缺乏深入的案例剖析。本研究致力于在已有研究的基础上，进一步深入分析企业面向 BoP 市场的颠覆性技术和商业模式创新的特点以及过程，弄清在实际的市场环境中面向 BoP 市场的颠覆性创新是如何产生和发展的，解释这种创新是如何成功的，为什么成功。本研究将丰富 BoP 研究和颠覆性创新研究的内容，推动已有理论的发展。

1.3　研究目标与研究内容

我们的研究目标是：

（1）从企业视角出发，对面向 BoP 市场的颠覆性技术和商业模式创新进行界定，建立基于颠覆性技术和商业模式协同创新的 BoP 商业实践的分析框架。

（2）以中国案例为基础，从技术和商业模式创新的角度寻找企业在 BoP 市场开展颠覆性创新的条件以及关键成功因素，在创新理论研究方面有所贡献。

（3）为企业面向 BoP 市场的创新实践提供借鉴和参考。

正如前文所述，已有 BoP 研究中很少从商业模式创新的视角探讨颠覆性创新过程。因此，本研究将商业模式创新的研究引入进来，探究企业如何通过颠覆性技术与商业模式创新的协同建立成功的 BoP 业务。

具体而言，本研究重点关注以下内容：

• BoP 市场和 BoP 群体在行为特征、能力特征和所处的环境特征方面具有哪些特点？这些特点对企业的技术和商业模式提出哪些独特的机遇和挑战？

• 为应对 BoP 市场中的机遇和挑战，企业在 BoP 市场中的颠覆性技术创新和商业模式创新各表现为什么样的具体形态？

• 企业如何通过技术与商业模式创新的协同来实现对 BoP 市场的颠覆，并建立成功的 BoP 业务模型？其内部的机理是什么？

• 面向 BoP 市场的颠覆性创新在什么条件下可以发生？其具体实现手段有哪些？

1.4 研究方法

由于 BoP 研究仍处于理论构建的初级阶段，关于我们要研究的这些问题，并没有太多已有研究可以借鉴。因此，对这些问题的回答属于探索性研究，这就决定了本研究无法采取预先假设再进行检验的形式，而只能在对研究问题进行清楚界定的基础上从实证研究中归纳建构理论框架，并将其与已有文献进行比较，完善现有理论。为此，本研究遵从探索性研究逻辑，通过多案例研究来构建和完善理论（Eisenhardt，1989；Yin，2009），采用归纳法确定分析框架、展开研究内容。案例研究的指导性问题是：企业如何在 BoP 市场发动颠覆性创新。

同时，为了对文中的质性数据进行分析，本研究采取了扎根理论的方法（Strauss & Corbin，1990），通过三级编码来从大量质性资料中提炼出构念和理论体系。具体来说包括以下内容。

（1）开放式编码（open coding）。

开放式编码主要用于对所收集的质性资料进行首次分析，其具体做法是，先设置一些主题，将大量资料打碎，并以贴标签的形式形成初始概念，以将大量零散的混杂资料转变成不同的类型。开放式编码将资料深处的主题带到表面。该阶段作者遵守的一个原则是：相信一切，又要怀疑一切（corbin & Strauss，1990）。

（2）轴心式编码（axial coding）。

轴心式编码从初步的主题或初步的概念开始，从中归纳和建立主范畴

（category），界定概念之间的各种联系，以探索资料中各部分之间的有机关联，其背后的逻辑可以是因果关系、递进关系、语义关系、情境关系、相似关系、对比关系、对等关系、类型关系、结构关系、功能关系、过程关系以及策略关系等（陈向明，2000）。

轴心式编码中，研究者更注重的是主题，而不是资料，即研究者带着基本或初步的编码主题去看待和阅读资料。轴心式编码中，每一次只对一个主题进行深度分析，并围绕该主题寻找相关关系，因此称为"轴心"。随着分析的不断深入，各主题之间的各种联系会变得越来越清晰和具体。

（3）选择式编码（selective coding）。

选择式编码的主要任务是形成核心范畴，即在浏览资料和前述编码工作的基础上，通过对资料进行系统分析，将已发现的概念和范畴集中到一个核心主题上，称之为核心范畴。与其他范畴相比，核心范畴应该具有统领性，能够将大部分概念或范畴囊括在一个比较宽泛的理论范围之内，将其他范畴串成一个整体，起到提纲挈领的作用（陈向明，2000）。在选择式编码过程中，核心范畴始终指引着研究过程。

另外，由于核心范畴很容易发展成更具概括性的理论，因此，随着核心范畴被分析出来，理论便向前发展了。在论文的写作中，选择式编码过程是唯一一个能够体现在书面的资料分析环节的。

扎根理论的两个重要内容就是形成概念和建立理论（Glaser & Strauss，1967）。概念的形成是质性资料分析过程中一个非常重要的部分，是研究过程中用以组织资料和概括资料含义的重要方式。在本研究中，作者根据资料来提炼概念，概念的形成贯穿了资料收集和分析的全过程。文中对质性资料的分析，都穿插着一些重要概念。在此基础上，作者将资料形成概念化的定义，考察概念间的逻辑关系，并最终将概念相互连接，形成相应的理论陈述。一般来讲，在对资料进行编码的过程中，我们就将资料概念化，为质性资料分析提供良好的基础和框架。

在上述研究步骤的基础上，本研究最终形成了企业面向 BoP 群体的颠覆性技术和商业模式创新的理论构建，并从多个角度探讨了这种创新的特点。这些内容可以随时追溯到原始资料，并找到丰富的资料作为论证的依据。

1.5 章节安排

围绕上述主题，本书主要章节安排如下：

第 1 章，金字塔底层战略的重要意义。介绍本研究的选题背景以及研究意义，提出我们的主要研究问题，以及主要研究方法和研究目标。

第 2 章，理论背景介绍。系统介绍当前 BoP 研究的主要成果和研究进展，并通过总结现有文献，明确研究的理论定位和特点。

第 3 章，总体研究框架。在对 BoP 市场和 BoP 群体特征进行分析的基础上，提出本书的总体研究框架。

第 4 章，研究方法和研究设计。介绍本研究的主要研究方法（案例研究和扎根理论），结合第 3 章的总体研究框架提出研究设计、案例选取原则、选取过程和数据分析策略。

第 5 章，BoP 市场中企业颠覆性技术创新和商业模式创新的具体表现形式。本章将结合扎根理论分析的结果，用具体案例来解析面向 BoP 市场的颠覆性技术创新和商业模式创新有哪些特征，并探讨企业如何通过技术与商业模式的匹配和协同在 BoP 市场实现颠覆性创新过程。

第 6 章，在第 5 章的基础上，通过跨案例分析并将案例研究发现与已有理论进行对接，提炼出面向 BoP 市场的颠覆性技术与商业模式创新的内涵，并提出颠覆性技术与商业模式协同创新的分析框架。

第 7 章，进一步探讨前文所述的面向 BoP 市场的颠覆性创新的发生条件，并通过对前文的梳理，总结出企业在 BoP 市场开展颠覆性商业模式创新的手段和类型。

第 8 章 结论和展望。总结研究的主要结论和创新点，并归纳本研究的主要不足及未来进一步的研究方向。

第 2 章　已有理论回顾

2.1　BoP 文献检索与整理过程

自从 Prahalad 和 Hart（1998）首次提出 BoP 概念以来，学术界已经对该问题做了不少研究。为了对该领域做一个比较系统的整理，本书采取多步骤的文献检索程序，并按照一定的框架对其进行综述。

首先，作者所在的课题组采用两个关键词（"Bottom of the Pyramid"和"Base of the Pyramid"）对 Proquest 和 EBSCO 两个数据库进行了检索，检索范围为摘要和主题。在 Proquest 数据库中，按照"Bottom of the Pyramid"和"Base of the Pyramid"两个检索词检索；在 EBSCO 数据库中，按照"Bottom of the Pyramid"和"Base of the Pyramid"检索，对本领域的文献进行汇总研究。

为了查漏补缺，作者又用"Prahalad"和"Pyramid"，以及"Hart"和"Pyramid"对两个数据库进行了检索，并未发现新搜索结果，说明上述文献搜索过程基本涵盖了已发表的 BoP 文章。紧接着，作者所在的课题组对摘要和论文题目进行了快速阅读，从这些文献中排除掉以下类型的文章：①跟 BoP 的主题并不直接相关；②重复其他 BoP 文章中的信息；③只是提一下过去的 BoP 方法；④对已有 BoP 文献或书籍等的总结和介绍。通过这轮排查，排除掉有关埃及、宗教、教育、医疗等方面的一些文献。

为了进一步复查是否有重要文献被忽略，笔者又对两个数据库进行了一轮以文章作者为检索词的检索，将出现了两次以上的作者姓名作为检索词，同时，将检索时间限定在 1998 年以后，从而对文献进行查漏补缺。有意思的是，一些作者（比如 Karnani）发表的与 BoP 有关的文章并没有把"BoP"作为其关键词，但是由于其内容和我们的研究高度相关，所以将其也列入本文献综述的文献列表。同时，在对这些文献进行阅读的过程中，作者又对一些文献中进一步引用的文献（即参考文献列表中的文献）进行了检索。

经过上述几轮检索，我们对本领域的文献有了较为全面的整理。在对这些文献进行详细阅读的过程中，我们又排除了一些主体部分跟 BoP 没有太大关系的文献（比如，有研究小额信贷的文章，有研究印度软件产业的文章）。这样，我们就得到了相关度较高的文献。

在对这些文献进行整理的过程中，作者按照 BoP 战略的内涵和 BoP 理论的研究视角等主题，对文献进行了系统性整理，同时结合其他领域的一些研究成果（比如商业模式创新和颠覆性创新）对 BoP 相关研究进行了分析。本章以下部分将分别对这些内容进行述评。

2.2　BoP 战略的内涵

2.2.1　BoP 概念的提出

Prahalad 和 Hart（1998）首先提出 BoP 的概念，并进一步提出，企业可以通过满足低收入群体的潜在需求，创造新的创新产品或流程以满足经济、生态和社会的需要，并找到创新的商业模式，即 BoP 战略（Prahalad & Hart，2002）。其主要观点是：BoP 市场中存在着巨大商机，企业通过开发出能够为世界上更多人口所接受的产品和服务，就可以在满足 BoP 群体消费和发展需要的同时，自身也获得经济回报。在 BoP 市场开展业务，企业不但可以开启新的业务增长点，而且可以获得效率优势并在新市场中开展各种创新活动（Brown & Hagel，2005；Christensen et al.，2001；Hammond，Kramer，Katz，Tran & Walker，2007；Hart & Christensen，2002；Prahalad & Hammond，2002；Stei-dlmeier，1993；World Bank，2005）。

该理论认为，由于发达市场已经愈加饱和，企业需要寻找新市场以满足投资者的期望，BoP 市场中蕴含的增长机会能很好地满足这些企业的增长需求，因为 BoP 市场中包含了大量人口，总体购买力有着巨大潜力（Prahalad，2004a）。Hammond 等（2007）指出，年平价购买力低于3000美元的 BoP 人群构成了5万亿美元的巨大市场（如不考虑购买力平价修正的因素，该数字为

1.3 万亿美元），其隐含的巨大商机不容忽略。在 BoP 市场中，贫困惩罚❶的存在为企业通过市场手段介入该市场创造了条件（Hammond et al.，2007）。

传统上，学术界和商业社会对 BoP 群体有着先入为主的成见，比如 BoP 群体无力支付技术创新的成本、BoP 群体没有品牌意识、BoP 群体不需要先进的技术解决方案、BoP 市场只是一种次级市场而且存在进入壁垒等，这些成见限制了企业对 BoP 市场的开发，也限制了 BoP 群体参与市场的机会。BoP 理论则指出，已有的这些观念并不符合 BoP 市场实际，事实上，穷人具有很强的品牌意识，更乐意接受新技术（原因是替代成本极低）且向往更高质量的美好生活。因此，该群体并非只能被动地接受帮助，而是有价值意识的消费者，可以积极参与市场活动。

BoP 战略挑战了只有政府或非营利组织才有动机与能力去应对贫困问题的传统看法，提出通过商业手段实现企业与 BoP 市场的共赢发展，因此为企业和 BoP 地区的发展提出了创新性的解决思路。不过，有研究者对以上研究提出了质疑，认为以消费主义为中心的 BoP 战略不但不能真正缓解贫困问题，在很多情况下还会加重 BoP 群体的负担（Karnani，2007），这一观点得到了学术界和商业社会的认同，因此后续研究从生产系统的角度进一步拓展了 BoP 战略的内涵。

2.2.2　BoP 内涵的进一步发展

Karnani（2007b）指出，BoP 市场在地理与文化区隔上的异质性使得 BoP 市场的盈利潜力并不像购买力的简单加总那么巨大；而且在收入一定的情况下，低收入者购买企业提供的新产品必然会转移在其他方面的支出。虽然从经济学意义上说，因选择增加而对收入重新配置会提高福利，但很多 BoP 消费者由于缺乏教育与信息的不对称，并不总能做出理性选择，例如把在食品、健康与教育等方面的支出用于购买更加新颖但实际并不真正需要和不能负担的产品与服务，因此，这种推至极致的西方式自由市场逻辑对于 BoP 的战略主张是有害的。更重要的是，对于 BoP 群体来说，缺乏收入所受的限制远高于缺乏市场

---

❶　贫困惩罚：相比更富裕的消费者来说，许多 BoP 群体为基本产品和服务付出的代价更高，比如更高的价格、获得该产品或服务所需要付出的额外努力。与此同时，他们获得的产品和服务的质量却有可能更低，例如偏远地区的电力、饮水等（Hammond et al.，2007）。

选择性的限制，只有提高该群体的实际收入才能真正缓解贫困。因此，BoP 战略不应仅仅把 BoP 群体看作消费者，而更应视其为生产者，即资源与能力的提供者，通过为其提供工作机会、技术支持、培训等方式提高其创造价值的能力。通过这种方式，一方面可以帮助 BoP 群体提高收入，摆脱贫困；另一方面企业可以撬动该群体中蕴藏的各种资源，获得资源优势和效率优势。这一批判得到了学术界和商业社会的认可，后续研究基本都采纳了将 BoP 群体划分为消费者和生产者这种分类方式（Seelos & Mair，2007）。

在这些研究的基础上，London（2007）对企业的 BoP 战略的内涵重新进行了定义，提出 BoP 战略应该包括"将 BoP 群体视为消费者（BoP－as－consumer ventures）"和"将 BoP 群体视为生产者（BoP－as－producer ventures）"两种类型，并将 BoP 业务与其他扶贫项目相比所具有的特色进行了总结，提出 BoP 战略的六个基本原则：①外部参与原则，即 BoP 业务中要有企业等市场力量参与，而 BoP 群体自主开展的各种经济活动不属于 BoP 业务的范畴；②共同创造原则，即企业要同本地 BoP 人群一起，自下而上地共同创造并分享价值；③将 BoP 群体（或 BoP 市场）与外部成熟市场连接的原则，即企业要通过各种努力将本地资源、消费能力等与成熟市场连接起来；④有耐心的创新原则，即企业在 BoP 开展技术或商业模式创新，要保持长期投入以培育创新成果；⑤经济可持续性原则，即企业的 BoP 业务在经济上要能够自给自足（不能依靠外部补贴或援助）并有所盈利，能实现业务规模的增长；⑥正确价值观原则，即为 BoP 提供的产品、服务或工作机会应基于正确的商业伦理考虑，对 BoP 所处的社会环境不产生负面的外部性。最后一点意味着 BoP 业务应符合正确的社会价值取向并创造社会价值，这对企业改变自身的商业模式也是一种推动力。如果企业行动过晚，落后于社会的普遍期望，会让企业的声誉遭受巨大损失，进而影响业绩；而超过社会接受程度的过于激进的行动也会被公众视为无意义的行动，额外花费的资源也无法为企业带来收益。

根据 London 的观点，企业开展 BoP 业务就是通过企业的介入，将 BoP 群体与相对较为成熟的市场连接起来见图 2.1。BoP 业务其实就是通过企业的介入克服制度障碍，通过将 BoP 群体纳入市场体系来实现 BoP 群体与企业的共赢。

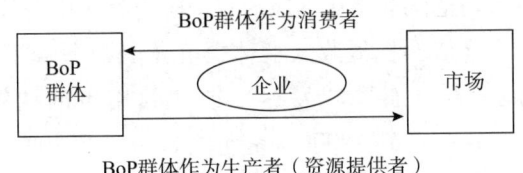

图 2.1　企业 BoP 业务的分类

London 关于企业 BoP 业务的这一论述得到了学术界的广泛认可，后续研究基本都是按照这一分类法分别探讨每一类 BoP 业务的特点、外部障碍、关键成功因素等。UNDP（2008）、世界银行、世界经济论坛（2009）等国际机构出版的研究报告中也基本沿袭了这一思路。进一步地，有些人开始研究从价值链视角进一步解析企业 BoP 业务的内涵。如世界经济论坛（2009）提出，很多低收入地区之所以无法提高收入水平，是因为当地产业的价值链是分散、无效的，因此参与这些业务的 BoP 群体无法从中获利。企业的介入则可以将这些分散的价值链连接起来，并提高其效率，不但提高 BoP 群体对生产过程的参与，还可以促进 BoP 群体的消费，从而推动 BoP 群体和企业的良性循环发展。

2.2.3　从 BoP 1.0 到 BoP 2.0

作为 BoP 战略的提出与倡议者，Simanis 与 Hart 等学者（2008）观察到许多基于消费者导向的跨国公司在 BoP 实践中存在各种问题，并没有取得预期的良好绩效。通过对发展与贫困关系的梳理与反思，两位学者认为，以消费为导向的 BoP 战略把缓解贫困转化为"顾客需求"与"新产品开发"等企业所熟悉的商业概念，过于强调了贫困的经济维度，而忽略了贫困的社会、情感与文化内涵。当把贫困定义为某种低于门槛值的物质剥夺（如食品、医疗与能源等）时，一个自然的解决方案就是通过设计与销售低收入者可负担的产品与服务来满足其基本需求，这也符合企业商业运营的内在逻辑，并相应衍生出种种消费主义的策略与方法。但这种供给并没有征得低收入者许可，而是采纳西方式的成功与发展概念预设了一个有关幸福生活的图景，企业只是通过开发新的技术、产品或服务来予以实现（Landrum，2007）。但低收入群体的真实需求是嵌入在所生活的社会、政治与文化环境中的，与提高收入或购买力的需求满足方式并不一定相容。同样，把低收入群体视为生产者仍是用经济收入来定义贫困，缓解贫困就是把该群体从本地的资源匮乏状态中释放出来，提高其谋生的能力与效率。但这依然把低收入群体摒弃于其对所珍视的生活的定义之外，即企业仍旧是把自己有关"发达"或"效用"的认知加诸于该群体（Hart，2005a；Simanis & Hart，2008；仝允桓 et al.，2010），而收入的增加很多情况下只是另一种形式的扩大消费。另外，无论把低收入群体视为消费者还是生产者，都隐含假定存在一个可以随时进入的 BoP 市场，但大多数低收入地区并不存在现代意义上的产品、服务或劳动力交易市场（De Soto，2000）。因此，BoP 市场并非事先存在，而是依赖企业与低收入群体及其他社会组织与机构去共同构建。在这个意义上，贫困的缓解与消除也不是一个简单的结果，而是企业与低收入群体在持续合作中不断创造并分享价值的过程。在此过程中，通过双方贡献与整合各自的资源能力并把商业创新嵌入在本地社会文化制度内，形成一种强烈的共同承诺和相互依赖感，低收入群体成为企业的商业合作伙伴。Simanis 与 Hart（2008）把消费者与生产者导向的 BoP 战略统称为 BoP 1.0 版本，而把低收入群体作为商业伙伴的下一代 BoP 战略称为 BoP 2.0 版，强调企业与该群体需要的是深度对话而不是简单的市场交易，双方通过互相学习来共同创造全新的 BoP 商业生态系统。

从现有研究来看，这三种观点同时共存并相互重叠，是一种互补而非替代关系。BoP 2.0 本质上要求企业与低收入群体共同构建一种不同于金字塔中高层的包容性市场体系，强调 BoP 市场的制度建设，而消费者与生产者导向的 BoP 战略则注重 BoP 市场的需求、供给与资源特性（表 2.1）。三者分别针对 BoP 市场构建的不同侧面，反映出对企业与低收入群体在 BoP 市场中的角色及相互关系更深刻与全面的认知（Prahalad，2004a；Simanis & Hart，2008）。

表 2.1　三种类型 BoP 战略的比较

	BoP 1.0		BoP 2.0
角色定位	BoP 群体作为消费者	BoP 群体作为生产者	BoP 群体作为商业伙伴
运营理念	深度倾听	深度倾听	深度对话
关注焦点	降低价格	提高生产能力和效率	建立共同承诺与愿景
工具手段	运用新的营销策略	重构价值链	构建商业生态系统

	BoP 1.0		BoP 2.0
市场关系	公平交易（BoP 群体购买）关系	公平交易（BoP 群体出售）或雇佣关系	基于个人层面的信任关系
商业逻辑	卖给 BoP 群体	从 BoP 群体那里购买	价值共创

资料来源：根据 Simanis & Hart（2008），Hart（2005a），Prahalad（2004）修改。

随着 BoP 研究的不断深入，学术界对 BoP 战略的内涵也有了越来越深刻的认识，这些成果为本书的研究提供了很多重要的思路。需要指出的是，虽然关于企业 BoP 业务的内涵越来越丰富，但本研究聚焦于 BoP 的原始定义，即以可盈利的方式为 BoP 群体提供其愿意且可以接受的新产品和服务，同时企业建立起可持续的 BoP 业务（Olsen & Boxenbaum，2009；Prahalad，2004a；Prahalad & Hart，2002）。

2.3 BoP 理论的研究视角

2.3.1 营销和战略的视角

最早对 BoP 问题的探讨，是从市场营销的角度，强调将发展中国家的低收入群体视作潜在的市场，根据 BoP 市场中独特的社会、文化和制度特点，将先进的技术与对当地的深刻理解整合起来，通过创新性的解决方案，为低收入人群提供买得起、买得到的商品（Hart & Christensen，2002）。传统的营销策略是围绕着 4P（或 4C）框架展开的（Kotler & Keller，2008），但在 BoP 市场环境中，BoP 群体为生存而权衡消费决策，对产品与服务所传递价值的评估与中高端消费者有很大差异。因此，Anderson 与 Markides（2007）提出针对 BoP 顾客创新的 4A 框架，即可负担性（affordability）、可接受性（acceptability）、可获得性（availability）与可感知性（awareness），BoP 领域的很多研究均是在此框架下进行讨论的。

首先，可负担性是指企业需要通过降低价格或增加支付手段的灵活性来提高产品与服务的可支付性，这是服务 BoP 市场的核心。企业必须抛弃传统的价格－性能改善方式与途径，运用技术与流程创新等手段在保持产品与服务质量的同时大幅度降低价格（Anderson & Markides，2007；Prahalad，2004a）。但在企业实践中，这种价格改善的情形仅发生在少数高科技产品与特定服务项目上，很多企业是通过减少产品功能或降低质量（以降低成本）的方式进入 BoP 市场（Karnani，2007；Letelier，Flores & Spinosa，2003）。而在支付手段方面，联合消费（joint consumption）、先储蓄后支付与分层定价（tiered pricing）等方式有效延伸了 BoP 群体的购买力（Mendoza & Thelen，2008）。其次，可接受性是指企业的产品与服务必须适合 BoP 人群的使用习惯与环境条件。产品开发必须始于对性能的深刻理解，降低对使用者的技能要求，能适应相对恶劣或不同的环境，采用友好的界面设计等。第三，可获得性指 BoP 群体获取产品与服务的便利程度，主要涉及企业在 BoP 市场的渠道设计与建设。这种针对低收入群体和地区的渠道被称为包容性渠道（inclusive distribution），需要不同参与角色以新的方式共同进行渠道创新（Vachani & Smith，2008）。进一步地，有学者认为分销渠道在地理上的接近性不仅为 BoP 市场的顾客提供了服务的便利性，广泛的渠道网络还会被感知为一种情感上的熟悉和亲近，有利于企业与顾客建立信任关系，对于 BoP 群体的自尊与福利具有正向影响（Pitta，Guesalaga & Marshall，2008）。最后，可感知性是指低收入群体如何知晓与熟悉企业的产品与服务。由于基础设施薄弱，传统的电视、网络与平面媒体的信息传播方式并不适用于 BoP 市场，而通过社会网络进行口口相传的影响与自由的信息交换会更加有效（Sridharan & Viswanathan，2008）。较低的教育水平使得 BoP 消费者并不善于处理过于抽象的信息，产品优势应尽量在本地情境中演示出来。

根据以上研究，4 个 A［可负担性（affordability）、可接受性（acceptability）、可获得性（availability）和可感知性（awareness）］是制约 BoP 市场发展的关键要素，而企业针对该市场的各种创新活动就内在表现为解决这 4 个 A 的过程：从企业的资源到直观的、有意识的程序和价值观，再到文化。企业要进入 BoP 市场，可以从四个 A 入手制定相应的发展战略。

值得一提的是，在 BoP 理论向纵深发展的过程中，一些战略管理领域的理论开始被应用到该领域的研究中。London 和 Hart（2004）认为，由于 BoP 市场的特殊性，企业的 BoP 战略需要新的业务模型，不但要重新思考其资源配置方式，而且往往需要获取新的资源和能力，才能更好地服务于 BoP 市场；在这一过程中，企业需要超越对商业伙伴关系的已有认知，建立更具有包容性的利益相关者网络，通过更复杂的互动活动建立对 BoP 市场中文化与行为模式的深刻理解，并建立创新型的商业模式来满足该市场对新产品和新服务的需求（Hart & Sharma, 2004）。唐方成等（2006）认为企业应把对低收入群体的开发纳入经营战略的核心之中，通过技术创新、组织创新、管理创新和价值创新在金字塔底层创造财富，而面向 BoP 的企业文化和价值观是联结这四大机制的核心，这些要素之间的互动推动着企业的创新活动（唐方成 et al., 2006）。赵晶等（2007）则从 BoP 战略和企业能力相匹配的角度，将 BoP 战略看作技术创新能力、管理能力、资本运作能力和社会关系资本的函数，并以此为基础探讨了市场开发型、资源开发型、市场–资源开发型三种 BoP 创新模式的机理（赵晶 et al., 2007）。Seelos 和 Mair（2007）进一步将资源基础论（RBV）和战略联盟理论引入面向 BoP 的创新研究中，建立了资源、能力与面向 BoP 创新的匹配模型，并用两个案例解析了企业与社会企业家（social entrepreneurs）联合开发 BoP 市场的业务模型。

以上研究都体现了 BoP 理论与战略相关理论的融合，这对于我们从更高层次上理解和把握如何开展面向 BoP 市场的创新是很有裨益的。可以看出，从刚开始的营销角度到后来的战略理论相关视角的引入，学术界越来越关注深入理解 BoP 战略的实现路径。随着研究的深入，有学者发现在企业推行 BoP 战略的时候，往往需要借助 BoP 市场中的各种社会网络以克服该市场中存在的各种障碍因素，而且企业在 BoP 市场中需要建立与其他市场不同的网络关系（London & Hart, 2004；Seelos & Mair, 2007），因此，社会网络领域的相关理论逐渐被引入 BoP 研究中，形成了推动 BoP 理论研究的又一重要视角。本书 2.3.2 节将重点梳理该视角。

同时，鉴于企业开展 BoP 业务时需要推出各种创新以适应 BoP 市场（或 BoP 群体）的特征，而且这种创新往往具有很好的移植性（Brown & Hagel, 2005；Hart & Christensen, 2002；Mahajan et al, 2000；Prahalad & Hart, 2002），因此创新领域的一些理论被引入 BoP 研究中。结合创新理论和 BoP 理论，有研究者指出 BoP 市场可以成为重要的创新来源（Arnold & Quelch, 1998；Dawar & Chattopadhyay, 2002；Hart, 2005b；Hart & Christensen, 2002），并且在 BoP 市场中产生的技术创新和商业模式创新可以被应用到其他市场（Brown & Hagel, 2005；Brown & Hagel, 2006；Prahalad, 2004b），从而

找到在全球市场竞争的新商业模式。这些研究开始挑战创新研究中"发达国家中心论"的核心假设，认为创新和创造力的"源泉"正逐渐从发达国家转移到发展中国家（Visser，Matten，Pohl & Tolhurst，2007），因此 BoP 研究与创新理论的结合不但可以为 BoP 研究的进一步发展提供很多思路，而且可以充实创新研究的内涵。在这些研究中，创新扩散、颠覆性创新和商业模式创新是被 BoP 研究借鉴最多的理论视角。本书的 2.3.3 节、2.4 节和 2.5 节将分别梳理这些研究视角，力图对已有理论找出其内在逻辑和相互联系，以期为未来的研究贡献必要的知识和概念基础。

2.3.2　社会网络和社会嵌入视角

社会网络和社会嵌入视角是营销和战略视角的进一步深化。该视角认为企业在成熟市场中的传统联盟伙伴无法提供其实施 BoP 战略所需的关键资源，而与非传统组织或机构（包括非政府组织、非营利组织、当地中小企业与政府部门等）建立合作关系更容易在 BoP 市场中获得成功（London，Anupindi & Sheth，2009，2010；London & Hart，2004；Prahalad & Hammond，2002；Seelos & Mair，2007）。这些非传统伙伴拥有 BoP 社区与人群的大量隐含信息与知识，对于企业理解 BoP 市场运行机制并开发出适合本土的产品与服务有很大帮助（Prahalad & Hart，2002）；同时，他们在 BoP 社区已经构建的社会关系与声誉则有助于企业快速获取信任与本地合法性，减少经营风险（London & Hart，2004）。特别是有的非营利组织已经在当地建立起支撑特定商业模式的社会基础设施，可大大降低企业运营成本。但是，不同组织在战略导向、时间表与价值理念方面的不同往往阻止了合作的有效性（Prahalad & Hart，2002）。例如，在非营利机构与企业联盟中，双方因为目的、结构与态度的差异会引发不同程度的冲突，挑战了联盟的稳定性并影响知识交换、能力分享与资源整合的绩效，联盟的成功依赖于双方管理内部张力与平衡潜在冲突的能力（London & Rondinelli，2003；邢小强，周江华 & 仝允桓，2011）。因此，双方应该尊重彼此的专业并保持开放的思想，认真学习对方的知识与技能来增进了解和提高自身能力以保持联盟的稳定发展，并在联盟开始就商讨一个双方可接受的退出策略以有效降低未来冲突。Brugmann 与 Prahalad（2007）也指出，当企业与 NGO（non‐governmental organizations，非政府组织）等非传统组织一起在 BoP

市场中工作时，必须清楚制定管理双方未来关系与行为的规则与规范，以任务为导向而不是把思想意识形态作为合作基础。双方需要共同开发出一个混合式商业模式，在这个模式中，企业与 NGO 都成为对方传递价值与实现战略目标所需能力的关键部分，从而把外部治理过程与实现多重效益都内置于新商业模式之内（Brugmann & Prahalad，2007）。近年来，很多开明的非营利组织在其 BoP 事业开始盈利后选择退出去寻找新的机会来帮助 BoP 群体，这些非营利组织的努力可以不断帮助企业等商业机构建立经济上可持续的 BoP 业务（Chesbrough，Ahern，Finn & Guerraz，2006）。在此基础上，Seelos 和 Mair（2007）进一步指出，跨国公司在开展 BoP 业务时可以与当地已有的 BoP 企业和社会企业家建立战略联盟，通过整合多方的资源和能力优势来提高 BoP 业务的规模经济并促进其发展（邢小强，周江华 & 仝允桓，2010b）。由于 BoP 市场中社会网络的特性与其他市场有显著不同，因此企业应针对这些特性制定独特的 BoP 战略（Rivera-Santos & Rufín，2010）。

为了更好地利用这些与 BoP 市场相关的社会网络中的各种资源，企业需要培养一种新的能力以增强与各合作伙伴的互动，并与之共同开发自下而上的 BoP 解决方案，这种新的能力就是社会嵌入能力（London & Hart，2004），也就是深刻理解当地环境，通过建立信任、社会资本和超越组织边界来撬动社会网络中的资源和能力。根据 Granovetter（1985）的观点，当行为主体于其所在的网络之中受到来自社会结构的文化、价值观等因素的影响时，就需要融入所在的社会网络、文化和政治背景之中，建立除纯经济联系之外的关系，以获得"信任""声誉""合法性"等（Granovetter，1985）。当企业进入 BoP 群体所在的社区时，不仅要考虑经济因素的影响，还要考虑社会关系和社会制度的影响，因此需要与本地的小型企业和本地社区、机构等建立"嵌入性"的紧密联系和亲密的同盟关系，以更好地理解本地市场特征和用户需求（London & Hart，2004）。长期对低收入群体的忽略会造成企业进入 BoP 市场的心理距离（psychic distance），即企业并不熟悉该群体的经济与社会生活，而以法律与契约为代表的正式制度及相关支撑性基础设施的薄弱或缺失所形成的制度空洞（Institution Void）则加重了这一问题（Sánchez，Ricart & Rodríguez，2006）。在 BoP 市场内，由于关系是穷人进行商业活动的社会基础（Hart，2005a），企业通过社会嵌入融入当地社区网络就成为消除心理距离、填补制度空洞和降低不确定性的重要途径与方式（Mair & Martí，2006）。通过加强在 BoP 社区网络中的嵌入度，企业可以获得信任和合法性并与 BoP 群体建立长期经济合作关系（Letelier et al.，2003），从而撬动（leverage）该群体及其所在社会网络中所蕴藏的资源和能力。

从机制上看，社会嵌入主要通过利用与构建不同类型的社会资本发挥作用，目的是在整个商业生态系统内建起以信任为基础的交易治理能力，降低交易成本，减少双方在信息、选择、履约能力和社会地位等方面的不对称性。值得指出的是，尽管嵌入本地社会网络可以使企业获得高质量的缄默知识与信息、提高运营效率、建立合法性和接触到新的市场（Sánchez et al.，2006），过度嵌入有时会造成不可转移的沉默资产、非市场负担与过度依赖等问题（Reficco & Márquez，2009），因此企业应针对不同的 BoP 市场环境选择适当的嵌入程度。

在学术界越来越重视社会嵌入对企业 BoP 业务的影响这一背景下，一些学者从实证角度研究了企业在 BoP 市场的社会嵌入行为。Sanchez 等（2006）研究了企业在该市场的社会嵌入行为的前因后果（antecedents and conse-quences），指出影响企业社会嵌入行为的因素包括：①BoP 群体中是否存在成熟的市场机制；②企业与 BoP 群体的"心理距离"；③企业为服务于 BoP 群体需要对现有产品进行改变的程度。Simanis 与 Hart（2008）把企业在 BoP 市场的社会嵌入过程分为三个阶段：首先，不带商业目的地进入 BoP 社区以增进双方的了解与认识；进而，与 BoP 群体共同去寻找与开发适合当地的商业概念，在此过程中建立承诺与未来愿景，共同构建一个商业与社会机制交织的生态系统；最后，是在信任与社会资本基础上形成完整的商业解决方案，同时为企业和 BoP 群体创造出多重价值。这种社会嵌入是一种自组织过程，表现为社会关系与商业模式的共同演化，从而保证企业能够以一种尊重当地文化与自然多样性的方式开发出解决 BoP 群体实际问题的情景化方法（Hart，2005a）。在此基础上，Simanis & Hart（2010）进一步指出，在将新技术应用于 BoP 群体时，除了考虑技术在减少劳力、改善健康状况等方面的直接影响，还应看到该技术对当地社会结构的潜在影响[1]。如果技术对 BoP 社区的社会结构、社会行为方式

---

[1] Simanis 和 Hart（2009）指出，即使清洁的水源、电力这样的需求，也和当地的社会结构紧密联系在一起。在某些地方，妇女每天从很远的地方打水不仅仅只是一种消耗时间的差事，更是妇女们之间进行社会交往的机会。

等产生的影响超越了 BoP 群体的认知水平和可接受程度，则企业很难与 BoP 人群之间建立信任关系，企业的商业模式就会因缺乏稳定性而无法推广。因此，企业应推行"嵌入性创新"，即在尊重社区价值取向、将利益相关者视为长期合作伙伴的前提下，企业深入 BoP 社区与各利益相关者共同创造创新性商业解决方案（Simanis & Hart，2010）。

社会嵌入视角的引入，使得企业对 BoP 战略的探讨不再停留在对经济行为的简单描述和对战略匹配的表象分析上，而是会进一步深入到内部动因、互动关系等机理层面。传统上，对企业与 BoP 群体经济关系的研究多从交易成本角度，分析企业与 BoP 群体之间的契约关系以及其中所蕴藏的潜在风险。事实上，考虑到社会资本（尤其是关系）在 BoP 群体经济活动中的重要作用，以及当地的社会关系和政治、经济、文化背景对 BoP 市场经济行为的约束作用，企业在与 BoP 群体建立经济关系时所涉及的互动关系已经远远超过了契约关系所包含的内容，因此社会嵌入视角为从更深层次把握企业与 BoP 群体如何构建长期的共赢关系提供了新的切入点。可以预见，基于社会网络和社会嵌入视角的 BoP 商业模式和创新模式研究会更加广泛、更加深入地展开，而且这些研究会更多借鉴这些领域的已有理论。比如，企业如何通过关系嵌入（relational embeddedness）与结构嵌入（structural embeddedness）（Nahapiet & Choshal，1998）与 BoP 社区网络中的多利益相关者合作开展面向 BoP 群体的开放式创新？再比如，BoP 市场的社会网络中强关系和弱关系对于企业的 BoP 战略各有什么影响？这些问题的回答，可以推动 BoP 理论向更加纵深的方向发展。

2.3.3 创新扩散视角

从创新扩散的角度看待 BoP 战略，就是关注如何将新技术或产品扩散到 BoP 群体之中。根据该领域的研究，一些新产品或服务之所以无法进入 BoP 市场，是因为 BoP 市场中存在的一些障碍因素阻碍了新技术的扩散，包括宏观环境层面的障碍因素（比如，BoP 市场中的制度缺陷和基础设施缺失）、技术方面的障碍因素（比如，技术的价格超过了 BoP 群体的承受能力）、BoP 群体和 BoP 市场本身的障碍因素（比如，BoP 群体的认知水平和技能水平决定了该群体无法接受太复杂的技术）等。创新扩散的研究对于我们探讨 BoP 战略很有帮助，因为该领域的研究有助于我们系统分析 BoP 市场中阻碍新技术应用的障碍因素（Miller，2009），从而帮助我们更好地总结和探索企业如何才能借助商业模式创新或其他方面的创新来成功推行 BoP 战略。

借鉴 Brown（1981）和 Jain 等（1981）的研究，本书按照以下四个维度来梳理扩散研究对 BoP 研究的启发：创新扩散的传播学研究（communication perspective，也有文献译为传播学视角）、创新扩散的经济历史学研究、创新扩散的发展视角研究和创新扩散的市场基础设施视角研究（Brown，1981；Jain，Mahajan & Muller，1991）。这几个维度从不同角度探讨了扩散研究的核心问题：到底是哪些因素阻碍了新技术在新市场中的扩散。通过对这几个视角的梳理可以发现：每一个维度都可以解释新技术在 BoP 市场应用的某一些方面的问题，从而为已有的 BoP 研究提供理论支撑；但是没有一个维度可以解释全部问题，因此需要综合考虑，才能更全面认识新技术在 BoP 市场中的扩散问题。

2.3.3.1 创新扩散的传播学研究

传播学视角认为，新技术要在市场中被接受需要一系列沟通工作，说服市场中的人来接受这项创新❶（Rahm，1993；Rogers，1995）。传播学的研究有三个基本假设：①创新会给人们的生活带来不确定性，因此人们在接受此项创新之前需要得到进一步的信息以确认该创新的可靠程度；②除了一小部分具有创新意识的人之外，大部分人都是风险规避型的，不会急于去尝试一项创新；③只有经过一个不断的沟通过程，人们才会意识到接受一项创新的优越性和必要性，从而开始接受该创新。根据传播学的观点，创新的扩散是一个社会过程（Rogers，1995），通过创新者、早期采纳者（early adopters）、后来采纳者（late adopters）和落后者（laggards）之间的推荐和沟通，推动创新在社会中的扩散，引起创新的 S 曲线型扩散过程（Rogers & Shoemaker，1971）。在这一过程中，两个关键词是意见领袖和推荐（referencing），前者影响一个群体是否接受某项创新，后者主要影响人们对某项创新的信任程度。

根据该视角，针对 BoP 群体的一些传统偏见阻碍了很多新技术在该群体中的应用。对该群体的传统观点认为：BoP 群体不愿意率先接受新技术，因此新技术应该先在高端市场应用，再由高端向低端扩散。所导致的结果就是大量技术针对高端用户做了大量推广工作，BoP 群体则由于不能得到足够信息而无法

---

❶ 该视角的代表人物是 Rogers，其研究成果为后续的创新扩散研究奠定了基础。

接触并使用新技术。根据该视角的观点，从理论上说，BoP 群体不一定就必然会是新技术采纳的滞后者，只不过由于针对该群体的沟通不够充分而导致的信息不充分，阻碍了该群体对技术的接触和使用。换言之，要提高新技术在低收入群体中的应用，应该加大针对该群体的沟通和营销工作，在这一过程中，已有的创新扩散研究可以为新技术的推广者提供借鉴。比如，可以借鉴农村意见领袖的作用推动新技术的应用进程（Miller，2009）。

应该看到的是，将创新推广归因于创新采纳者的创新思维和沟通过程有将创新扩散过程过于简单化的倾向，因此，后续研究指出，在探讨扩散问题时还要考虑系统层面的解释变量（比如社会规范、价值观等）、技术本身的性质、技术的经济回报率（Rogers，1995）等。尤其是在较为传统的社会（如 BoP 地区），社会规范和价值观对创新的推广发挥着更重要的作用。进一步探讨这些因素，就要引入扩散研究的其他视角。

2.3.3.2 创新扩散的经济历史学研究

与传播学视角不同，经济历史学视角更关注创新本身的性质对创新扩散的影响，其基本观点是：一项新技术越能更有效地为其使用者带来价值，该技术被接受的速度越快。根据该视角，创新的扩散主要受其性能改进速度的影响，新技术刚出现时往往是粗糙、低效的，随着技术的持续改进，该项创新才会越来越有竞争力，并被越来越多的人接受（Rosenberg，1972；Sahal，1981）。当考虑到创新扩散的速度时，传播学视角的研究者认为起决定作用的是通过沟通说服人们接受这项创新的时间；但是对经济历史学视角的研究者来说，创新扩散的快慢取决于创新者学习和技术升级的速度。大部分创新的扩散路径是：在技术发展初期首先在高端市场应用，随着技术的不断改进以及价格的降低和性价比的不断提高，再不断扩散到低收入群体市场。但是也有一些创新有着截然相反的扩散路径，那就是颠覆性创新（Christensen，1997；Christensen & Bower，1996）。这些技术相对主流技术更简单、更廉价，但是性能不如主流技术稳定，因此得不到高端用户的青睐，只能在低端市场首先应用，随着性能的不断提高，再扩散到高端市场。颠覆性创新的扩散路径颠覆了传统的技术发展模式，也为采用该创新的企业提供了打败市场在位者的机会。

从该视角来看待 BoP 问题，之所以很多技术没有在 BoP 市场中应用，是因为其性能不能满足 BoP 群体的需求：或者操作过于复杂，超过了 BoP 群体的技能水平；或者价格过于昂贵，超过了 BoP 群体的承受能力。只有通过不断的技术改进带来的成本降低和性价比提高，该技术才能慢慢应用于 BoP 地区。这种传统的由高端向低端慢慢渗透的技术扩散方式，一方面使得很长一段时间内 BoP 群体无法享受技术创新带来的好处，另一方面，这种按部就班的扩散方式使得技术在社会上的扩散周期很长。如果可以转变思路，直接根据 BoP 群体的特性以及该群体对技术性价比方面的要求开发面对该群体的技术，则不但可以让 BoP 群体分享技术创新的收益，而且可以大大加快技术扩散的速度，并为采取这项创新的企业带来收益。在颠覆性创新打破已有创新扩散路径的基础上，面向 BoP 群体的创新又为创新扩散提供了一条新的发展路径。

该视角更关注创新本身的性质对其扩散过程的影响，并且强调了企业等机构在推动创新扩散中的作用，这有助于我们更深入研究企业如何通过各种创新活动来推动新技术在 BoP 市场的应用。不过，该视角只关注企业在技术方面的"解决问题能力"对创新扩散的影响（Rosenberg，1972），同样有将扩散过程过于简单化的倾向。事实上，除了技术改进之外，企业所采取的商业模式等都会影响创新扩散的过程（Jain et al.，1991）。如 Christensen（2009）指出，对于面向低收入群体的颠覆性技术来说，技术创新与商业模式创新相结合才能更好地推动该技术的发展（Christensen，1992a；Christensen & Hwang，2009；Hwang & Christensen，2008）。因此，要深入探讨各种创新在 BoP 市场的应用，需要进一步考虑更多理论视角。

2.3.3.3 创新扩散的发展视角研究

与经济历史学的研究者不同的是，从发展视角研究创新扩散的研究者并不将创新的采纳者视为无差异的；恰恰相反，该视角认为社会上不同人群所能接触和调动的资源不同，因此对某项创新的承受能力也不同（Agarwal，1983）。传播学视角中虽然也将创新的采纳者分为了"创新者""早期采纳者""后来采纳者"和"落后者"等类别，但是没有更深入探讨形成这些不同类别的原因；发展视角则指出，是人们手中所掌握的资源的不同导致了这些不同的行为（Roling，1982）。传播学视角没有考虑宏观层面的因素对创新扩散的影响，发展视角则探析了这些因素的影响：由于社会、经济、文化等制度方面的原因，导致了很长一段时期内社会资源的不均衡分配，从而使得不同群体对创新的承受水平不同，因此才有了创新在不同市场的不同扩散速度。同时，发展视角还能解释一些经济历史学视角无法解释的现象：即使一些发展很成熟、性价比很高的技术，在低收入地区的扩散速度可能仍然很缓慢，因为这些地区可支配的资源非常有限（尤其是财务资源），无力承担新技术的大规模推广（Havens & Flinn，1975）。

该视角认为制约新技术在 BoP 群体中应用的主要障碍是关键资源的缺失。由于 BoP 群体本身的可支配收入有限以及相关金融体系的不完善，该群体对新技术的购买力有限，因此新技术要在该群体中扩散，首先要解决的是可负担性问题（Affordability）。正如前文所说，已有 BoP 研究中已经指出，解决 BoP 群体的可负担性问题可以通过技术创新来降低价格或者通过商业模式创新来提高支付手段的灵活性（Letelier et al.，2003；Mendoza & Thelen，2008；Prahalad，2004a）。值得一提的是，考虑到 BoP 群体的收入和现金流特点，具有"可分性（divisibility）"的技术（或产品）会更容易在该群体中扩散（Gotsch，1972），因为这种技术（或产品）可以在不牺牲基本功能的前提下分割为 BoP 群体可以负担的小单位，从而使得该群体可以用更小的成本分享新技术（产品）带来的好处。正是基于这些考虑，一些公司推出了产品的小袋包装销售模式（Prahalad & Hart，2002），有效推动了新产品在低收入地区的推广；同时，一些研究者和企业根据 BoP 市场的特点，提出"分布式技术"的概念（Hart & Christensen，2002），即将原本追求规模效应的技术打破为单个 BoP 家庭（或 BoP 社区）可以负担的单位，通过这种分布式的方式加快新技术在 BoP 地区的推广❶。另外，除了从技术本身和支付方式方面入手以外，还可以通过完善面向 BoP 群体的金融体系来增加该群体可以调动的财务资源，进而推动该群体更快地通过采用新技术来提高生活水平（Roy & Clark，1994）。

该视角探讨了由资源禀赋问题所带来的消费者异质性对创新扩散的影响，可以对传播学视角和经济历史学视角起到有益的补充。不过该视角对于创新扩散中的障碍因素只采取了静态的研究角度，没有考虑随着企业及其他组织介入带来的制度环境改善和技术改进而发生的创新扩散过程的动态变化。因此，该

---

❶ 比如对于太阳能光伏发电技术，分布式光伏发电系统打破原来以"千瓦"或者"兆瓦"为计量单位的传统观念，代之以"瓦"作为自己的计量单位。这种 15 瓦、20 瓦、30 瓦的小型家用太阳能系统在印度尼西亚、斯里兰卡、孟加拉等 BoP 地区得到了广泛应用，大大推动了太阳能技术在世界范围内的扩散（Miller，2009）。

视角需要与其他视角相结合，才能更好地理解创新扩散的动态过程。

2.3.3.4 创新扩散的市场基础设施视角研究

创新扩散的市场基础设施视角认为创新的扩散需要相应基础设施的支持，只有通过基础设施建设使得某项创新对人们来说具有较强的可获得性时，该项创新才会被社会接受（Brown，1981）。也就是说，创新的扩散并不仅仅是一个技术问题，人们在决定是否采纳一项创新时，除了考虑技术本身和经济可负担性等因素外，还要考虑是否有一定的基础设施以支持该创新功能的实现。根据该视角的观点，影响一项创新扩散的瓶颈因素是"可获得性（availability）"问题（既包括技术本身的可获得性，又包括与技术相关基础设施服务的可获得性）（Brown，1981），很多情况下，一项创新之所以无法得到广泛应用，是因为缺乏支持该创新的社会体系，因此对创新扩散的研究应该更加关注创新推广者一方的瓶颈要素。受基础设施因素制约的主要是那些需要经常得到服务支持的创新（Miller，2009），比如电话服务和电动汽车。制约电动汽车进一步发展的除了电池和电力驱动技术之外，还有电动汽车充电服务网点覆盖面不足的问题，这一瓶颈因素使得电动汽车在与有着广大加油站服务网支持的普通能源汽车竞争时，处于明显的劣势。由于这一基础设施的建设需要长期、大规模的投资，因此电动汽车的推广就要面临没有足够覆盖面的充电设施的瓶颈制约，需要一个长期的推广过程。

对于很多创新来说，由于发达市场中有各种较为完善的设施，不需要重新建设所需的所有基础设施，因此首先面向发达市场推广是低成本、快速的方式。但是对于一些对现有市场具有颠覆性的创新来说，在主流市场发展意味着与现有市场中的主流技术竞争已有的市场基础设施并改变现有的竞争态势，从而影响已有的社会体系格局。垄断着现有技术优势和市场基础设施的市场在位者势必不愿看到新技术对社会格局的颠覆，因此会抵制新技术的推广（Hart & Christensen，2002）。在主流市场无法得到现有基础设施支持的情况下，颠覆性创新只能有两个选择：或者重新构建新的、颠覆性的基础设施体系（Christensen & Bower，1996），或者进入被现有市场在位者忽视的市场，在避开市场在位者竞争的情况下，通过构建新的基础设施体系来获得成长。BoP市场为这种颠覆性技术的成长提供了发展契机，在这个被传统商业经济忽视的市场上没有在位者的企业，颠覆性创新可以在这里获得充分的市场空间，通过构建自己的社会体系得到发展。

　　另外，BoP 市场中基础设施的缺失也为创新在这一市场的推广制造了障碍。由于 BoP 市场中各项基础设施相对发达市场都很欠缺，这意味着一项创新要在该市场推广需要重新构建几乎全部的基础设施体系，以使得该项创新能被该市场中的群体接触到；同时，该项创新的推动者还要在同一时间内构建起针对该创新的技术支持体系、服务体系等，以使得该项创新在 BoP 市场中能够顺利发挥其功能，这些都为创新在 BoP 市场中的扩散提供了挑战。在 BoP 市场中，最常见的基础设施障碍是缺失的销售和分销体系（Penn，1984；Prahalad & Hart，2002），而在这些地区建立这些体系往往成本高昂，因此需要创新的推广者采取创新性的推广策略，如逐户推销、杠杆利用已有分销体系等方式。BoP 市场中的另一个基础设施障碍是技术和金融服务体系的缺失（Miller，2009）。由于 BoP 群体所受的教育有限且可支配收入很少，因此在新技术向该市场推广的过程中需要基本技能方面的培训以正确认识并使用新技术的功能，同时该群体还需要相关金融体系的支持以克服可负担性问题。这些瓶颈因素需要创新的推广者不仅要提供技术方面的创新，而且要提供社会体系方面的创新，构建面向 BoP 群体的社会生态系统（Prahalad，2004）。

　　该视角的一个优点就是能凸显出企业或创业者作为创新扩散的代理人所发挥的重要作用，正是这些代理人通过一系列战略性的行动构建起价格、渠道等社会体系，并进而推动创新在社会中的扩散。该视角将扩散研究的重点从创新的采纳者转向了推动创新扩散的个人或组织，认为创新扩散并不仅仅是一个社会互动的过程，还是由一系列富有企业家精神的活动所推动的（Brown，1981）。这一分析思路有助于我们更深入理解创新扩散的过程以及在这一过程中不同利益相关者的作用，尤其是企业在推动创新扩散中的作用。从这一角度来说，该视角对于 BoP 研究具有更大借鉴意义，因为 BoP 研究的重点就是关注企业如何进入 BoP 市场。在这一过程中，企业通过一系列创新克服 BoP 市场中的障碍，将新技术引入该市场中，而且由于市场基础设施的缺失是企业进入 BoP 市场的最大障碍（Klein，2008；Prahalad & Hart，2002），因此基于该视角的创新扩散研究可以为企业如何克服这些 BoP 市场中的障碍因素提供借鉴。不过该视角的研究没有进一步探讨企业的效率问题，即企业如何才能提高自身效率与创新扩散速度？这一问题的进一步探讨需要更深入探究企业的资源配置活动。尤其是在 BoP 市场中，不但营销渠道等市场网络缺失，而且交通等基础设施往往也不健全，为新技术的扩散带来更严峻的挑战，这就要求企业重新思考其商业模式背后的支撑逻辑，在为潜在消费者提供便利性的同时改变现有的价值传递方式和资源配置方式。因此企业在克服基础设施障碍的同时，往往伴随着商业模式方面的创新和价值链的重构，对这些问题的更深入探讨必然要涉及对企业商业模式的研究。本章 2.5 节将专门讨论这些内容。

2.3.3.5 创新扩散与 BoP 研究

创新扩散研究的四个视角探讨了创新扩散的几个不同方面：经济历史学视角是从创新本身的性质这一角度考虑扩散问题，认为只有在创新的主要性能满足了潜在使用者的要求时，该项创新才会被社会接受；发展视角则是从创新接受者的角度，认为只有创新接受者具备了一定的资源才能接受某项创新；市场基础设施视角是从创新推广者角度探讨扩散问题，认为创新推广者需要为创新构建基本的基础设施以增加该创新的可获得性，该创新才会被社会接受；传播学视角则是从创新推广者与创新接受者互动的视角探讨这一问题，认为在满足了以上条件的情况下，创新推广者需要与潜在使用者不断沟通、互动，才能说服社会接受该项创新。可以说，这四个视角分别探讨了创新扩散的四个关键要素，这四个要素作为一个整体缺一不可，要素间的互动推动了一项创新在社会中的扩散。

将扩散研究与 BoP 研究结合起来，可以对已有的 BoP 研究有更深的理解。比如，已有研究对 4 个 A 的探讨（见本书 2.2.1 节）其实对应了创新扩散的不同视角：可获得性（availability）是从市场基础设施视角探讨将新技术应用到 BoP 地区需要克服的障碍，可负担性（affordability）是从发展视角探讨如何让 BoP 群体能够负担得起新技术、新产品或新服务，可接受性（acceptability）和可感知性（awareness）则是从企业与 BoP 群体互动的视角探讨如何将新技术更快地扩散到 BoP 市场之中。只不过已有 BoP 研究大多比较粗糙，没有更进一步从理论层面探讨企业如何才能更好地解决 4 个 A 的问题，创新扩散研究无疑有利于我们从不同的角度看待企业开发 BoP 市场的过程，从而从理论高度研究这些问题。从创新扩散的角度看待 BoP 问题，就是探究如何将新技术、新产品或新服务扩散到 BoP 群体之中，因此创新扩散研究的几个视角可以帮助我们从不同的角度解析这一过程。然而，已有的创新扩散研究大多是从创新本身或者创新的接受者角度进行研究，对企业在推动创新扩散中的作用重视不够；虽然市场基础设施视角的研究开始探析企业和创业者在此过程中的创新性活动，但这些研究仍然很少考虑企业在推动创新扩散的过程中如何通过内部资源调配以及与其他利益相关者互动等手段提高创新扩散的效率与企业自身的绩效，这在后续研究中应该进一步加强。本研究致力于探索企业如何通过将新产品或服务引入 BoP 市场，在提高 BoP 群体生活水平的同时自身也获得经济收益，因此本书的研究对象将聚焦于企业，一方面要研究企业如何将各种创新应用于 BoP 市场，另一方面还要探究企业如何通过服务 BoP 市场而获利并成长。因此，本研究在借鉴创新扩散相关研究的同时，还要结合已有的研究，研究企业将创新引入 BoP 市场的微观过程。

具体而言，BoP 研究可以借鉴创新扩散研究的几个视角，探究以下问题：

第一，技术的匹配性和竞争性问题（suitability & competitiveness）：从经济历史学视角来看，哪些类型的创新更符合 BoP 市场和 BoP 群体的特点？哪些创新在 BoP 市场更有竞争力？企业应该如何进行这些创新？

第二，可负担性问题（affordability）：从发展视角来看，BoP 群体的特点有哪些？企业如何才能让自己所提供的产品或服务被 BoP 群体负担得起？

第三，可获得性问题（availability）：从市场基础设施视角来看，　项创新要在 BoP 市场得到更好的应用，需要哪些市场基础设施的支持？企业如何通过资源调配和创新满足这些基础设施需求？

第四，可感知性和接受性问题（awareness & acceptability）：从传播学视角来看，要让新产品或服务更好地被 BoP 群体所认识并接受，企业应该如何与该群体互动交流？

以上四个问题可以用图 2.2 表示。

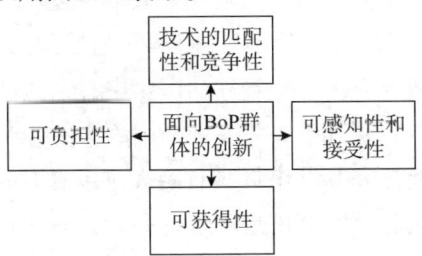

图 2.2　面向 BoP 群体创新的关键因素

　　这四个问题分别从创新本身的性质、创新需求方（BoP 群体）、创新提供方（企业）以及创新提供方与需求方的互动四个方面探讨企业如何在 BoP 市场开展并推广创新。可以看出，以上问题是 BoP 研究中 4 个 A 内涵的进一步延伸和扩展，而且为我们提供了一个分析框架，有助于我们更进一步从理论层面分析 BoP 问题。相对于已有的创新研究，本模型更强调企业的作用，即着眼于从企业的角度分析如何才能通过创新满足这几个要素。

　　基于以上分析，本研究认为，企业主要通过技术创新和商业模式创新以应对前文所提的几个问题，见图 2.3。

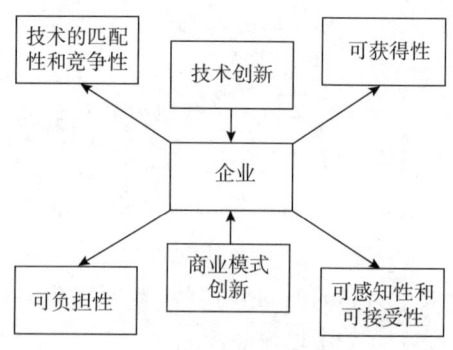

图 2.3　企业开展 BoP 导向创新的关键步骤

　　将创新理论引入到 BoP 研究中，对于 BoP 研究来说，可以将研究的关注点从战略、营销等层面推进到创新过程这一微观层面。正如 Prahalad 和 Hart（2002）所论述，BoP 战略需要企业进行技术和商业模式的根本变革，因此对 BoP 战略的更深层次探讨必然要借鉴更多创新研究中的已有成果。除了创新扩散以外，颠覆性创新和商业模式创新是 BoP 研究中借鉴最多的理论视角，这些视角可以帮助我们系统地分析 BoP 市场中需要哪些创新、如何开展创新、创新中需要克服哪些障碍等问题，有助于我们从理论层面分析 BoP 导向创新的过程。另外，对于创新研究来说，随着发达国家中心论的创新观点受到越来越多的挑战，理论界和企业界越来越关注发展中国家中的企业作为创新发起者和推动者的重要作用。因此，在 BoP 市场具有巨大应用潜力的颠覆性创新越来越受到学术界和企业界的关注。本书正是基于这一背景开展研究的。接下来的 2.4 节将专门讨论这个议题。

2.3.4　社会创业的视角

"社会创业（social entrepreneur，SE）"强调以一种创新的、富有企业家精神的方式，将贫困等问题转变为可以管理的问题：通过聚焦什么是当地可以解决的问题，自下而上建立希望，而不是试图将国际上最佳的实践移植到当地（见图 2.4）。

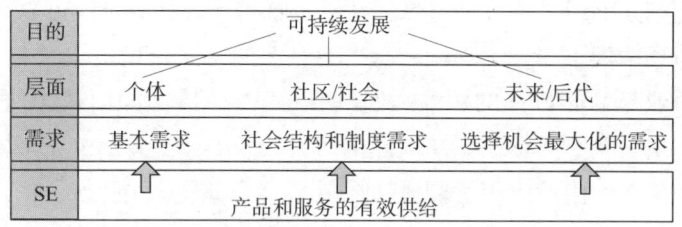

图 2.4　通过社会创业（SE）解决贫困问题

资料来源：根据 Seelos 和 Mair（2005）修改。

社会创业在有效缓解贫困的问题上取得了很大成绩，得到了国际社会的广泛认可。由于社会创业在孟加拉、埃及等国的成功，国际社会已经开始重视扶持这一现象，如 eBay 建立了一个基金会并捐款 440 万英镑来建立一个社会型创业的研究中心，Amazon 则为有效提高社区生活水平的创新性方法和突破性解决方案提供 100 万美元的奖金（Seelos 等，2005）。

社会创业通过创新性的组织模型，不但可以来满足 BoP 群体的基本需求，而且通过辨识市场中的机会可以为 BoP 群体提供就业机会，有效提高 BoP 群体的收入，因此可以说是一种比较成功的资源开发型 BoP 创新模式（罗譞，2007；赵晶等，2007）。这一模式从 BoP 市场中可以解决的问题入手，自下而上建立针对 BoP 市场的解决方案，这对于我们探究企业与 BoP 市场互动发展的模式提供了很好的借鉴（焦豪 & 周江华，2011），因此近几年受到了学术界的重视。比如，Seelos 和 Mair（2007）就从战略联盟和资源基础论的视角探讨了跨国公司与当地的社会型企业通过合作开展 BoP 业务的模式，Nielsen 和 Samia（2008）用系统论的视角分析了在 BoP 市场推行社会创业的关键因素。

不过，对于社会创业的内涵学术界还没有形成统一认识。有研究认为社会创业就是非营利的活动寻找创新的资金策略和管理方法来创造社会价值（Austin，Stevenson &Wei – Skiller，2003；Boschee，1998）；还有研究认为社会创业是跨部门的合作中商业活动的社会责任活动；另一些研究则认为社会创业是缓解社会问题和刺激社会变革的手段。缺乏一个统一的定义，使得社会创业的研究范围无法明确，也是进一步深入探讨这一现象内部机理的障碍。后续研究应该在清晰界定社会内涵的基础上进一步探索这一现象背后的规律。

另一个不容忽视的问题是，现有对社会创业的研究大多根植于孟加拉、埃及、巴西等国家的经济和社会背景，在这一背景下，社会创业可以有效弥补政府缺位和市场结构不完善等弊端，以社会企业的方式帮助 BoP 群体摆脱贫困，从而实现企业与 BoP 群体的双赢。如果要将其应用到中国 BoP 的研究，则中国强有力的中央政府和正在日益成熟的市场经济与上述国家的情况截然不同，因此这些理论在中国的应用就要受到限制。

不过，尽管存在上述问题，这些研究对于我们深入探讨面向 BoP 创新的实现方式还是具有很重要的借鉴意义。比如，社会创业强调创造性地应用和整合资源以推动社会变革和解决社会需求，BoP 理论也越来越强调创造性地整合BoP 群体中的资源，从这个角度来说，这两个研究视角的着眼点是一致的，因此，对 BoP 商业模式的进一步深入挖掘可以借鉴社会创业理论中的相关研究。研究可以结合中国背景，进一步探讨：社会创业中提到的"自下而上"的方式可以为我们提供哪些启示？社会型创业这一组织方式更像是一种颠覆性商业模式创新（Markides，2006），中国的 BoP 开发是否也可以开发出与此类似（或者不同）的颠覆性商业模式创新？在中国有一个强大的中央政府的情况下，社会创业还有用武之地吗？如果有，政府在这个过程中需要担任什么角色？根据社会创业中对于社会企业的研究，我国政企分家之前的国企承担的很多社会责任也可以划分为社会企业的范畴。那么，我国的国企改革是否说明社会企业在中国需要不同的定义？社会创业需要采取与已有研究中不同的模式吗？诸如此类问题，都是以后的研究中可以继续深究的。

2.4　BoP 基于颠覆性创新的 BoP 研究

从 Foster 提出技术进步 S 曲线开始（Foster，1986），理论界一直在探索什么情况下后发企业能够获得技术创新的优势。Henderson 等（1989）提出架构创新（architectural innovation）的概念，认为后发企业如果能够率先进行架构创新，则可以打败已有的市场领先者，获得技术方面的竞争优势（Henderson & Clark，1990）。在此基础上，Christensen（1992）结合 S 曲线和架构创新的相关研究，指出架构创新往往伴随着新市场和新客户群体的出现，而市场上已有的领先企业往往不愿意正视这种转变，从而导致在位企业的失败（Christensen，1992a，1992b）。进一步地，Christensen 提出颠覆性创新的概念，指出后发企业如果可以通过颠覆性创新创建新的价值网络，则可以实现对在位企业的超越（Christensen & Bower，1996）。这些研究对于企业开展面向 BoP 的创新具有重要的指导意义，BoP 市场中有大量没有被包容进现有价值网络的非消费群体，如果企业可以通过创造新的价值网络在 BoP 市场中推行颠覆性创新，则能够以该市场为平台启动新的增长引擎（Hart & Christensen，2002）。正因为如此，已有研究开始探索 BoP 理论与颠覆性创新理论的融合（Christensen，Baumann，Ruggles & Sadtler，2006；Christensen et al.，2001；Hart，2005b；Hart & Christensen，2002；Hwang & Christensen，2008；London & Hart，2004；Simanis & Hart，2010）。

根据 Hart 和 Christensen（2002）的观点，发展中国家的低收入群体这一 BoP 市场可以为颠覆性创新提供理想的试验场所和发展平台，为企业提供有巨大增长潜力的机会（Hart，2005b；Hart & Christensen，2002）。企业如果将发展重点转向经济金字塔的底端，开展面向 BoP 市场的创新，就可以通过颠覆性创新在新的更大群体的市场中找到新的增长点。颠覆性创新为 BoP 战略和企业创新找到了结合点，为我们从创新视角研究 BoP 问题提供了思路。本小节将在回顾颠覆性创新理论的基础上，对基于颠覆性创新视角的 BoP 研究进行梳理和归纳。

如前文所述，颠覆性创新理论源于对技术发展 S 曲线和架构创新的进一步研究：S 曲线可以解释颠覆性技术为什么常常由产业的新进入企业开发和引进，而非老牌领先企业率先应用（Foster，1986；Henderson & Clark，1990）；在此基础上，Christensen（1997）认为对于颠覆性技术而言，除了考虑该技术的创新过程外，还要结合市场分析才能准确预测产业技术变迁的轨迹，技术创新和市场创新的融合就是颠覆性创新理论的分析框架（Christensen，1997）。

与颠覆性创新相对应的概念是维持性创新，这两者是以创新的环境为基础来进行区分的（Christensen，1997；Christensen & Raynor，2003）：维持性创新以现有主流市场的消费者为目标，向其提供性能更好的产品；颠覆性创新则不以当前主流市场为目标，而是通过引入与现有产品相比完全不同的产品和服务（往往是比较简单、更加便利和廉价的产品），来吸引处于次要市场上不太挑剔的数量更多的消费者（或者潜在消费者）。由于技术进步的速度总是大大超过消费者对产品性能利用的速度（Christensen & Bower，1996），现有的主导企业总有使技术发展超过顾客实际使用能力的倾向，希望通过为高端客户提供更复杂的产品而获得高额利润。然而，在产品性能超越消费者实际需求的情况下，如果消费者从性能的额外改进中所获得的边际效用接近于零，则不愿意为技术的进一步提高支付溢价。这时，颠覆性创新通过为顾客提供更简单、更廉价的产品，或使顾客以更便捷的方式消费产品和服务，让原来的低端用户或潜在的消费者可以获得原来只有专业人士或者支付较高价格才能获得的性能，从而有效扩展用户群（Christensen et al.，2001；Christensen & Raynor，2003）。在此基础上，利用技术进步轨迹与消费者所能利用产品性能的轨迹不一致这一现象，颠覆性创新就可以不断向高端市场升级。

由于颠覆性技术的"低端性"和初期回报的不确定性，在位企业总是忽视颠覆性创新侵入市场这一现象，使潜在的颠覆性创新者获得足够的市场空间来培育自己的业务和能力。在获得初期的发展后，由于技术进步的速度总是大大超过消费者对产品性能利用的速度（Christensen，1997），新进入者就可以不断进攻对行业领导者缺乏吸引力的市场，不断侵蚀高端消费市场，最终将主流消费者渐渐吸引入新的价值网络，并征服现有市场的在位者。

除了这种以低端市场为基础的颠覆性创新模式，Christensen 和 Raynor（2003）又对颠覆性创新的内涵进行了进一步扩展，在性能和时间两个维度的基础上加入了新价值网络这个维度，如图 2.5 所示。这样，创新被分为了三类：①维持性创新，面对主流市场的需求特征进行创新；②低端颠覆性创新，在原有价值网络的基础上针对低端市场进行颠覆；③新市场颠覆性创新，在新价值网络内，对"非消费"进行竞争性的颠覆。新市场颠覆者通过创造一个新的价值网络，将被原有价值网络排除在外的"非消费者"纳入新的价值网络，并以此为基础对在位企业进行颠覆。

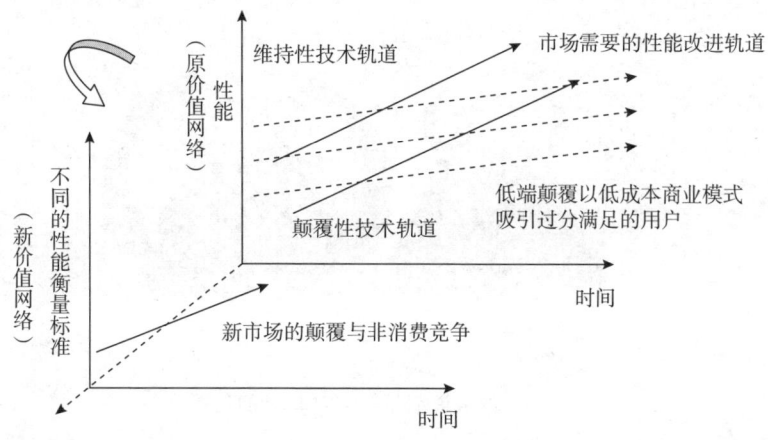

图 2.5　颠覆性创新分析框架

资料来源：Christensen，C. and Raynor，M.（2003）. The Innovator's Solution：Creating and Sustaining Successful Growth. Boston，MA：Harvard Business School Press.

需要说明的是，颠覆性创新的核心思想并不是新产品取代已有产品，而是新进入者通过提供新产品和服务，有力地扩大和拓宽当前市场（Utterback & Acee，2005）。通过以更易操作、更便宜的产品或服务重构顾客价值主张，可以使原有的"非消费者"更方便地拥有并使用这些产品，因而产生了新价值网络并创造了新消费（Christensen & Raynor，2003），这一创造性创造（creative creation）的过程才是颠覆性创新得以创造更多社会和经济效益的关键（Hart，2005b）。随着产品性能的改进，当主流顾客也被逐渐吸引入这一新价值网络时，旧的价值网络就被抛弃，创造性毁灭（creative destruction）就发生了，外在表现为原有产业结构和产业秩序被颠覆。因此可以说，颠覆性创新中的技术替代本质上是创造性创造与创造性毁灭交替发挥作用的过程，其中伴随着新价值网络的形成与旧价值网络的衰落。在这一过程中，被主流市场排除在外的非消费群体是颠覆性创新得以生存与发展的基础。

颠覆性创新的"低端、简单、低成本"的特性和"非竞争性"的特征，使得其完全可以在发展中国家大显身手，为市场中的新进入者提供利用颠覆性创新获得超常规增长的机会（吴贵生 & 谢伟，1997）。然而以上对颠覆性创新的研究主要是以发达国家市场的一些基本假设为基础发展起来的，其中的一些假设和原则对于发展中国家可能不太适用，这必然导致颠覆性创新在发展中国家的应用受到限制。

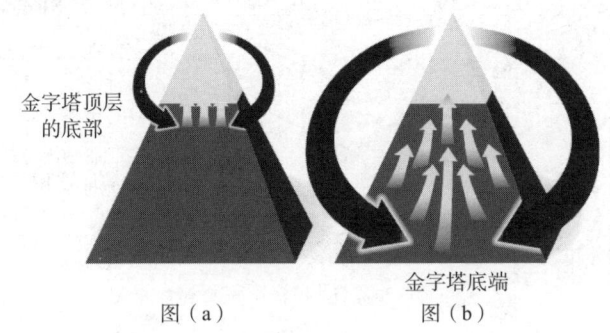

金字塔顶层
的底部

金字塔底端

图（a）　　　　　　图（b）

图 2.6　颠覆性创新与面向 BoP 的创新

资料来源：Hart & Christensen，2002。

如图 2.6（a）所示，已有的颠覆性创新只是从发达国家的低端开始颠覆，其过程也只是在发达国家内部完成的，这就会带来三个问题：第一，颠覆性创新所产生的巨大财富只惠及了发达国家这一小部分人，并没有将发展中国家纳入其价值网络，发展中国家很难从中分享到经济发展的好处；第二，由于颠覆的循环只是从发达国家的低端开始，颠覆的空间和潜力大大受到了制约；第三，在发达国家形成的理论模型、创新模式等很难直接移植到发展中国家的低端市场（Hart & Christensen，2002），不能为企业在发展中国家的实践提供指导。因此，Christensen 等（2001）从更广泛的视角分析这一问题，探讨了在发展中国家应用颠覆性创新的可能，并将颠覆性创新与 BoP 战略联系起来，认为发展中国家的低收入群体是颠覆性创新理想的试验场所和发展平台，可以为企业提供有巨大增长潜力的机会之窗（Hart，2005b；Hart & Christensen，2002）。同时，颠覆性技术允许技术能力和生活水平较低的 BoP 人群以更低的成本和更便捷的方式获得原来只有高端人群才能使用的产品和服务，从而提高其生活水平。正是基于这一考虑，Christensen 等提出企业可以借助新技术为 BoP 群体提出新价值主张并在 BoP 市场构建新价值网络，从而通过颠覆性创新在 BoP 市场找到新的业务增长点（Christensen et al.，2001）。

从 BoP 的视角探讨颠覆性创新，其创新过程就可以表述为：颠覆性创新者首先进入 BoP 市场，在此基础上不断向高端市场渗透，最后将旧技术逐出市场（Hart，2005b）。通过这种方式，不但可以将原本被忽视的 BoP 人群纳入颠覆性过程，而且可以为颠覆性技术找到具有更大潜力的成长空间。

颠覆性创新之所以可以在 BoP 市场发展，是因为：①BoP 市场中有为数众多的非消费群体（nonconsumption），这些人被现有产品排除在外或者现有产品不能很好满足其需求，因此很希望获得比主流市场中更简单的产品并为之支付价格，这些非消费群体正是颠覆性技术的理想目标（Christensen & Raynor，2003）；②在低收入市场建立的业务模型具有很强的可移植性，可以较容易地运用到高端市场，因此，颠覆性技术可以从 BoP 市场开始颠覆并不断向高端渗透，最终实现从 BoP 到 ToP（top of the Pyramid，金字塔顶层）的渗透（Hart & Christensen，2002），如本田模型很容易移植到了美国，并对美国汽车业施以了颠覆性的打击。

具体而言，颠覆性创新应用到 BoP 市场有以下几种方式：第一，一些新兴的颠覆性技术（如可再生能源、燃料电池等）直接在 BoP 市场发展，在这里避开已有成熟技术的激烈竞争，通过提供便捷、便利的产品和服务在新兴市场获得初期成长平台（Christensen et al.，2001），以此为基础不断侵蚀高端市场，并最终实现对旧技术的替代。第二，将已有的成熟技术塑造成更适合 BoP 特征的技术，满足新兴市场的非消费群体未被开发的需求，实现对原有技术的新市场颠覆（Hart，2005b）。这就要求企业创新性地改变成本结构，并且聚焦于 BoP 市场的需求进行技术开发——不是强迫将现有技术推向 BoP，而是去理解他们的真实需求是什么。我国的格兰仕就是通过设计简单、能效高且很适合中国厨房特点的微波炉，从中国市场开始颠覆，并成功颠覆了全球微波炉产业的竞争格局。

正因为如此，颠覆性创新的很多内容可以为面向 BoP 的创新提供理论支持，如颠覆性创新中克服资源障碍的方法（Gilbert & Bower，2002）、实施颠覆性创新战略的四阶段模型（Thomond，Herzberg & Lettice，2003）、在位企业应对颠覆性创新的战略（Charitou & Markides，2003）、颠覆性创新中技术替代的模式（Paap & Katz，2004；田红云、陈继祥 & 田伟，2007）、预测技术的颠覆性潜力的方法（Hüsig，Hipp & Dowling，2005），这些研究都可以为企业推行面向 BoP 市场的创新提供理论和实践上的指导。但是也应看到的是，这些理论都是以发达国家市场的一些假设为基础建立的，而 BoP 市场的环境、资源条件等与发达国家相比有很大的不同，这就要求面向 BoP 的创新要在借鉴颠覆性创新相关理论的基础上重新审视其基本假设，构建新的理论基础，探讨新的创新模式、创新实现路径等。

在以上研究的基础上，一些学者进一步探讨了绿色技术（green technology）与 BoP 的结合（Simanis & Hart，2010），认为由于绿色技术对传统技术的颠覆性，其发展往往受到传统市场的抵制，而由于 BoP 市场没有对传统技术的依赖，可以为绿色技术提供理想的发展平台。通过将绿色技术应用于 BoP 市场，企业不但可以帮助 BoP 地区解决基本生存需求问题，提高 BoP 人群的生活水平，而且能以 BoP 市场为平台，实现绿色技术的跨越式发展。这一被称为"绿色跨越战略（Green Leap）"的发展思路是贫困治理与可持续发展的一个创新思想，对中国社会的可持续发展具有重要意义。

国内学者也逐渐注意到面向 BoP 群体的颠覆性创新研究对包括我国在内的发展中国家的实际意义。全允桓等（2010）认为，颠覆性创新如果瞄准 BoP 群体这一非消费市场，就可以避免现有主流市场的激烈竞争，通过对产业竞争规则的颠覆，为后发企业提供打败现有领导企业的机会。从这个意义上说，面向 BoP 市场的颠覆性创新在对现有企业作筛选和淘汰的同时，也为新进入者提供了利用创新获得超常规增长的机会，因此为我国企业发展核心技术、提高自主创新能力并实现后发优势提供了可行的发展路径（全允桓 et al.，2010；周江华 et al.，2010）。因此颠覆性创新与 BoP 战略的结合可以成为我国企业实现跨越式发展的可行战略。根据 Christensen 等（2003）的研究，后发企业如果想要在相同的客户基础上与已有的市场领先者竞争，基本上很难获得竞争优势，这就意味着我国的本土企业如果想要在高端市场与跨国公司竞争，会遇到后来者劣势问题（高旭东，2008）。由于本土企业比跨国公司熟悉 BoP 市场，如果可以根据 BoP 市场的特征，通过颠覆性的架构创新在满足 BoP 群体需求的情况下颠覆行业规则，则可以在创新中取得主动，实现对跨国公司的赶超。中国将来要想在某个领域有所创新并占领这个领域，"BoP—ToP"的发展路径应该是一个可行的思路。

如果能够在中国特色的社会、经济和文化背景下将颠覆性创新理论应用于 BoP 的研究，那么对于推动 BoP 理论的发展及可持续发展实践的深入进行，都将很有帮助。但是，正如前文所说，颠覆性创新理论脱胎于发达国家的市场，其中的一些假设必然有不适合 BoP 市场的地方，因此，如何在 BoP 的背景下构造新的理论假设，通过整合资源、能力和合作伙伴来实现对已有市场的颠覆性创新，就成为后续研究需要重点关注的内容。

值得指出的是，并不是说某一项技术本身就可以产生颠覆性，只有将颠覆性技术与新商业模式结合才能产生颠覆性影响（Hwang & Christensen，2008；苏启林，2006）。技术本身的特性虽然可以解释为什么有些技术更适用于 BoP 市场，但却无法解释为什么在面对相同技术时，不同企业会取得不同的绩效。颠覆性创新所需的新架构体系和技术组合构成了新的技术范式（Christensen & Rosenbloom，1995），要求企业掌握新的资源与技能才能在新技术范式下构建竞争优势。要理解企业如何才能掌握这些新技能，就需要探究企业内部资源整合的动态过程，商业模式研究可以为我们探索这一动态过程提供有力的工具。比如，有研究认为，颠覆性创新之所以无法在成熟企业内部发生，是因为企业内已有的商业模式无法支持颠覆性技术的发展，而颠覆性技术与创新型商业模式的结合才可以创造更大价值（Johnson，Christensen & Kagermann，2008），企业可以通过将颠覆性技术整合入商业模式创新，为 BoP 群体提供可负担、可接收的产品或服务（Hwang & Christensen，2008）。强迫颠覆性技术采取陈旧的商业模式只能导致失败（Hart & Christensen，2002），颠覆性商业模式的支撑才能保证颠覆性技术在为市场提出新价值主张的基础上，用新的价值创造方式和价值传递手段在 BoP 市场推动创造性创造的进程（Hart，2005b），并进而颠覆并重塑已有产业结构。

根据这些研究，企业要成功开展面向 BoP 群体的创新，一方面要推出适合该群体市场的技术，因为 BoP 群体有着独特的经济、文化特点，简单将已有技术移植入 BoP 市场的做法会因该技术与新市场的不匹配而导致失败，因此企业应该在理解 BoP 群体真实需求的基础上进行技术开发；另一方面，要通过商业模式创新，采取不同于高端市场的商业模式，建立支持新技术应用的价值网络，以应对 BoP 市场中特殊的社会、经济、文化条件（Chesbrough et al.，2006；Dawar & Chattopadhyay，2002；Hart & Christensen，2002；London & Hart，2004；Prahalad，2004a）。然而，虽然商业模式创新在颠覆性创新中发挥着重要作用，已有研究并没有从商业模式创新的视角深入探讨颠覆性创新问题，大部分仍以现象描述为主（Hwang & Christensen，2008；Johnson et al.，2008；Markides，2006），而且大部分研究并不严格区分颠覆性创新中颠覆性技术与商业模式的不同作用，在 BoP 背景下探讨这一问题的研究则更加稀少。因此，很有必要在对商业模式研究进行系统梳理的基础上，进一步深入探讨商业模式创新在颠覆性创新中的重要作用。

2.5　BoP 基于商业模式创新的 BoP 研究

2.5.1　商业模式研究

虽然商业模式在管理学研究中越来越受重视（Klein，2008；娄永海，2009），然而，对于什么是商业模式，学术界还没有明确的界定。概念的混乱反映出学术界对商业模式的内涵在认知和研究角度方面的差别。通过对已有研究的梳理，可以发现已有对商业模式的界定基本可以归为三类：第一，操作层面的商业模式界定，认为商业模式是促成企业创造价值的内部业务流程和基础设施的结构化设计（Morris, Schindehutte & Allen, 2005）；第二，战略层面的商业模式界定，认为商业模式是包括市场机会识别、价值主张、市场定位、利益相关者管理、价值创造等在内的一系列活动，其关注焦点是企业如何通过这些活动获得竞争优势和可持续发展能力（Klein，2008；Morris et al., 2005）；第三，经济层面的商业模式界定，认为商业模式是企业创收的模型，其主要组成要素是收入、定价模型和成本结构。需要指出的是，这三种定义并不是截然分开的，而是相辅相成的，任何一个层面的要素如果没有其他层面要素的支撑，都无法发挥作用。正因为如此，很多有关商业模式的研究都是综合考虑以上三个层面来对商业模式的概念做出界定的（Mitchell & Coles，2003；曾涛，2006）。表 2.2 总结了这几类观点中的较有影响力的商业模式定义。

表 2.2　商业模式概念综述

定义	要素	学者及相关著作
操作层面定义		
商业模式是以下内容的描述：①产品、服务和信息流的架构；②各种商业角色的潜在利益；③收益来源	架构 利益 收益来源	Timmers（1998，1999）
商业模式是组织在顾客界面、资源配置和知识运用三个维度上的架构	顾客界面 资源配置 知识运用	Venkatraman & Henderson（1998）

定义	要素	学者及相关著作
商业模式是组织创造价值的核心逻辑。只有属于核心逻辑的要素才被包括在商业模式内，因此不同企业间的商业模式有较大差异	如何获得和保持顾客 如何建立独特的价值传递方式 财务结构有何独特性	Linder & Cantrell（2000）
企业的商业模式是企业对跨组织边界的经济交换的整体设计，即商业结构的设计，是企业开展业务的蓝图，是企业与顾客及其他利益相关者之间的交易结构、交易内容和交易治理方式	交易结构 交易内容 交易治理	Amit & Zott（2001，2002；Zott & Amit，2004，2007）
商业模式的核心是故事，这个故事解释了企业如何运作，并用以回答德鲁克提出的一系列问题：客户是谁？客户需要什么？它还用以回答每个管理者都必须回答的两个基本问题：我们如何从这项业务中赚钱？	和"做东西"有关的所有活动：设计，购买原材料，制造等；和"卖东西"有关的所有活动：寻找和接触到客户，销售，分销产品或交付服务	Magretta（2002）
商业模式主要描述了一个企业从事哪些业务项目以及采取何种方式运作这些项目	"干点啥" "怎么干" "能赚钱"	娄永海（2009）
战略层面定义		
从企业战略角度讲，商业模式描述了企业战略如何被纳入到一组设计完善的活动集之中	行为系统 价值驱动 价值主张 组织设计	Porter（1996）
商业模式是已被付诸实践的商业概念，即关于企业如何完成任务的全方位解释	核心战略 战略资源 客户界面 价值网络	Hamel（2000）
商业模式是企业内外部的要素及其相互之间关系所决定的企业如何赚钱的模式	外部环境 企业的产品或服务 内部因素 各因素的关系	Normann（2001）

定义	要素	学者及相关著作
商业模式是企业在竞争中的成功规则，是推动其成功的驱动力	创造的价值 竞争优势的本质 自我增强并创造竞争优势的能力 决定增长的驱动力的正向反馈和循环	Van der Heijden et al. (2002)
商业模式是对企业内战略、流程、技术和组织治理等各要素的独特配置，以创造客户价值，使企业有能力在所处的行业获得成功	战略 流程 技术 治理	Jansen et al. (2003)
商业模式是企业和利益相关者为顾客创造和传递价值，并获得可持续的收入的组织体系	价值主张 顾客关系 基础设施管理方式 财务结构	Osterwalder & Pigneur (2003)
商业模式是赚取利润的方式，描述企业实施哪些活动、如何实施以及何时实施等问题	组织定位 组织活动 资源 成本 产业因素	Afuah (2004)
通过明确企业的价值链定位，商业模式描绘了企业赚钱的方式。因此，商业模式是企业赖以生存的方法		Rappa (2004)
商业模式是企业在特定市场的投资策略、架构等变量之间的简练表达，以在该市场建立持续性竞争优势	三个层面和六个组成部分： 基础层面 所有者层面 规则层面 价值主张 顾客 内部流程与能力 企业盈利方式 竞争策略 成长和目标	Morris, Schindehutte & Allen (2005)

定义	要素	学者及相关著作
商业模式是企业做生意的方法或企业保持其永续性的商业概念	新用户价值主张 新价值网络构造 能保证所有利益相关者都满意的领导力	Voelpel，Leibold & Tekie（2004）
商业模式是由企业各组成部分以及相关有形内容与认知体系所构成的系统	战略和结构 网络 业务操作 财务体系 信念系统	Tikkanen，Lamberg，Par-vinen & Kallunki（2005）
商业模式反映了组织如何创造和评估价值，并保证其未来可持续发展能力的核心逻辑，解释了其如何在与内外部环境的互动中对自身进行定位		Klein（2008）
混合定义		
商业模式是价值流、物流和收益流的独特组合方式	价值流：价值主张 收益流：获取收益的方式 物流：供应链设计	Mahadeven（2000）
商业模式是组织在明确内外部条件的前提下，用于整合各利益相关者以获取超额利润的战略意图、结构体系以及制度安排的集合		曾涛（2006）
商业模式是企业管理理念和管理实践的外在表现，以帮助企业通过明确而特定的方式来理解并操作其活动	思考方式 操作系统 价值创造能力	Chaharbaghi，Fendt & Wil-lis（2003）

续表

定义	要素	学者及相关著作
商业模式是企业的一种组织方式，以更有效地服务其顾客	7个基本元素——5W2H： Who：企业服务或影响的各利益相关者； What：各利益相关者的付出或收益，以及其受到的各种影响； When：提供产品或服务的时机； Where：在何地传递其利益诉求； Why：企业与各利益相关者之间的互动逻辑； How：解释企业提供产品或服务的方式，以及企业如何从中获益； How much：客户要支付的价格（或成本）	Mitchell & Coles（2003）

资料来源：根据 Klein（2008）和陈晓鹏（2010）整理。

为了更深一步了解商业模式的构成，众多学者对商业模式的要素进行了研究。比如，Applegate（1999）认为商业模式由概念、价值和能力三要素组成。Schmid（2001）等认为商业模式由使命、结构、流程、收入、法律事务和技术等六个动态变化的要素组成。Hamel（2002）提出的分析框架将商业模式分为四大组成部分：核心战略、战略资源、客户界面和价值网络，客户利益、行动配置、公司边界等三个要素作为媒介将这几部分联结起来。翁君奕（2004）把商业模式定义为核心界面要素形态的有意义组合，并提出由价值主张、价值支撑和价值保持构成的价值分析体系，从而提供了一种商业模式构思和决策的思维方法。Chesbrough等（2002）则将商业模式的要素分为价值主张、目标市场、价值链结构、价值网络、成本结构与利润模式、竞争战略，并阐述了企业经营全过程中六个要素如何发挥作用，从而形成完整的理论体系。

以上这些从组成要素角度对商业模式所做的研究，有助于我们更深入理解商业模式的内部构造，因此推进了商业模式研究的进展。不过应该注意的是，这些要素要构成完整的商业模式至少需要满足两个条件：第一，商业模式必须是一个有一定结构的有机整体，而不能仅仅是几个要素的简单加总；第二，商业模式的各部分之间必须有内在联系，以把各要素有机地关联起来，使之互相支持和共同作用，形成良性循环。

2.5.2　面向 BoP 市场的商业模式创新

已有的 BoP 研究认为，BoP 市场中有特殊的社会、经济、文化条件，对企业提出了特有的挑战，往往需要进入该市场的企业采取不同于高端市场的商业模式，因此商业模式创新对于企业在 BoP 市场的成功发挥着至关重要的作用（Chesbrough et al.，2006；Dawar & Chattopadhyay，2002；Hart & Christensen，2002；London & Hart，2004；Prahalad，2004a；WBCSD，2004，2005）。这些研究认为，进入 BoP 市场的企业凭借其商业模式创新的技巧（比如价值链管理、拓展业务能力等），不但可以为其 BoP 业务带来成功，而且可以帮助 BoP 群体获得参与经济发展的能力（Prahalad & Hammond，2002；Rangan，Quelch，Herrero & Barton，2007；World Bank，2005）。成功的商业模式可以刺激新投资、激励针对 BoP 群体的创新并推动企业 BoP 业务在其他市场的拓展；通过这种方式，企业可以帮助 BoP 群体建立本地化能力、创造就业机会并增加该群体在社会上的选择机会，从而有效提升其生活水平和社会参与能力（Klein，2008）。同时，通过面向 BoP 群体的商业模式创新，企业在创造经济价值的基础上还可以创造社会价值（Karnani，2007；Klein，2008）。比如，Visser 等（2007）通过对早期 BoP 商业实践的反思指出成功的 BoP 商业模式应有利于将 BoP 群体中的潜在活力和创造性解放出来，在此基础上提升该群体的收入与能力，并由此进入一个良性循环，从而使企业转变为可持续企业（Simanis & Hart，2008；Visser et al.，2007）。

正如前文所述，早期面向 BoP 商业模式的研究提出"BoP 群体作为消费者"与"BoP 群体作为生产者"两种商业模式（Karnani，2007；London，2007）London，2007），我国研究者提出的"市场开发型""资源开发型"以及"混合开发型"商业模式是对这两种商业模式的另一种表述和进一步发展（罗譞，2007；仝允桓 et al.，2010；赵晶 et al.，2007；周江华 et al.，2010）。

这些研究的共同之处是指出了 BoP 群体在价值创造和价值传递中的作用，强调根据 BoP 群体中蕴含的不同资源和能力使企业和 BoP 群体处于价值链的不同环节，并在价值链的不同环节与 BoP 群体发生互动。值得一提的是，这些研究都重视充分利用 BoP 群体中的知识与创新能力，并充分利用本地化能力使开展 BoP 业务的企业获得独特的竞争优势。不过，虽然以上研究指出了 BoP 商业模式的不同类别，但对商业模式的解析都比较浅显和粗糙，没有分析商业模式的基本要素，对企业开展商业模式创新的过程和机理也没有涉及。

更进一步深入到微观层面探讨面向 BoP 市场的商业模式创新，就涉及对企业价值链的分析，因为在 BoP 市场运营需要企业改变现有商业模式背后的支撑逻辑，构建全新价值链以适应 BoP 群体特质与环境条件（Budinich，Reott & Schmidt，2007；周江华 & 邵希，2010）。比如，参与性系统在开发针对 BoP 市场的新价值链中扮演着重要角色，即 BoP 群体必须是新价值链的关键构成部分（Austin，Márquez，Reficco，Berger，Fedato & Fischer，2007），以利于企业从中获得预见潜在创新机会及商业模式的关键知识与观点（Hart & Sharma，2004）。因此，建立新价值链就要把如何有效利用与整合 BoP 群体的资源能力纳入企业的决策制定与管理过程，当企业把该群体视为活跃的代理人或商业伙伴而不是被动的接受者就能够扩展创新的视野与格局，但这种新的价值链重构常常需要企业投资于教育与培训以提高该群体创造价值的能力。具体来说，商业与贫困的结合可以在价值链的任何环节发生（Gardetti，2007），企业要仔细辨识那些束缚或限制 BoP 群体开发其资源与能力的障碍，在适当环节释放其价值创造潜力（Perez – Aleman & Sandilands，2008）。例如在研发环节，把 BoP 群体纳入新产品开发流程而不仅仅是调查对象可以提高新产品开发的成功率（Pitta et al.，2008）；在渠道环节，可利用该群体（如有创新精神的妇女）人力成本较低且对本地较熟悉与了解这一特点，使其成为企业与目标顾客之间的微型渠道商或零售商；在供应与生产环节，企业尽量使需要的投入在本地获得，训练该群体并通过种子基金帮助他们成为企业的原材料供应商，或者激励和帮助本地企业进行技术升级，更新它们在制造与顾客服务方面的质量标准等。

后续研究进一步对企业如何开展商业模式的微观机理进行了探究。Klein（2008）用大规模问卷调查的方式研究了战略性商业模式的三大属性（稳健性、灵活性和外部适应性）对企业 BoP 业务的经济绩效、社会绩效和环境绩效的不同影响。研究发现：虽然灵活性的商业模式能够提高企业对外部环境的适应性并进而对经济绩效、社会绩效和环境绩效都有正向影响，但由于 BoP 市场的多样性、地理分割性和高不确定性，稳健性的商业模式会对企业的财务绩效有更大的影响，因此企业应该致力于提高其商业模式的稳健性。研究同时发现，在 BoP 市场中，企业的社会绩效和财务绩效之间有着比一般市场更显著的正相关关系，也就是说，在 BoP 市场中，更加关注社会绩效的企业能得到更大的认可，因此企业应该把社会价值整合入商业模式，通过更多关注 BoP 社区的社会问题来提高企业在当地的嵌入程度，并通过更多地与当地的各利益相关者互动来共同发现并共同创造新的商业机会和商业模式。在此基础上，Klein 根据 BoP 市场的特点，提出企业在 BoP 市场中开展商业模式创新的几个关键要素：价值主张、本地能力建设、企业在当地社区的嵌入程度、学习能力、可扩性。该研究中所采用的定量研究方法在 BoP 研究中尚属少见，标志着 BoP 研究逐渐走向成熟，在规范性和研究深入上都有了很大程度的加强；而且，该研究针对 BoP 市场的特点所提出的商业模式创新的几大要素，也是学术界首次对面向 BoP 的商业模式创新做出的较全面和深入的探讨，对后续 BoP 研究产生了较大影响。在以上研究的基础上，陈晓鹏（2010）提出面向 BoP 的商业模式创新的决策支持模型，并分析了创新策略与企业 BoP 业务发展阶段之间的关系。通过对面向 BoP 的商业模式创新的动力进行分析，文章进一步解析了在 BoP 市场中进行商业模式创新的影响机制。

商业模式创新视角的引入，有助于我们更全面、深入地理解企业 BoP 战略的实现路径。从商业模式角度分析已有 BoP 研究，会发现 BoP 战略中的 4A 框架是企业为 BoP 群体提出新价值主张的原则，而价值链创新、社会嵌入、商业联盟则是企业调动内外部资源以实现新价值主张的创新性手段。因此可以说商业模式创新理论为 BoP 研究提供了一个系统的分析框架。

颠覆性创新和商业模式创新视角的相关研究可以帮助我们从理论层面分析 BoP 导向的创新过程，为我们更深入探究 BoP 战略背后的机理和规律提供有力的分析工具。理论界和企业界已经认识到有着巨大人口规模的 BoP 市场将成为滋生和孕育大量原创性创新的土壤，因此探索 BoP 导向创新的基本规律不但有利于指导发展中国家的企业如何立足本土培养其自主创新能力，而且有利于推动创新理论研究向更纵深发展。

不过应该看到的是，虽然有不少文章从创新角度探讨 BoP 问题，但从理论高度进行系统性分析和总结的研究并不多，尤其是从技术创新角度分析其创新机理的文章更不多见。虽然 Christensen 等提出颠覆性创新可以成为企业与 BoP 市场互动发展的黏合剂，但是已有的从颠覆性创新角度探讨 BoP 问题的文章大多还是主要围绕不同国家与地区 BoP 市场内的单个或少数具体案例进行经验总结（Rangan et al.，2007；仝允桓 et al.，2010），缺乏一般性的理论分析（Kolk，Rivera – Santos & Rufin，2010；邢小强，周江华 & 仝允桓，2010a）。后续研究应该在对已有理论研究整合与拓展的基础上，进一步挖掘 BoP 导向创新的一般性规律，推动理论研究向纵深发展。

2.6 BoP 已有的研究小结

从价值创造、价值传递和价值获取的角度对已有的研究进行梳理，可以发现已有的研究分别探讨了价值创造的不同环节（图 2.7）。

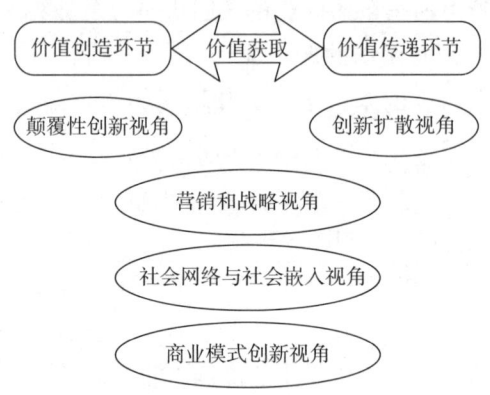

图 2.7 对 BoP 各研究视角的归类整理

对 BoP 市场的重视反映了近期全球对可持续发展问题的理性辨析和深入思考。尽管以上研究详细描述了 BoP 战略的内涵和研究视角，但这些研究并没有涉及创新本身的机制，如创新的机理、创新的组织安排、创新的管理以及影响创新的因素等。而如果没有对创新机制的探讨，对企业如何根据 BoP 市场特点制定合理创新战略的指导就很有限。因此，后续研究应展开针对性的研究，将面向 BoP 的创新研究推进到其内部之机理层面，不再只是关注面向 BoP 的创新对企业发展和地区经济的促进作用，而是更多关注创新机制本身，即影响创新的因素以及如何有效地开展面向 BoP 的创新。

总体来说，到目前为止本领域的研究还比较粗糙，而且多数研究都是单个或少数案例的研究，其得出的结论的适应性一直没有得到很好的检验。随着可持续发展问题越来越受到国际社会的关注，BoP 研究也越来越得到理论界的重视。在 BoP 研究更加深入展开的过程中，更多其他学科的理论被引入进来，使这一研究的内涵更加丰富，对实践具有更强的指导意义。根据以上对已有 BoP 研究的梳理，我们认为本领域的研究尚存在以下缺口。

第一，作为新兴起的理论，BoP 理论还处于概念提出、内涵界定及内容完善阶段，大多以表象性描述为主，缺乏理论分析，关于创新模式、创新机理的研究还不多，这是理论研究走向深入的必由之路，后续研究应该加强对这些内容的挖掘。

第二，已有的研究大多是从跨国公司的立场，探讨如何从 BoP 市场中寻求获利机会，而对于如何帮助 BoP 群体摆脱贫困、实现社会经济可持续发展的关注还远远不够。如果说指导跨国公司通过积极开发 BoP 市场开拓新的增长渠道是国外相关研究的现实意义，那么研究中国企业如何通过面向 BoP 市场的创新发挥后发优势则构成了我们未来研究的理论和现实价值。已有的 BoP 研究中得出的创新模式、创新过程等，都是以发达国家市场为基础、从跨国公司的立场出发得出的结论，这些结论一般很难直接复制到发展中国家。显然，基于中国特色的 BoP 战略研究的开展将有助于我们寻找和探索具有中国特色的创新实践、创新模式、创新机理，并有针对性地提出我国现阶段将可持续发展、构建和谐社会和促进自主创新结合起来的发展模式。

第三，已有的 BoP 文献中，大部分都在探讨商业模式创新（Klein，2008；Pitta et al.，2008），强调渠道创新、调整产品和流程、组织模式创新等，从理论层面探讨 BoP 战略中技术创新过程的研究并不多。这些研究大多将企业技术视为一个黑箱，认为面向 BoP 市场的技术已经存在且不用经太多改进就可以满足 BoP 市场中的特定需求，这种研究视角忽视了技术性能属性与 BoP 群体需求特征的匹配在推动新技术在 BoP 市场扩散中的重要作用，因此其研究结论只适用于那些能在 BoP 市场与成熟市场间自由切换的产品或服务，对于那些需要针对 BoP 群体特点进行相应技术创新的情况不太适用。事实上，很多面向 BoP 市场的商业模式创新都是由技术创新所触发的，缺少了对技术创新的关注，不利于我们更全面了解企业进入 BoP 市场的过程。另外，如果纯粹从技术创新角度探讨如何设计面向 BoP 的产品的研究，却又缺乏对相应商业模式的研究，则会导致很多创新性的产品无法实现大规模的商业化推广。Delft 理工大学的工业工程系侧重于从工业设计的角度研究如何根据 BoP 群体的特点设计新产品以改变其生活（Kandachar, de Jongh & Diehl, 2009），是从技术创新视角探索 BoP 解决方案的一个分支。这一研究思路强调根据不同 BoP 地区的特点设计出突破性的新技术和新产品，对于推动 BoP 导向的创新有重要意义；但其缺点也很明显，那就是对商业模式关注不够，没有能从价值创造和价值传递的角度探讨如何为新技术构建可持续的商业模式，其结果就是很多新技术只能停留在实验室或者小试阶段，缺乏成功的商业模式支持其大规模扩散（Chesbrough et al., 2006）。事实上，技术创新和商业模式创新是 BoP 战略中不可或缺的两个方面，两者的协同是企业成功开展 BoP 业务的关键。然而，从技术和商业模式协同创新的视角探讨 BoP 战略的研究尚属空白，为后续研究留下了很大的空间。为此，本研究将从技术与商业模式匹配的角度探讨企业在 BoP 市场的创新行为。

第四，从颠覆性创新的视角探讨 BoP 市场的发展问题，一方面强调了颠覆性创新对 BoP 市场发展的影响，另一方面也强调了 BoP 市场对颠覆性创新的重要意义，是探索企业与 BoP 群体共赢发展路径的重要视角。不过正如前文所述，只有将颠覆性技术与新商业模式结合才能产生颠覆性影响。尤其是在 BoP 市场，只有将颠覆性技术整合入商业模式创新，才能为 BoP 群体提供可负担、可接受的产品或服务（Hwang & Christensen, 2008）。遗憾的是学术界尚没有从理论层面对颠覆性创新中的商业模式创新问题做系统深入的研究，已有的少数研究也停留在现象表述阶段，缺乏相应的实证基础，为后续研究留下了空间。

第五，已有 BoP 研究中虽然提出颠覆性创新可以被应用于 BoP 市场，但尚没有研究系统总结这种面向 BoP 市场的颠覆性创新的发生条件。事实上，并不是所有情况下颠覆性创新都可以在 BoP 市场发生，因此很有必要从理论上进一步探究这种创新得以发生的条件。

　　第六，颠覆性创新中有一个隐含假设：技术改进速度大于顾客可以利用的技术进步的速度，只有满足了这个条件才会发生对已有市场和产业结构的颠覆性过程。而我们在对中国很多面向 BoP 市场的颠覆性创新的案例进行调研中发现，虽然很多企业通过颠覆性创新对 BoP 市场的竞争格局进行了颠覆，但很少看到从 BoP 市场到高端市场的进一步颠覆，这是现有颠覆性创新理论所无法解释的。对这些问题的探讨，可以进一步推进颠覆性创新和 BoP 研究的进展，加深我们对颠覆性创新过程的理解。

　　可以看出，BoP 研究尚有很多理论空间值得我们去研究，为此本书致力于进一步探索企业面向 BoP 市场的颠覆性创新活动。为了进一步探究技术创新与商业模式创新在这一颠覆性创新过程中的不同作用，本书将分别从颠覆性技术与 BoP 导向的商业模式两方面探讨颠覆性创新在 BoP 市场的具体表现形态和内部机理。

第3章 BoP市场特征及对企业创新的挑战

3.1 BoP群体的界定

对BoP群体的界定，国际上比较通用的方法是按照收入水平，比如，Hammond等（2007）指出，年均名义收入1500~3000美元的人群构成了BoP群体。然而在中国，许多按照收入水平衡量可以被纳入上述BoP群体范畴的人群（尤其是城镇低收入群体和在城市务工的农村人群），其生活已经和全球化联系得十分紧密，市场机制也已经深入到这些人群的日常生活。因此，本研究借鉴陈晓鹏（2010）和罗谠（2007）对BoP群体的界定，将不富裕的农村人群视为BoP群体❶。该人群生活圈和信息来源比较封闭，对如何通过市场手段提升自身福利的认知还有待提高，信任和社会关系对其经济行为影响较大，因此更接近于理论界对BoP群体的传统假设。同时，城乡二元结构的存在，使得这部分群体被传统商业社会所忽视，很多企业更加关注对城市市场的开拓，而忽视了农村市场的潜力，这与BoP研究的基本假设以及分析逻辑是相符的。

表3.1 按收入五等份分农村居民家庭基本情况（2008年）

项　目	低收入户	中低收入户	中等收入户	中高收入户	高收入户
平均每人总收入（元）	3072.26	4264.10	5764.93	7930.94	14 895.39
平均每人总支出（元）	3839.10	4167.26	5099.34	6563.41	11 215.51

资料来源：《中国统计年鉴》（2009）。

---

❶ 由于中国各地区收入很不平衡，无法按照一个统一的收入标准来定义BoP群体。事实上，即使按照Hammond等（2007）给出的BoP定义，根据国家统计局公布的统计数字（见表3.1），我们仍然可以认为农村居民大约80%属于BoP群体（赵晶，2009）。

　　BoP 群体尚有规模巨大的未满足需求，可以为企业带来巨大的商业机会。同时，如果能够使得该群体达到特定的技术知识水平，则该群体对于企业来说是可以撬动的资源。现有 BoP 研究逐渐分为"将 BoP 群体视为消费者"以及"将 BoP 群体视为生产者"两种研究范式，本研究则主要聚焦于第一种范式，探寻企业如何通过开发 BoP 群体这一市场来得到商业利益和发展机会。

　　由于对 BoP 群体的划分缺乏统一标准，因此，难以找到准确的统计数据来衡量 BoP 市场的规模。但在现有的统计数据中，可以找到一些近似的数据来分析该市场（见表 3.2 和表 3.3）。

表 3.2　农村居民生活支出情况统计表

年份	农村居民人均总支出（元/人）	农村居民人均总支出年增长率（%）
2001	2780	0.0483
2002	2924	0.0518
2003	3024	0.0342
2004	3430	0.1343
2005	4127	0.2032
2006	4485	0.0867
2007	5138	0.1456
2008	5916	0.1514

数据来源：《中国统计年鉴》（2007~2009）。

表 3.3　2000~2008 年农村居民家庭平均每百户年底耐用消费品拥有量

品名	2000	2002	2004	2005	2006	2007	2008
洗衣机　　（台）	28.58	31.80	37.32	40.20	42.98	45.94	49.11
电风扇　　（台）	122.62	134.26	141.91	146.35	152.08	—	—
电冰箱　　（台）	12.31	14.83	17.75	20.10	22.48	26.12	30.19
自行车　　（辆）	120.48	121.32	118.15	98.37	98.74	97.74	97.58
彩色电视机（台）	48.74	60.45	75.09	84.08	89.43	94.38	99.22
空调机　　（台）	1.32	2.29	4.70	6.40	7.28	8.54	9.82
抽油烟机　（台）	2.75	3.58	4.7	5.98	7.03	8.14	8.51
电话机　　（部）	26.38	40.77	54.54	58.37	64.09	68.36	67.01
移动电话　（部）	4.32	13.67	34.72	50.24	62.05	77.84	96.13
家用计算机（台）	0.47	1.01	1.90	2.1	2.73	3.68	5.36

资料来源：《中国统计年鉴》（2007~2009）。

通过以上数据可以看出，中国的 BoP 市场处于快速发展之中。一方面，BoP 群体基数庞大，整体购买力很强；另一方面，BoP 人群中的个体的购买力也在逐年增加。同时，从表 3.3 中可以看出，各种耐用消费品在 BoP 群体中的拥有量也在逐年上升，说明该群体对各种消费品都有巨大的消费需求，为企业进入 BoP 市场提供了巨大的空间。在以上分析的基础上，本章 3.2 节将结合已有研究和本人所在课题组的实地调研，进一步分析 BoP 市场的结构特征。

3.2　BoP 市场与 BoP 群体的特征

对 BoP 市场环境的深刻认知与理解是创新的前提与基础。BoP 领域虽然已有研究对 BoP 市场的特征进行了一些分析，但这些研究普遍以现象描述为主，没有进行系统归类和总结。本书在对已有研究进行梳理的基础上，根据课题组的实地调研，从 BoP 市场环境的特征和 BoP 群体的特征两方面对 BoP 市场的特质进行总结，其中在 BoP 群体的特征方面，本书主要探讨消费特征、能力特征和认知特征。

在消费特征方面，BoP 市场中有大量未被满足的需求，但 BoP 群体能够购买的商品种类和数量却非常少，且要受到贫困惩罚效应的威胁。被现有大多数产业排除在外的 BoP 群体属于"非消费者"范畴，而且该群体不受传统技术的束缚，在面对新技术时转换成本低且没有技术锁定的影响，因此更乐于接受新技术并且对新技术的缺陷具有较高的容忍度，这些特点使得该群体成为颠覆性创新的理想顾客（Hart & Christensen，2002）。BoP 群体并不关心产品是否有复杂的功能或先进的技术性能，对于该群体的技能与认知水平而言，更高的性能参数只会产生性能剩余，不会带来边际效用的增加，也不会给厂商带来溢价（Christensen & Raynor，2003）；相反，沿着简易、便利、低价与小规模这条创新轨道改进的产品更能在 BoP 市场中体现出其价值，对这些技术特性的追求就表现为 BoP 市场中 4 个 A（affordability，acceptability，availability，awareness）的挑战（Anderson & Markides，2007）。如果企业能通过技术和商业模式创新应对 BoP 市场中的 4 个 A 问题，则可以在该市场获得快速增长。要达到 4 个 A 的要求，企业应该使其产品与服务体现很高的性价比，抛弃传统的价格与性能关系改善的路径与能力，在降低价格的同时要保持甚至提高产品和服务的功能与质量；而且由于 BoP 人群在地理上分布比较分散，不同区域 BoP 市场环境间存在不同程度的差异。因此，产品开发与设计应具灵活性，经过调整与改造就能够适用不同的 BoP市场，只有产品的市场总体规模足够大才能补偿创新的风险并获得相应的市场回报。

在能力特征方面，BoP 群体收入水平低且随时间波动较大，面临多种不确定性的冲击，而且 BoP 群体受教育程度较低，很难表达出可被明确识别的需求或价格信号，导致该群体中蕴藏的购买力较难被发掘出来。这些能力方面的劣势都对 BoP 群体参与经济活动带来负面影响，也为开展 BoP 业务的企业提出了挑战。另外，BoP 消费者在其能够接受的有限价格范围内往往展示出一种辨识力，并愿意为那些能够真正提升其生活品质的高质量产品与服务支付价格。因此，在 BoP 市场，企业必须在产品的性能、质量与定价之间仔细权衡，产品溢价不应超过 BoP 群体的承受能力，同时相对于本地已经流通的替代性产品具有竞争性。这使得企业利润很难源于较高的价格差额而更多依赖于销售数量。即使企业在单位产品或服务上获得的溢价不多，但由于 BoP 市场规模的庞大，企业也可获得丰厚的回报。而在价格基础上，企业还可通过灵活多样的支付手段与方式来促进产品或服务在 BoP 市场中的应用与扩散。对于那些旨在提升BoP 市场基础设施的产品与服务（如通信网络），其价格远远超出单个 BoP 个体和家庭的接受范围，则可采取联合消费（joint consumption）的方式（Mendoza & Nina，2008）。比如，传统市场中的差别定价与分期付款等手段都可经过因地制宜的调整而应用于 BoP 市场。同时，针对 BoP 群体受教育程度较低这一特性，面向 BoP 的产品和服务要简化使用技能，提供更加简洁与友好的界面，减少学习时间与成本。同时，产品的设计要体现环境友好型理念，产品的制造、使用与回收不应加重或损害当地的自然与人文环境。

在认知特征方面，由于缺乏必要的渠道来获得有关商品和服务质量的可靠信息，加之承担风险的能力较弱，BoP 群体会尽量避免使用不懂的产品、服务或不熟悉的付款方式。大部分 BoP 群体居住在相对偏远的地区，以电视与网络等传统媒体为代表的信息传播方式并不适用于 BoP 市场。BoP 市场沟通需要大量个体层面上的实际接触，在此基础上通过"口口相传"（word – of – mouth）与自由的信息交换方式来扩大影响和促进创新扩散。而这种传播方式的效果很大程度上取决于企业能否有效识别与影响当地的意见领袖或权威人士（Viswanathan，Sridharan & Ritchie，2008）。由于 BoP 群体非常重视当地组织与非正式网络在日常生活中的作用，因此企业在 BoP 市场之中应该积极与在当地活动的 NGO 或其他社会组织合作来快速建立社会合法性（legitimacy），杠杆利用合作伙伴拥有的社会资本进行市场沟通与顾客教育。考虑到 BoP 群体文化程度较低，不善于处理过于抽象的信息，企业适宜采取形象化的宣传方式与沟通手段，如通过视觉化的图画、电影和戏剧等形式进行产品推广和功能演示，且必须使 BoP 顾客亲身体会到产品在其实际生活或生产环境中的使用效用。而且，很多 BoP 区域有着本地特有的风俗习惯，企业与 BoP 群体的沟通应尊重本地文化与风俗，并充分利用这些文化知识进行交流与引导。

在外部环境方面，基础设施条件是制约 BoP 地区发展的重要因素。大部分 BoP 群体生活在农村地区，由于地理条件限制和居住地比较分散，与城镇居民相比，大部分农村 BoP 人群无法获得充足的基础设施和有效的社会服务，包括交通、能源、通信、教育与卫生等（UNDP，2008）。例如在交通方面，BoP 环境内的道路情况简陋，且地理位置上远离交通枢纽；能源方面，很多贫困地区依然缺乏基本的电力供应，或处在一种时断时续的不稳定状态；在通信方面，很多偏远农村地区很难实现通信网络的有效覆盖；教育方面，无论是教学的硬件设施还是符合条件的教师资源都远远不足；在卫生方面，缺乏清洁用水与足够的健康服务是导致贫困和营养不良的一个主要原因。基础设施是 BoP 群体生产和生活环境的重要组成部分，也是 BoP 市场机制运行的硬件条件，尽管很多政府与非政府组织致力于改善这种状况，但在短期内很难有所改观。许多有价值的产品与服务由于渠道的缺失或不健全而从未真正进入过 BoP 市场。针对以上状况，企业应通过创新识别到达 BoP 消费者的不同路径，通过采纳新技术和对商业流程进行重新设计或调整来使产品与服务能够更直接面对 BoP 市场的终端消费者。在此过程中，应充分利用 BoP 市场内的已有资源，特别是 BoP 人群的人力资源和当地已经存在的微型商业机构。例如在偏远且规模较小的 BoP 区域，建立和维持一家独立零售店的成本很高，企业应与本地的微型零售商（如杂货店）或服务供应商建立合作关系来拓展其渠道网络。

　　制度空洞是影响 BoP 地区发展的另一个要素。建设适合市场发展的制度对于 BoP 群体参与市场具有重大意义。但在 BoP 地区，支撑市场机制有效发挥作用的制度安排却不存在或者非常薄弱，不能完成其应有的职能，形成制度空洞（Mair & Marti，2009）。首先，BoP 市场由于缺乏获取信息的有效机制与渠道而存在很大的信息不对称，导致较大的交易成本；其次，BoP 市场中缺乏健全与透明的法律体系，契约在法律框架下往往不能得到有效执行，行政机构对法律解释有很大影响；最后，贫困地区政府存在不同程度的官僚主义与腐败（Prahalad，2004a）。这些因素使得金字塔中高层的企业与 BoP 人群之间在许多领域都无法形成有效的市场经济关系。与经济制度的薄弱相比，社会或文化制度在 BoP 市场中发挥着重要作用。由于很少接触到正式的市场经济，BoP 群体必须依赖本地的非正式制度和社会网络进行生产与生活，具有高度的社会化导向。以亲缘、半亲缘及社区关系构成的社会网络为该群体提供了对经济不确定性的缓冲，在 BoP 商业环境下对其日常生活具有重要影响。而文化认同与社会规范的一致性能够帮助 BoP 群体应对精神上的困扰。因此，该群体非常珍视其非正式网络和与社区组织的关系，在本地构筑的社会资本是其拥有的重要资产。这导致在商业活动中，相对于正式的法律契约关系，BoP 人群更注重人际关系，信任成为支撑 BoP 群体从事商业活动的重要机制（De Soto，2000）。

　　结合以上的分析和已有的研究成果，本书将 BoP 群体和 BoP 市场的特征总结在表 3.4 中。从表 3.4 中可以看出，BoP 市场中独有的特点既为企业提供了机遇，又提供了挑战。BoP 群体可支配收入有限、受教育水平较低、所居住地区基础设施较差，这些特点为企业创新提出了新挑战；同时，BoP 群体被现有大多数产业排除在外，属于"非消费者"范畴，这些特点又使得 BoP 市场可以成为颠覆性创新的初期发展平台（Hart & Christensen，2002）。比如，简单易用的小规模太阳能户用系统就表现出颠覆性创新的特征，该项技术在很多发展中国家的 BoP 市场获得了远超过发达国家的增长速度，就是因为其简便、易用的性能特征符合了 BoP 群体的价值偏好，并且其分布式的商业模式迎合了 BoP 市场的基础设施特点（Hart & Christensen，2002）。

表 3.4　BoP 群体与 BoP 市场的特征及其对企业的机遇和挑战

	特征	含义	对企业的机遇	对企业的挑战
消费特征	存在明显的未满足需求	由于认为 BoP 市场无利可图，因此商业社会倾向于忽视该市场中的需求，导致很多 BoP 群体的基本需求无法得到满足（Prahalad，2004a）	·BoP 市场中的非消费者是颠覆性创新的理想对象，可以通过为 BoP 群体提供其所需的产品或服务而进入新市场 市场潜力巨大，一旦产品被接受，扩散速度非常快 ·可以通过填补制度和市场机制的空缺，帮助 BoP 群体克服"贫困惩罚"效应 ·可以在新市场开启新技术增长轨道 ·BoP 群体不受已有行为模式的束缚，有利于跨越式发展	·市场开发速度较慢 ·需要在不断试错中掌握 BoP 市场的信息和知识 ·不确定性大 ·需要突破 BoP 群体的购买临界点
	单体购买力低但整体购买力巨大	BoP 群体总体规模庞大，虽然单个 BoP 消费者的收入和消费能力有限，但作为整体的购买力可达 2.3 万亿美元（World Economic Forum，2009）		
	"贫困惩罚"效应	BoP 群体要支付更高的价格才能获得与其他群体相同的产品和服务，甚至有一些服务在 BoP 地区根本无法获取（Hammond et al.，2007）		
	非理性消费	不能理性分配其有限的收入，缺乏消费的长期规划。非必需品消费比例较高，甚至会影响到对必需品的获取。对自身能力提升的消费（如教育）比例很低（Prahalad，2004a） 为体现其社会地位的消费（如节日消费）现象明显（Banerjee & Duflo，2007）		
	隐性消费需求	市场信息以及与消费者特征有关的知识不可得（Grosh & Glewwe，1996）		
	独特的价值偏好	对品牌和产品价值有所认知，但更关注性能与价格		

	特征	含义	对企业的机遇	对企业的挑战
能力特征	依赖于非正规和自给性经济	存在大量通过非市场渠道进行的交易和自给性消费，劳务与信贷市场都缺乏正规制度的保障（Hammond et al.，2007）	·可以在商业社会与 BoP 群体之间建立桥梁 ·可以帮助 BoP 群体降低风险，提高收入 ·可以帮助 BoP 群体建立本地化能力	·要学会在制度不健全的市场中做生意 ·要帮助 BoP 群体提高技能水平
	收入不稳定	所处的经济系统往往很脆弱，自然灾害、经济波动等都会对其收入造成巨大影响，因此其生活缺乏抵抗风险的能力（Banerjee & Duflo，2007）		
	教育水平较低，生产技能低下	因受教育程度有限导致劳动生产率不高，并引起较高的失业率；因为本地工作机会较少而不得不长期远距离迁徙（Banerjee & Duflo，2007；Chesbrough et al.，2006）		
	缺乏谈判能力	在经济和非经济交往中往往不受尊重，处于弱势（Banerjee & Duflo，2007）		
外部环境特征	渠道不畅通	物理渠道（如产品的分销渠道）、信息渠道等缺失，限制了 BoP 群体的资源和知识获取能力，减少了 BoP 群体进行决策的选择范围（Hammond et al.，2007；Karnani，2007）	·无基础设施锁定效应，有利于跨越式发展 ·可以帮助 BoP 群体在 BoP 市场建立制度规则 ·可以成为 BoP 群体与外部的纽带	·需要从头建设各种基础设施，成本高昂 ·在制度不完善的环境中做生意，交易成本可能很高
	制度框架和市场不完善	缺乏健全的市场规制，竞争规则与其他市场显著不同，法律法规执行不力（Viswanathan，Seth，Gau & Chaturvedi，2007）		
	基础设施差	比起金字塔的中上层来，各种基础设施条件都较差（包括基础卫生条件、生产条件等），社会治安较差（Narayan，Chambers，Shah & Petesch，2000a）		

	特征	含义	对企业的机遇	对企业的挑战
认知特征	强烈的社会性取向	不轻易和陌生人建立信任关系，在进行经济交往之前往往先进行社会交往以确定可信度（Chambers，1997；Narayan，Patel，Schafft，Rademacher & Koch – Schulte，2000b）	·可以杠杆利用BoP群体中的社会资本；BoP地区的各种经济和非经济组织可以成为企业的合作伙伴 ·一旦嵌入当地社区，就能够得到BoP群体的信任	·如果没有当地组织的支持，很难获得当地的信任 ·嵌入当地社区需要较长时间，需要企业容忍较长的投资周期
	重视本地组织和非正式网络的作用	信赖本地组织或本地的非正式网络，认为这些本地的人或组织真正倾听当地的需求，与其交流更有成效。本地化的社会网络为BoP群体经济能力的不稳定建立了缓冲空间（Narayan et al.，2000b）		
	强烈而分散的文化、地理取向	希望保有自身文化、行为等特征。这些特征在不同的BoP群体间可能差异很大，导致相同BoP群体间有强烈的归属感，不同BoP群体间较难融合（Letelier et al.，2003）		
	普遍消极的生活态度	缺乏对未来的乐观预期，对生活水平的提升不报希望，缺乏工作热情（Banerjee & Duflo，2007；Viswanathan et al.，2008）		

资料来源：根据 Klein（2008）和陈晓鹏（2010）进一步整理。

通过对 BoP 市场和 BoP 群体特征的总结以及对已有研究进行梳理可以发现，要推动面向中国 BoP 群体市场的创新需要解决两个问题，第一，以更符合中国 BoP 群体的行为、能力特征与价值偏好的技术为该群体提出新价值主张；第二，提高该项技术在中国 BoP 市场中的可感知性和可获得性，并且让大多数BoP 群体接收该项创新。其中，第一个问题可以通过技术创新来实现，第二个问题则需要通过商业模式创新来克服。已有的 BoP 研究中虽然分别指出了技术创新（Christensen et al.，2001；Hart & Christensen，2002）与商业模式创新（Klein，2008）在推广 BoP 业务与改进 BoP 群体生活水平中的重要意义，但是将技术创新与商业模式创新综合考虑的研究尚不多见，更缺乏理论层面的分析。我们认为，技术与商业模式创新在企业推行 BoP 战略的过程中是互为补充、缺一不可的，只考虑技术创新而忽视商业模式创新虽然可以设计出创新性的产品，但由于缺少了可持续商业模式的支持，会导致这些产品只能停留在实验室阶段（Kandachar et al.，2009）；只考虑商业模式创新则将颠覆性技术的出现当作了一个既定条件，不利于我们进一步探究到底什么类型的技术才最适合 BoP 市场。为此，本书提出如图 3.1 所示的分析框架。

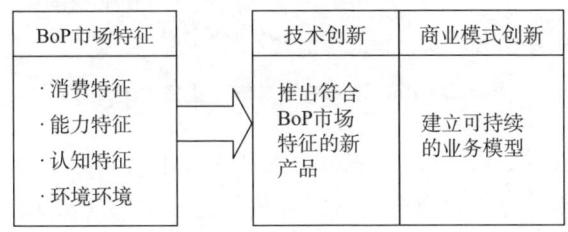

图 3.1　面向 BoP 市场创新的分析框架

因此，本书会从技术创新与商业模式创新互动的角度探讨：企业如何才能在发展中国家的 BoP 市场中开展颠覆性创新？其关键因素有哪些？

3.3　面向 BoP 市场的技术创新与商业模式创新的匹配

本书上一节已提到，技术与商业模式的匹配是企业通过新技术在 BoP 市场创造价值的基础。如果分别考虑企业在开展 BoP 业务时技术和商业模式的创新程度，则二者的匹配可以组成一个 2×2 的矩阵（见图 3.2）。

图 3.2 中，第Ⅲ象限所需的改动最小，其基本假设是：①企业所提供的产品或服务无论是性能还是价格都对 BoP 群体具有较大吸引力，只要稍加改动就可以在 BoP 市场中推广；②企业现有的商业模式稍作改动（或者不用改动）就可以直接复制到 BoP 市场之中。这是企业开发 BoP 市场的最理想状态，不需要很多改动和投入就可以直接进入 BoP 市场。然而，正如经济学上所说的，如果真有这种显而易见的商业机会，那么恐怕早已有很多厂商开始开发 BoP 市场。现实中的情况是，大部分企业仍然不愿进入 BoP 市场，这就说明这种仅仅

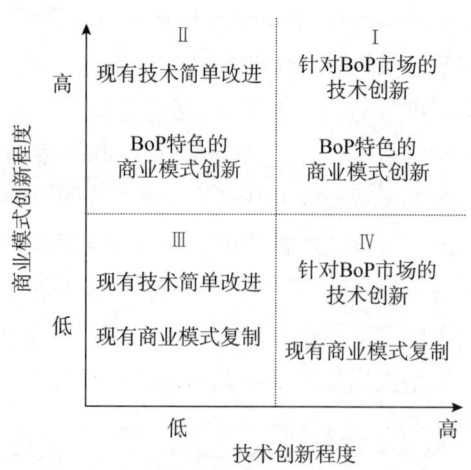

图 3.2　BoP 导向的技术与商业模式的匹配

靠技术和商业模式微小改动的发展战略无法在该市场取得成功。

第 IV 象限中，企业可以将已有商业模式复制到 BoP 市场，但是在技术创新方面，则需要根据 BoP 市场的特性开发适合该市场特点的产品或服务。该模式的基本假设是：企业商业模式具有很强的可扩性和普适性，只要能开发出适合 BoP 市场特点的新技术，借助已有的成功模式就可以将其推广入 BoP 市场。虽然从理论上说，该模式具有可行性，但是实践表明，在成熟的市场机制下所建立的商业模式在移植到非正式经济发挥重要作用的 BoP 市场之中时会遇到很多困难。比如，成熟市场中的很多经济活动是基于经济契约的约束来进行的，将这种社会交易方式移植到社会契约居于主导地位的 BoP 市场之中时，就会因缺少维护经济契约的法律、资源条件而产生契约失灵，从而使得原有的商业模式无法正常运行。即使企业开发出适合 BoP 市场特性的新技术，如果不能设计出迎合 BoP 市场特征的商业模式，企业很难在 BoP 市场建立成功的业务。事实上正如前文所述，BoP 市场在制度环境、基础设施条件等方面与其他市场相比有巨大的差异，导致在成熟的制度体系和完善的基础设施条件下建立的商业模式无法被直接移植到 BoP 市场之中。在应对这种显著不同的制度体系时，必然要求企业在业务组织方式、与不同利益相关者互动模式等方面进行一系列创新，从而引起企业商业模式的改变。因此，聚焦于全球效率并致力于发掘不同市场间相似性以实现其业务协同性的全球化战略在应对 BoP 市场时常常是失败的（London & Hart，2004），也就是说，高端市场中建立的经济模式很难直接移植到 BoP 市场之中，因此企业不能忽视 BoP 市场与其他市场在经济环境方面的差异。

在第 II 象限，企业主要通过构建 BoP 导向的商业模式，将已有的产品或服务引入 BoP 市场之中。从一定程度来说，BoP 市场所面临的经济问题与其他市场中的问题具有相似性，因此一些在高端市场应用广泛的技术在经过少许改动后也可以应用于 BoP 市场之中。只不过因为历史、制度等原因，BoP 群体长期被正规的市场体系排除在外，导致 BoP 市场成为与成熟市场脱节、社会契约与非正式经济行为占据主导地位的体系。很多新技术无法在 BoP 市场中推广，一方面是 BoP 群体本身文化程度不高、支付能力有限等因素造成的，另一方面一个很重要的原因就是缺少了将新技术与 BoP 群体进行联结的商业机制。由于分销渠道匮乏，很多企业无法将自己的产品或服务传递给 BoP 群体，而自建渠道往往成本高昂且渠道建设带来的正外部性效应会给后进入者带来便利，为首先建设渠道的企业带来先行者劣势，因此在市场基础设施普遍缺失的情况下，企业没有动力进入 BoP 市场。在这种情况下，新技术无法在 BoP 市场中扩散的根本原因并不是技术本身的属性不适应 BoP 市场的特点，而是因为 BoP 市场的经济环境使得遵从传统商业逻辑的企业无法在该市场中构建成功的商业模式，因此企业没有动力将自己的产品或服务引入 BoP 市场。为应对这一挑战，传统观点认为 NGO 和政府应该在基础设施和制度建设方面发挥更大的作用，来为企业的介入创造更好的经济环境。然而，企业并不一定非要等 BoP 市场中的基础设施和制度环境与其他市场变得相似时才进入该市场。事实上，认为 BoP 市场会最终演化为西方发达市场之模式的假设是不现实的。因此，企业应该改变现有的商业逻辑，在 BoP 市场现有的条件下寻找可能的商业机会，并以非传统的商业模式进入该市场。联合利华、格莱珉银行等机构在印度、孟加拉等地区的成功经验向我们展示：即使是在市场体系不完善的 BoP 市场，企业仍然可以通过商业模式创新构建可盈利的商业模型。通过改变商业逻辑、将 BoP 市场中有待完善的地方视作商业机会而非商业威胁，企业可以通过杠杆利用 BoP 市场中已有的资源将自己的产品或服务引入该市场之中。BoP 群体之间有密集的社会裙带关系，这种社会资本可以成为企业能杠杆利用的资源。比如，格莱珉银行将 BoP 群体的社会资本作为信用体系缺失情况下的替代性解决方案，成功建立了五户联保等小额信贷方式，将信贷服务引入到了 BoP 群体之中；联合利华印度分公司将 BoP 社区中的人员作为其产品销售的代理人，克服了 BoP 市场中分销渠道不足的障碍，成功将个人卫生用品引入 BoP 群体之中。在这两个案例中，格莱珉银行和联合利华并没有在技术方面做太多创新（信贷服务和个人卫生用品早已在其他市场中得到广泛应用），而是通过商业模式创新成功进入了 BoP 市场并构建了 BoP 业务。理论和实践都已证明，第 II 象限所描述的模式是可行的。

在第 I 象限中，除了商业模式创新以外，企业还要通过技术创新以开发更适合 BoP 市场特点的新产品或服务。这种模式对企业要求最高，但同时也最容易给成功开展这两种创新的企业带来可持续竞争优势。在成功开展这些技术创新的基础上，如果企业能够围绕新技术构建起更符合 BoP 市场特点的商业模式，则有可能在 BoP 市场构建起独特的竞争优势，并且有可能引起已有产业结构的变革。

上文分析了 BoP 导向的技术与商业模式创新的几种匹配模式。通过以上分析可以看出，商业模式创新对于企业是否能成功建立 BoP 业务发挥着更重要的作用（第 I 和第 II 象限的模式更容易建立成功的 BoP 业务），这与已有研究是一致的（Chesbrough et al.，2006；Klein，2008；London，2009；Seelos & Mair，2007；陈晓鹏，2010）。

3.4　研究框架的提出

本研究的研究对象是企业在图 3.2 中第 I 象限的发展模式，即企业的技术和商业模式都发生了较大的创新。在第 I 象限中，我们重点关注面向 BoP 市场的颠覆性创新。本书第 2 章已经提到，颠覆性创新具备在 BoP 市场中推广的潜力，率先开展该创新的企业可以首先在 BoP 市场之中找到初期发展平台，并借助该平台发动对现有产业体系的颠覆过程（Hart & Christensen，2002）。颠覆性技术低价、易用等特征在应对 BoP 群体的可负担性与可接受性方面具有较大的优势，如果企业能通过创新性商业模式提高该技术在 BoP 群体中的可感知性和可获得性，则可以使得该项创新与 BoP 群体的技能特征、认知水平和价值偏好相匹配，从而推动颠覆性创新在 BoP 市场的快速扩散。

同时，另一个不容忽视的问题是，技术本身并不会产生颠覆性，只有将颠覆性技术创新与新商业模式结合才能产生颠覆性影响（Hwang & Christensen，2008；苏启林，2006）。在 BoP 市场中，这种现象更加明显。BoP 市场中特殊的社会、经济、文化条件要求企业采取不同于高端市场的商业模式，包括渠道和资源整合方式等（Chesbrough et al.，2006；Dawar & Chattopadhyay，2002；Hart & Christensen，2002；London & Hart，2004；Prahalad，2004a），因此开展颠覆性创新的企业需要在商业模式上也做出较大调整，建立支持颠覆性技术应用的价值网络，才能成功进入该市场。

　　不过已有关于颠覆性创新的研究大部分都聚焦于颠覆性技术创新，对商业模式关注不够。虽然一些研究已经开始关注商业模式创新的作用（Hwang & Christensen，2008；Johnson et al.，2008；Markides，2006），但是基本上仍以现象描述为主，而且大部分研究并不严格区分颠覆性创新中颠覆性技术与商业模式的不同作用。在 BoP 背景下探讨这一问题的研究则更加稀少。为此，本研究认为，进一步从商业模式创新的视角探讨企业面向 BoP 市场的颠覆性创新过程具有重要的意义。

　　基于以上分析，同时根据文章要研究的问题，本书在图 3.1 的基础上，进一步提出修正后的研究框架（图 3.3）。

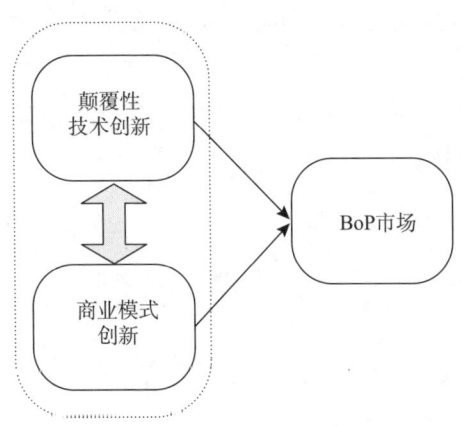

图 3.3　修正后的研究框架

　　其中，颠覆性技术创新是通过引入与主流市场不同的性能改进轨迹，用以满足被现有经济体系排除在外的消费者之新需求的架构创新，其本质是根据最新的技术趋势引入了新的架构原则并对产品的功能价值属性进行了重新定义

（Christensen，1997；Henderson，2006；Lyytinen & Rose，2003），从而对传统技术造成了颠覆性影响。通过改变产品功能界面和内部架构，颠覆性技术可以在保持一些功能足够好的情况下使新功能显著提高。如今学术界普遍的认识是：颠覆性技术在易用性和性价比方面会大大增强，从而吸引原来的非消费者加入新价值网络。

借鉴已有的研究，本书将面向 BoP 市场的商业模式创新定义为：企业改变其价值创造和价值获取的逻辑，通过新的资源整合方式与新的业务流程为 BoP 群体提供新价值主张的过程。由于产业发展的不同阶段，商业模式创新具有不同的重点，导致同一产业内企业的商业模式表现出一些共性（李东，2006），因此，面向 BoP 市场的商业模式有时候不仅仅局限于单个企业，而是表现为产业内同一类企业的共有特点。

到目前为止，从技术与商业模式相结合角度探讨企业创新行为的研究尚不多见。尽管有一些学者研究了新技术对商业模式要素的影响以及新技术与商业模式间的反馈关系（Chesbrough & Rosenbloom，2002），但结合新技术特征来研究企业如何系统开展商业模式创新的研究仍然很缺乏，清晰解析商业模式应对新技术的内部机理的研究更少见。因此，我们可借鉴的已有研究非常有限。所以，本书只能通过探索性研究设计，通过案例研究方法探究以上所说的问题。

本书第 4 章将给出我们的研究设计，在此基础上，第 5 ~ 7 章将分别探讨企业如何通过颠覆性技术和商业模式的协同创新来开展面向 BoP 市场的颠覆性创新。

第4章　研究设计与研究方法

4.1　研究设计

4.1.1　方法选择

由于 BoP 研究仍处于理论构建的初级阶段，关于本书要研究的这些问题，并没有太多已有研究可以借鉴。因此，对这些问题的回答属于探索性研究，这就决定了本研究无法采取预先假设再进行检验的形式，而只能在对研究问题进行清楚界定的基础上从实证研究中归纳建构理论框架，并将其与已有文献进行比较，完善现有理论。因此，本研究遵从探索性研究逻辑，通过多案例研究来构建和完善理论（Eisenhardt & Graebner, 2007；Eisenhardt, 1989；Yin, 2009），采用归纳法展开研究内容。在与研究问题相关的重要因果机制尚未明确的情况下，选择质性研究方法进行归纳式的探索性研究是较为合适的研究路径（Miles & Huberman, 1994；Strauss & Corbin, 1990）。案例研究的指导性问题是：企业如何面向 BoP 市场开展技术和商业模式的颠覆性创新？其目标是寻找企业面向 BoP 开展颠覆性创新的特点。

4.1.2　案例选择过程

就抽样方法而言，案例研究中的样本抽取通常以理论抽样和复制法则为主要原则，在整个研究的抽样过程中，事先设定的以及在实地研究过程中涌现出来的理论假设一直起着引导作用（Glaser & Strauss, 1967；Kuzel, 1992）。在此原则指导下，多案例研究中的案例选取活动具体又包括多个案抽样和个案内抽样（Miles & Huberman, 1994）。

在研究过程中，我们发现，随着产业门槛的降低以及企业间相互学习行为的发生，某一产业内的商业模式会逐渐收敛，并最终形成几种主导型的商业模式。因此，本研究以采用某一种商业模式的企业群作为研究对象，同时采用嵌入式案例研究设计，从该企业群中按照复制性原则选择若干案例进行研究。也就是说，本研究首先根据多个案例抽样的原则，选择要重点研究的产品类别，然后进行个案内抽样，即在每个产品类别中再选择适当的企业作为研究对象。

本研究以 London（2007）对 BoP 业务的界定为指导原则：聚焦于以商业机构为主导的 BoP 业务，重点进行这些业务中所包含的技术和商业模式创新分析，以及合作关系/多元利益者参与的途径。案例选取遵从探索性逻辑，包括多个过程。

第一步，根据研究目标，本书作者所在的研究团队对大量二手数据进行了收集和研究，并按照如下标准构建了案例库：

（1）所选案例必须以商业机构为主导，并以经济上可持续的方式开展自己的业务。该组织所从事的业务原则上不依靠外部捐助或者补贴。

（2）所选案例要通过市场手段与 BoP 群体（主要是农村市场）有业务往来，将该群体视为潜在市场。

（3）所选案例要具有一定的社会效益，比如：帮助低收入群体提高收入、提高了低收入群体的生活质量、为低收入群体提供了必需的产品和服务等。

（4）所选案例必须具有代表性，能够代表范围广泛的地区、行业和企业类型。

第二步，为了进一步决定选取哪些案例作为深入研究的对象，作者与研究团队成员一起采用如下更加严格的标准进行筛选：

（1）所选行业中的企业要有大量针对 BoP 市场的产品或服务，且这些企业已经进行了某种形式的创新，比如新产品设计、新市场战略、新组织模式等。

（2）要符合本书第 3 章所提之总体思路。

（3）所选企业所从事的 BoP 业务要具有可扩性，也就是说案例中的 BoP 业务不能是实验性的小规模业务，而应该具备大规模推广的潜力。

第三步，根据以上所提标准和步骤，本研究选取山寨手机❶、太阳能热水器和电动自行车三种产品作为研究对象，因为这三个行业中有大量企业通过开

---

❶ 本书所说的"山寨手机"，是指基于联发科芯片，通过灵活的方式生产的各种低价手机。选用"山寨"这个词汇，并无任何贬义，而是基于社会上约定俗成的一种称谓。

展 BoP 业务获得了快速成长。其中，山寨手机行业的主要部件——联发科芯片——是一种颠覆性技术，且在山寨手机厂商中存在着大量产品设计方面的创新；太阳能热水器的核心组件——真空集热管——也是一种颠覆性技术，虽然近几年核心技术方面突破不大，但太阳能企业在产品设计和商业模式方面有较多的创新；电动自行车采用了一种颠覆性架构，而且电动自行车企业在商业模式方面进行了较多创新。这三种产品都是以 BoP 市场为依托发展起来的，因此为我们的研究问题提供了理想的研究对象。在这三个产品类别中，本研究根据复制性原则（Yin，2009）在每一个产品类别中选择若干案例（见表 4.1），案例的选择和评估过程除了考虑以上标准外，还要考虑行业的多样性、地区的多元性等指标。同时，为了对三种产品的行业背景有更全面的了解，研究者分别对三个产业联盟进行了调查研究，分别是：深圳移动通信联合会、热利用产业联盟和中国自行车协会。整体研究设计采用了交互式的策略（Maxwell，2004），反映在案例选取的过程中，多个案抽样与个案内抽样都不是在研究开始时一次性设定的，而是随着研究进程的不断深入——寻找、发现、确定、修改和重新确定样本对象。

表 4.1 案例列表❶

产品类别	企业名称	关注的活动	地理位置
山寨手机	MTK 公司	提供集成化的手机芯片	北京
山寨手机	TY 公司	生产手机	北京
山寨手机	JL 公司	生产手机	深圳
山寨手机	YL 公司	生产手机	深圳
山寨手机	ZT 公司	生产手机	上海
山寨手机	PG 公司	生产手机	深圳
山寨手机	YT 公司	生产手机	深圳
山寨手机	深圳移动通信联合会	协调并指导产业发展	深圳
太阳能热水器	TH 公司	生产太阳能热水器	北京
太阳能热水器	HM 公司	生产太阳能热水器	德州
太阳能热水器	SL 公司	生产太阳能热水器	济南

---

❶ 因案例研究中涉及一些敏感问题（如山寨手机的合法性），故本书隐去公司名字，改用代码代替。

续表

产品类别	企业名称	关注的活动	地理位置
太阳能热水器	T 公司	生产太阳能热水器	连云港
太阳能热水器	LN 公司	生产太阳能热水器 生产并销售真空集热管	济南
太阳能热水器	太阳能热利用产业联盟	协调并指导产业发展	北京
电动自行车	XR 公司	生产电动自行车	无锡
电动自行车	XB 公司	生产电动自行车	天津
电动自行车	中国自行车协会	协调并指导产业发展	北京

4.1.3 资料来源和资料分析方法

为了提高案例研究的信度和效度，本研究根据 Miles 和 Huberman（1984）所描述的三角测量法，从多个信息来源分析案例。对每一个典型案例，资料采集主要包括二手资料收集和一手资料采集两种方法。二手资料的收集，包括：①公开发表的有关该产品和相关企业的主要文章以及从行业或专题材料中选取的文章；②直接从企业获得的材料，企业发表的演说、内部刊物、年度报告和其他文件；③已出版的有关该行业、该企业和/或企业领导人的书籍；④商学院案例和行业报告；⑤行业参考资料。

实地调研访谈是最主要的一手资料收集方式。作者所在的课题组在北京、山东、江苏和广东等地进行了多次调研。单次访谈时间为 1.5~3 小时，访谈为半结构化方式，采用了以开放式问题为主的访谈提纲，企业访谈问题主要包括企业发展背景、企业在 BoP 市场的技术和商业模式创新活动、企业与合作伙伴的合作情况、企业与产业链各环节的关系等。行业协会访谈问题主要包括本行业发展背景、本行业中企业的共同特点、本行业中企业所发生的各种技术和商业模式创新活动等。在实地访谈过程中，我们还根据不断涌现出来的新发现对访谈提纲和访谈问题进行滚动式的修正和补充，因此访谈提纲的结构化程度随着研究进程的深入而有所提高（访谈提纲请参阅附录 A 和附录 B）。所有的访谈均进行了现场笔录，一些访谈内容同时进行了现场录音，在访谈结束后根据录音进行了访谈记录整理。

Yin（2009）指出了跨案例分析中的常用策略：第一，根据研究问题或参考已有文献将案例根据某种维度或类别分组，着重寻找组内共性和组间差异。第二，将案例配对，然后列出二者间的异同，通过对比案例来发现以前没有预料到的新概念和新理论。第三，依据数据来源的不同将数据分类，达到相互印证结论的目的：如果从某种数据来源得出的结论能够被另一来源的数据所印证，则结果就更有说服力；反之，如果结论间有相互矛盾之处，则研究者应返回去对数据进行更细致和谨慎的研究。本研究遵从第一种策略，首先按照山寨手机、太阳能热水器和电动自行车对案例企业进行分组，对组内企业进行分析，用探索性逻辑从案例中总结出相应构念以及构念间关系；在此基础上，再通过三组间的跨案例比较研究，从已有构念体系中梳理并归纳出框架体系和概念模型。

为了从大量资料中归纳总结出构念和构念间关系，本研究利用扎根理论的原则和程序（Glaser，1992；Strauss & Corbin，1990）对源自多个案例的质性数据进行收集、整理和分析，以此探究企业在开展面向 BoP 市场的颠覆性创新活动中所包含的内部结构要素，实现数据的"构念化"，并进一步构建颠覆性商业模式创新的研究模型。多案例研究框架的综合情境取向能够兼顾探索过程中的信息丰富性和研究结论的普适性，而扎根理论研究工具的应用则有利于增加案例研究的规范性和研究信度。此外，为了在最大程度上保证质性数据处理过程的系统化，本研究使用了质性研究软件 NVIVO 8.0 来辅助完成数据的储存、编码、查询和研究备忘录撰写等工作。

4.1.4 研究流程

在质性研究中，目前还没有一套固定的标准研究流程可供遵循，而且本研究的过程设计采用的是交互式策略。在整个研究过程中，数据收集、数据分析、理论比较和结论归纳等环节不断地发生着相互作用、前后穿梭和相互嵌套（Maxwell，2004；Miles & Huberman，1994）。尽管如此，本研究应用到的多案例研究和扎根理论这两种具体质性的研究方法却具有相对成熟的过程模式，以此为中心可以归纳出一些概括性的步骤。必须说明的是，这些步骤尽管在总体上具有一定的时序性，但并非绝对遵循先后的线性顺序。

（1）文献研究。根据 Strauss and Corbin（1990，1998）的观点，研究者事先针对现有的相关理论进行了一个提纲式的文献综述，描绘了企业面向 BoP 市场的技术和商业模式创新的大致概念边界。

（2）数据采集。在初步文献梳理的基础上，作者所在的课题组制订了一个开放式的访谈提纲，并于 2009 年 12 月到山东对案例企业进行实地调研。随后，根据对案例的初步分析结果和多案例研究的"复制逻辑"（Yin, 2009），研究者对访谈提纲和对象进行调整后相继在 2010 年内对后续企业进行实地调研。深度访谈的现场记录和大量二手资料分别被整理为详细的 Word 文档并导入 NVIVO 软件数据库；同时，在调研中产生的感想和思路等则被整理为不同类型的备忘录，导入 NVIVO 数据库。

（3）数据编码。研究者在采集与整理案例资料的同时，即并行地开展对质性数据的分解、比较、重整和提炼等编码工作。编码过程主要依照 Strauss & Corbin（1990）所提出的扎根理论三级编码方法：①一级编码（开放式编码）。对逐字稿进行仔细地阅读，将反映研究问题的内容（词语、句子、段落等）归纳为一系列的"本土概念"，并进一步形成初始范畴。②二级编码（轴心式编码）。本研究中应用了扎根理论中的范式模型（paradigm model）工具，寻找初始范畴之间的联系并归纳几个主范畴和副范畴。③三级编码（选择式编码）。通过描绘故事线的方法从二级编码所归纳的范畴中进一步提炼出核心范畴，从而建构理论。过程示意见图 4.1。

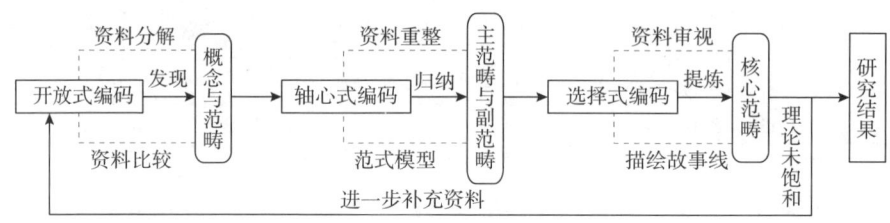

图 4.1 扎根研究的编码过程

资料来源：根据 Strauss & Corbin（1990），Pandit（1996），王世权 & 牛建波（2009）等资料修改。

（4）跨案例分析。由于本研究中质性数据的采集和编码分析是同时开展的，研究者在结束对案例调研的同时也初步形成了中间性的案例分析结果，而且每一案例的分析都是在前一案例编码结果的基础上推进的。进一步地，在完成对所有案例初步分析之后，研究者重新对数据库中所有的原始资料进行了通读，并对先前案例的编码结果进行仔细的相互比较和二次归纳，形成了最终的跨案例树状编码节点结构，NVIVO 软件的各种数据展示和查询工具在此起着重要的辅助作用。通过对各案例之间共同点的发掘，完成了颠覆性技术与颠覆性商业模式创新的总体理论建构；个案之间的差异性也在比较中凸显出来，不同的颠覆性创新方式得以被归纳。

（5）效度检验。本研究主要采用多数据来源的方法来保证研究效度（Yin，2009），具体做法为：根据三角检验法原则，当在调研过程中获得某些发现和初步结论时，我们将相关的调研问题向多个受访者进行询问，比照不同受访者对此问题回应态度的异同性；在实地调研和事后分析过程中收集相关的档案文本和公开资料形成参照资料型备忘录，与一手数据作进一步的比较验证，以减少受访者主观意见和回顾性偏差带来的质性数据误差。

4.2　案例背景简介

4.2.1　山寨手机企业面向 BoP 市场的创新

山寨手机行业是借助 BoP 市场快速发展起来的典型案例。本书所说的山寨手机，并无任何贬义，而是指基于联发科的芯片、通过产业链精细分工协作的方式生产出来的多种面向低收入群体的手机产品。为了方便起见，本书选用了"山寨手机"这种社会上约定俗成的称谓。

大量山寨厂商首先进入农村市场和三四线城市中的细分市场，并于 2007 年下半年起开始进入一线城市市场。2008 年，山寨手机的产量高达 2.26 亿部❶，在国内的市场销量达到 5300 万部❷，占国内手机市场 1/3 左右的市场份额。在山寨厂商的推动下，世界手机产量也出现了快速增长。在深圳，整个通信产业链的企业超过 1 万家以上。目前在工信部注册登记的约 400 家手机企业中，位于深圳的接近 200 家；即使总部不在深圳的手机企业，其运营中心也有 80% 建在深圳。如果考虑到没有在工信部注册等级的山寨机和贴牌机，深圳一共约有 3000 家手机厂商。据深圳市移动通信联合会的统计，2009 年深圳手机

---

❶　我国山寨手机体系 掀起电子产业的变革［EB/OL］. 2009 - 04 - 10［2009 - 04 - 14］. http：//www. eaw. com. cn/news/testdisplay/article/27525.

❷　整体销量达 5300 万部 山寨机延缓正规军复兴步伐［N/OL］. 北京商报，2009 - 04 - 15［2009 - 05 - 07］. http：//www. chinanews. com. cn/it/txxw/news/2009/04 - 15/1647091. shtml.

出口量约为 3.2 亿部，分别占中国手机出口的 1/2 和全球手机贸易量的 1/4。深圳生产的手机已经出口到全球 190 多个国家，其中，中东、非洲、南美等地区对中国手机表现出强劲的需求。全球 65 亿人口中，使用手机的已经 50 亿，深圳出口到全球的手机已经覆盖了全球 90% 以上的人口和全球 95% 以上的国家❶。深圳手机产业是整个电子产品里，最有优势、出口量最大、辐射全球最广的产业，为深圳经济的发展做出了重要贡献。手机销售方面，在深圳的华强北聚集了至少 1000 家大大小小的国内外手机经销商，每天交易的手机数量超过 100 万部，其中很多销往中东地区。华强北成熟而强劲的手机交易体系对于深圳手机产业的快速发展起到了重要的作用。

山寨手机的特点是价格低廉、操作简便、多功能集成和产品推出速度快，这些特点迎合了中国 BoP 市场（三四线城市与农村市场）的需求特点，迅速释放了该市场对移动通信的潜在需求。在农村市场，大量品牌认知度低且价格敏感度高的低收入群体构成了山寨手机的主要目标客户。在三四线城市市场上，山寨厂商同样针对不同细分市场的需求特点快速推出功能全面、款式新颖而且价格低廉的山寨手机产品。在 2007 年上半年，山寨手机凭借价格、功能和渠道优势，在 BoP 市场的占有率超过 50%❷。山寨厂商对市场需求的变化非常灵敏，具有较强的超前意识和把握潮流的能力，产品的更新速度很快，因此可以针对细分市场的需求推出卖点各异的产品。基于联发科的开发平台，除了能够设计出外型丰富的手机产品以外，山寨厂商还能将国外品牌厂商刚刚推出的概念机型迅速生产出来。比如，双模双待、手机电视和手机投影等都是山寨厂商率先推向市场的手机功能。山寨厂商还针对为国内外品牌手机厂商忽视的新市场，开发了很多特殊机型，如老人机、儿童机、学生机等。以老人机为例，该机型功能简单、按键大、屏幕大、字体大、音量大并且待机时间长，而且不用挂耳机就可以直接播放广播节目，满足了老人晨练时听收音机的习惯❸，从而释放了老年人的移动通信需求，开拓了高年龄段的新市场。

---

❶ 数据来源：根据对深圳移动通信联合会的访谈内容整理。

❷ 闫薇. 华为战略部门研究山寨机决定出售手机部门 [N/OL]. 经济观察报，2008 - 08 - 02 [2009 - 04 - 12]. http：//tech. sina. com. cn/t/2008 - 08 - 02/12392367754. shtml.

❸ 联发科的山寨机密码 [EB/OL]. 2008 - 12 - 08 [2009 - 03 - 05]. http：//cj. xh48. com/z/t/s/2008 - 09 - 01/0001440. html.

山寨手机的迅猛发展，一方面推动了手机在低收入群体中的推广，推动了手机产业的快速发展，另一方面吸收了大量就业人口，带动了低收入群体的收入增加。比如在深圳地区，与山寨手机直接相关的就业人口超过了 10 万，如果从全国范围考虑的话，与山寨手机直接或间接相关的就业人口超过了 100 万，从中可以看出山寨手机对经济增长的巨大贡献。另外，山寨手机的快速增长也帮助一些与之相关的企业获得了快速增长。比如，联发科公司就借助山寨手机的快速发展成长为国内领先的芯片厂商。可以说，山寨手机对低收入群体、对企业、对手机产业都产生了深远的影响。

在山寨手机迅猛发展的同时，国内品牌手机的市场份额却逐年下降。这是一个借助 BoP 市场实现对全产业颠覆性打击的典型案例。为什么众多技术能力薄弱的山寨机小企业能够进入手机产业并成为其中的一支重要力量呢？本研究认为，虽然逃税、无入网检测等投机行为在一定程度上帮助山寨厂商降低了成本，但山寨手机厂商借助颠覆性技术、BoP 导向的发展战略和商业模式创新的发展手段才是其能迅速发展起来的重要原因。联发科公司所推出的一站式解决方案和深圳当地成熟的通信产业链是山寨手机得以快速发展的外部条件，而当地大量山寨厂商根据本地资源条件和中国低端市场的特点所采取的商业模式创新是山寨手机发展的内部动力。

4.2.2　太阳能企业面向 BoP 市场的创新

太阳能的热利用可以为全球提供低碳能源解决方案，而且其技术也已经逐渐成熟，但其在世界范围内的扩散却明显低于预期（Philibert，2006）。为应对该挑战，国际能源署（International Energy Agency，IEA）等组织号召各国政府通过各种激励政策来推动太阳能光热技术的扩散，然而这种自上而下的扩散模式目前看来效果并不明显。另外，光热利用在中国通过自下而上的扩散方式却获得了突飞猛进的发展。比如，2004 年全球所安装的 115CW 的光热设备中，中国占到了 38%（Weiss，Bergmann & Faninger，2006）；而到了 2007 年，中国大陆和台湾地区的光热利用总容量已经达到 80.8GW，远远超过欧洲大陆的 15.9GW 和日本的 4.9GW，即使光热利用增长很快的北美地区（美国和加拿大），其发展速度和光热总利用量也落后于中国（Weiss，Bergmann & Faninger，2009）。据中国太阳能热利用产业联盟的数据统计显示，2009 年中国太阳能光热应用面积已占全球的 76%，是世界上光热应用量最大的国家。中国的光热利用行业之所以能取得这么快的发展，大量太阳能热水器企业所采取的针对农村 BoP 市场的发展战略起到了关键作用。

当真空管太阳能热水器刚推出时，面对的是中高端的城市市场，但由于行业发育、城市建筑设计等原因，在城市的普及相当缓慢，如在北京、上海等地，拥有太阳能热水器的家庭只有 7.6%。从中国太阳能行业 20 多年来的发展趋势可以看出，自从太阳能真空集热管热水器问世以来，这一最早定位于高端市场的产品囿于城市基础设施的限制，并没有很快在中高端市场发展起来，反而是在农村这一 BoP 市场获得了快速发展。

伴随着太阳能热水器在农村推广的"干中学"过程，HM 公司和 TH 公司等领头羊企业在太阳能光热利用方面积累了大量的技术和市场开发经验，已经推动太阳能热利用产业形成集太阳能基础理论、市场分析、技术研发、工艺设备、大规模自动生产线、标准、检测、上游产业链控制、营销、物流和服务等于一体的完整工业体系，并在太阳能与建筑一体化、太阳能热发电等高端应用领域取得了重要进展。中国太阳能热利用产业，自有技术比例达到 95% 以上。现在，中国的太阳能热利用开始影响世界，并向全球输出产业模式、行业标准、核心技术、成套生产线和产品品牌。可以说，太阳能热水器在农村 BoP 市场的广泛应用是支撑我国光热利用产业发展的重要因素，中国太阳能热利用技术的发展是典型的 BoP 到 ToP 的发展模式。

4.2.3 电动自行车企业面向 BoP 市场的创新

自从 1995 年采用轮毂电机的电动自行车架构出现以来，电动自行车（以下简称"电动车"）在中国获得了长足发展。根据中国自行车行业协会的统计数据，2005 年我国电动车产量已经突破 1000 万辆，2009 年则达到 2369 万辆。短短十多年间，电动车之所以能取得突飞猛进的发展并迅速成长为一个产值近千亿、保有量超过 1.2 亿辆的巨大产业，其主要原因在于电动车便捷和经济的特性适应我国中低收入阶层的经济收入水平和消费特色。随着城市化进程加速和相关技术的日益成熟，电动车已经颠覆了摩托车产业的发展，逐步成为城市交通的新选择。伴随着新农村建设的开展，我国农村道路通行条件得到很大改善，农民的经济收入不断提高，电动车在农村 BoP 群体中日益普及，扩大了农民日常活动的半径，帮助其提高就业机会和工作效率，促进了 BoP 群体与城市之间的物质和文化交流。随着低碳经济和绿色经济等概念越来越受到重视，电动自行车将迎来更加广阔的前景。

值得指出的是，电动车在中国并非一开始就这么受欢迎。早期的电动车受电池和电控等技术的限制，不但行驶速度慢、行驶距离短，而且电池寿命很短，使用时间不超过一年。因此，该产品不符合高端市场对行驶速度和行驶距离等功能属性的要求，只能作为低端用户代替自行车的一个工具。更为重要的是，2000 年以后南宁、北京、温州、太原、武汉、珠海、广州、海口、福州、深圳和东莞等地相继出台了禁止电动车上路的限制政策，为电动车进入中高端的城市市场设置了政策壁垒。虽然有以上不利因素，电动车依然凭借其方便、灵活和便宜等特点在三四线城市和农村地区（即 BoP 地区）获得了快速发展。随着电池技术的不断成熟，电动车的各项性能已经获得较大提高。比如，现在的电动车充满电后一般可以行驶 100km，足以满足普通用户日常上下班或者周末出行的需求。因此，电动车也逐渐得到了城市中高端用户的青睐。

随着各大城市放松或者取消对电动车行驶的政策限制，电动车的增长速度明显加快。目前，中国电动车的产销量占全球 80% 以上，已成为全球最大的电动车生产、消费和出口国，并形成了浙江、江苏、上海、天津四大电动车产业基地。经过十余年的发展，中国电动车技术已经比较成熟，可以适应各个国家不同的技术要求。2006 年，中国生产的电动车已经出口到几十个国家和地区。中国几十年来在自行车出口过程中建立的较为完善的国际营销网络，为电动车的出口提供了优越的条件。印度、南美、中美洲和非洲等地的低收入地区都将是今后电动自行车最具潜力的消费市场。2010 年，电动车被列为家电下乡产品，通过政府补贴鼓励消费者购买，这一政策必将推动电动车行业的更快增长。

电动车能在中国取得如此快的发展，其主要原因是电动车便捷和经济的技术特点迎合了 BoP 群体的需求特性，而且中国电动车企业采取了基于 BoP 市场的发展战略以及适应 BoP 市场特色的商业模式。

4.3　数据分析过程展示

质性数据的编码与分析是质性研究流程中的核心环节，主要的研究发现均是在数据分析过程中涌现出来的，为增加结果展示的"透明度"，以下对此过程进行专门阐述。根据前文所述，研究者分别以山寨手机、太阳能热水器和电动自行车作为分类依据，将企业分为了三组，并分别对每一组内的企业进行了扎根理论的编码分析过程。由于此处的目的是展示数据分析的过程，限于篇幅，本书仅以山寨手机的分析过程为例，按照三级编码的逻辑顺序对最终的跨案例数据分析结果进行展示，对于其他两类的数据分析过程不再展开详述。

4.3.1 开放式编码

在开放式编码阶段，研究者对总共 20 万字的文本资料进行了详细阅读及一级编码。开放式编码主要是将资料分解、提炼、概念化和范畴化的过程。通过对采集到的资料进行分解与提炼，本着尽量"悬置"个人"偏见"和既有"定见"的原则，采用"贴标签"（labeling）的方式对文本赋予若干个语义标签，最终从资料中抽象出去技术化、功能整合、开放式架构、新性价比、非消费者、BoP 市场定位、产业链合作、新价值网络等 193 个概念，再通过对这些概念作进一步的比较，按照其相互间的逻辑关系将其归纳整理为 79 个范畴。在 NVIVO 数据库中同时命名为相应的自由节点。表 4.2 是本研究中开放式编码的几个示例，表中略去了寻找命名本土概念这一中间过程。

表 4.2　开放式编码示例

典型引用	初始范畴
我们的"Turn Key"方案将很多软硬件功能都整合进了芯片，集成了多媒体功能和较低的价格。在实际生产中，采用我们方案的公司只需要购买简单零部件就可以出品手机(MTK，总裁助理)	架构创新
把以前可能需要几十人、耗时一年多才能完成的手机主板、软件都集成在一块芯片里，让手机的生产没有了核心技术，谁都可以在短时间内批量生产手机……在这之前内地手机公司需要 6～9 个月甚至是一年才能做出一款手机，采用了联发科方案以后最多 3～6 个月就能出品一款手机……（MTK，总裁助理）	去技术化

典型引用	初始范畴
农村用户对于动则上千元的手机无力承担，但是我们（山寨机）凭借低廉的价格，打动了许多农村消费者，成功地占领了农村，正在逐步包围城市（YT 公司，副总）	BoP 市场定位
这些手机虽然便宜，但外观特色层出不穷，绝对能让人过目不忘、印象深刻（深圳移动通信联合会，T）	外围创新
……	……
与我们打交道的很多厂家都是首先将产品推向市场，然后根据销量向我们提出功能和外观方面的改进……我们的服务比大公司好多了，当顾客拿回来一个有缺陷的手机时，我们马上可以给他（她）换一个新的（ZT 公司，技术部门负责人）	试错型市场开发
我们和渠道的关系非常好……不做广告，将利益转移给渠道商……靠代理商推销和用户间的推荐来销售（TY 公司，市场负责人）	非传统渠道
这个生产主要靠代工，基本都不建生产线……有订单时，只要建几个生产线就可以，不需要固定的车间（某山寨厂商，总经理）	轻资产运营
为手机加入手电和验钞灯，诺基亚根本不屑于做这些，但我们的代理商说农村很喜欢这些，于是我们就做……还有电视手机，我们几天就可以做出来，而三星却需要几个月（YT 公司，副总）	草根创新能力的释放
……	……

4.3.2　轴心式编码

轴心式编码主要是发现和寻找范畴之间的逻辑关联，也就是将 NVIVO 数据库中诸多的自由节点进一步归纳并组合为多个由主副范畴构成的树节点。借鉴 Corbin & Strauss（1990）的观点，本书采取"条件—行动/互动—结果"这一编码范式，来寻找若干个初始范畴之间的联系，其中条件（condition）是指某一现象发生的情境，行动/互动（actions/interactions）是指研究对象针对该环境或情境所做出的策略性或例行性反应，结果（consequences）则是指行动/互动所带来的实际后果。轴心式编码的主要目标是回答每个主要范畴是什么、在什么情况下会发生什么事情、为什么以及如何发生等问题。比如，开放式编码形成的"全产业链精细分工合作""轻资产运营""集成商定位""项目导向的组织"和"技术和组织的柔性化"等初始范畴,可在范式模型下整合为一条"轴线":在深圳本地产业系统的支持下,山寨厂商将自己定位为系统集成商,通过全产业链精细分工合作实现了轻资产运营,并且通过项目导向的组织实现了技术和组织的柔性化。因此,这几个范畴被重新整合纳入到一个主范畴——"基于产业链的柔性化组织",成为说明该主范畴的副范畴。

通过对已有范畴的分析并辅以更多的原始资料挖掘和对比,作者对初始范畴进行了二次编码并根据以上思路对范畴间的关系进行探索,直至初始范畴全部饱和。最终 79 个初始范畴被重新整合为 39 个副范畴并归纳到 8 个主范畴(树节点)当中,名称及示例参见表 4.3。

表 4.3 轴心式编码结果

副范畴	主范畴
架构创新(软硬件集成)、开放式平台、改变产业链结构、去技术化	技术的结构颠覆
整合新功能、传统性能较差、符合本土认知习惯、高度定制化、重塑功能价值属性	技术的功能颠覆
新性价比内涵、简易操作、改变产品属性、创新与大众化结合、提高生活质量	新价值主张
全产业链精细分工合作、轻资产运营、集成商定位、项目导向的组织、技术和组织的柔性化	基于产业链的柔性化组织
成熟开放的产业系统、信任与市场结合的关系治理、网络化治理结构、质量监控机制、知识与人员深度互动、重塑产业价值体系	包容性伙伴界面
BoP 市场定位、快速招商、试错型市场开发、广泛的嵌入型销售网络、立体化销售体系、非传统营销渠道和手段、对消费者研发	嵌入式顾客界面
小批量按需生产、草根创新、技术和市场的快速响应、产品功能适合 BoP 环境	用户导向的创新
与 BoP 群体共赢式发展、共同创造 BoP 市场、业务快速增长	互惠式业务模型

在轴心式编码的过程中,研究者借助备忘录来进行数据补充、比较、验证,记录各种想法并推进理论的涌现(备忘录情况参见表 4.4)。

表4.4　本研究所使用的备忘录

文件前缀	备忘录类型	目的和来源
Mcn –	编码节点备忘录	描述当前节点，并记录研究者在阅读节点内容时产生的分析型思考
Mth –	理论型备忘录	记录编码和研究过程中所产生的涌现性理论和研究者相关抽象思考
Mop –	操作型备忘录	有关研究流程及其调整的备忘；记录下一阶段访谈所需要问的问题
Mcm –	会议及交流备忘录	记录研究过程中研究者参与的会议、讨论和非正式交流的主要内容
Mnw –	新闻资料备忘录	来源于报纸、网站等公共媒介物中与研究主题有关的新闻文章摘录
Mar –	档案材料备忘录	整理并记录地方政府部门所提供的统计数据、文件和其他档案材料

资料来源：在参考 Bringer 等（2006）提供的方法框架的基础上自行整理。

4.3.3　选择式编码

选择式编码主要是选择核心范畴，把它系统地与其他范畴予以联系，并将之概念化和理论化。首先对轴心式编码所得到 8 个主范畴的内涵和性质进行分析，并结合原始资料记录进行互动比较。

主范畴"技术的结构颠覆"和"技术的功能颠覆"的命名参照了社会网络研究中"网络的结构属性"和"网络的功能属性"两个概念。如表 4.3 所述，"技术的结构颠覆"指的是技术的物理结构以及构成最终产品的系统元件之间的界面规则和互动关系发生了显著变化，并引发产业链结构和产业链内企业的位置与地位发生相应变化，其下属的 4 个副范畴是该范畴所包含的变化类型及其结果的具体表现，反映了联发科芯片这一颠覆性技术对产业结构和产业价值体系的影响。同理，"技术的功能颠覆"指的是一项技术能够实现的目的或者帮技术使用者所完成的工作发生了显著变化，副范畴反映了联发科芯片以及山寨手机表现出的新性能属性定义和新性能改进轨迹。

主范畴"新价值主张"是指山寨厂商提出的为 BoP 群体带来价值提升的方案，其副范畴反映了企业以显性方式传达给消费者的价值诉求。"基于产业链的柔性组织"是对山寨厂商内部生产组织和产品开发方式的归纳，其副范畴反映了一种基于已有技术平台、以整合产业链内资源为主的灵活型生产和新产品开发方式。"包容性伙伴界面"反映了企业对产业链内外各种合作伙伴关系的治理，其副范畴表明山寨手机产业链中，企业价值链与价值网络之间的界限逐渐模糊化，形成一种网络化的结构并导致了产业价值体系的变化，整个产业链以分工协作的方式一起来推出面向 BoP 市场的解决方案。"嵌入式顾客界面"反映了山寨厂商与 BoP 消费者的接触和互动方式，其副范畴表明山寨厂商的营销手段非常灵活，而且通过非传统营销渠道可以深度嵌入各地社区，并且可以通过试错型策略弥补正式市场调研的缺失所带来的问题。

对轴心式编码阶段进行回顾，"互惠式业务模型"与"用户导向的创新"这两个主范畴是在完成对其他六个主范畴的归纳之后才形成的。具体而言，在主轴编码的后期阶段，作者一度在 NVIVO 数据库中将相关的初始范畴归纳为"创造 BoP 市场"和"新产品开发方式"等树节点；但在此过程中，研究者发现这些节点与其他已形成主副范畴的树节点之间存在明显的因果关联，于是采用"二次编码"的技术（Bazeley，2007）对数据库中其他 6 个树节点内部的文本内容再次进行审视，将反映市场开拓和柔性化组织方式的相关文本编码为新的节点或纳入已有节点，并最终归纳出"互惠式业务模型"和"用户导向的创新"两个主范畴。经此查漏补缺工作后，8 个主范畴全部形成，且彼此的关联越来越明晰。随后，研究者进一步借用 NVIVO 软件中的"矩阵编码"❶工具对各个主范畴以及下属副范畴之间的编码关联进行查询，并以查询结果为重点通读了全部原始文本，以此将各级范畴置回个案情境并描绘出串联各主范畴的许多条"故事线"（Glaser，1992）。

进一步将 8 个主范畴与已有理论进行对接和互动比较，可以发现"新价值主张""基于产业链的柔性化组织""嵌入式顾客界面"和"包容性伙伴界面"反映了企业整合内外部资源为 BoP 群体提出新价值主张的过程，分别代表企业商业模式创新的不同维度，具有理论一致性，因此本书将其归入"商

---

❶　"矩阵编码"是 NVIVO 软件中的一项查询功能，本研究借用此工具来查询同时被编码为两种不同节点的文本内容，运行查询后输出的结果即为两类节点在编码文本内容上的交集。

业模式创新"这一范畴中。该范畴的内涵是：企业改变其价值创造和价值获取的逻辑，通过新的资源整合方式与新的业务流程为 BoP 群体提供新价值主张。同理，"技术的结构颠覆"和"技术的功能颠覆"可归为"颠覆性技术创新""互惠式业务模型"和"用户导向的创新"，可赋予"BoP 解决方案"主范畴。在此基础上，通过对几个范畴间的关系和基本逻辑进行进一步分析，可以得到如下"故事线"：山寨厂商在联发科的"一站式解决方案（turn – key solution）"这一颠覆性技术的基础之上，通过 BoP 导向的商业模式为 BoP 市场提供本地化解决方案，并通过 BoP 战略实现了对低端市场的颠覆性创新过程。据此，选择式编码得到的核心范畴可以表述为"通过颠覆性技术和商业模式创新的协同实现 BoP 战略"，而"BoP 解决方案"是隐含在此核心范畴中的内在机制性要素。图 4.2 对本研究的数据编码过程与最终的编码结果进行了总结，中间部分即为核心范畴所表达的逻辑关系。

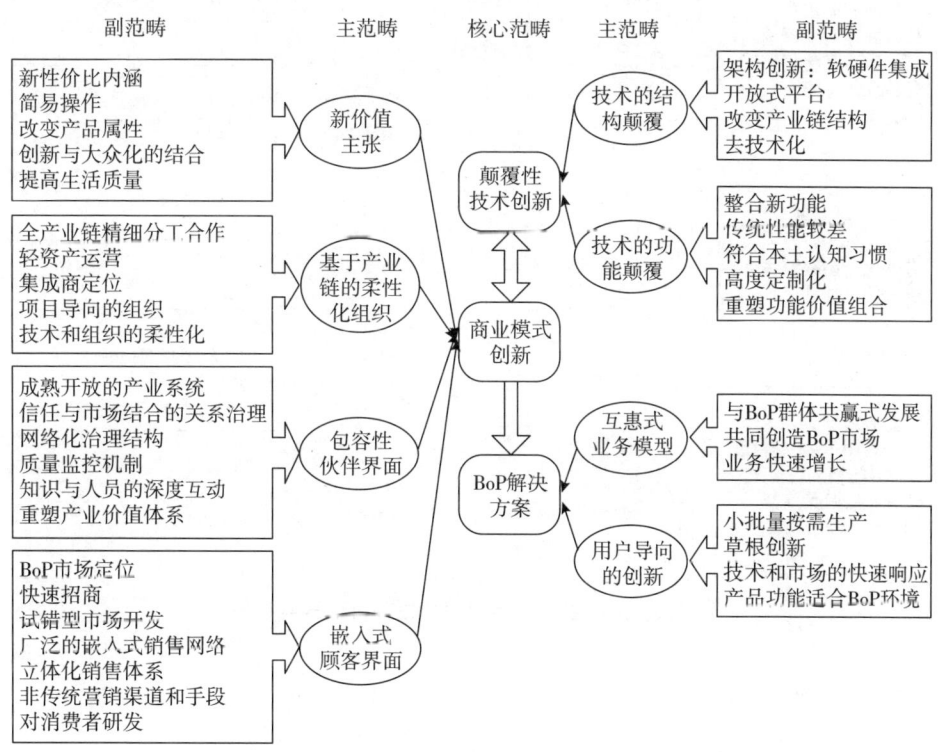

图4.2　山寨手机企业的编码过程与编码结果

采用同样的方法和研究流程，本研究将太阳能热水器企业调研和二手数据所构成的 20 万字的资料以及电动自行车企业的 10 万字资料进行了扎根理论分析。通过开放式编码、轴心式编码和选择式编码等步骤后，得到如图 4.3 和图 4.4 所示的分析结果。

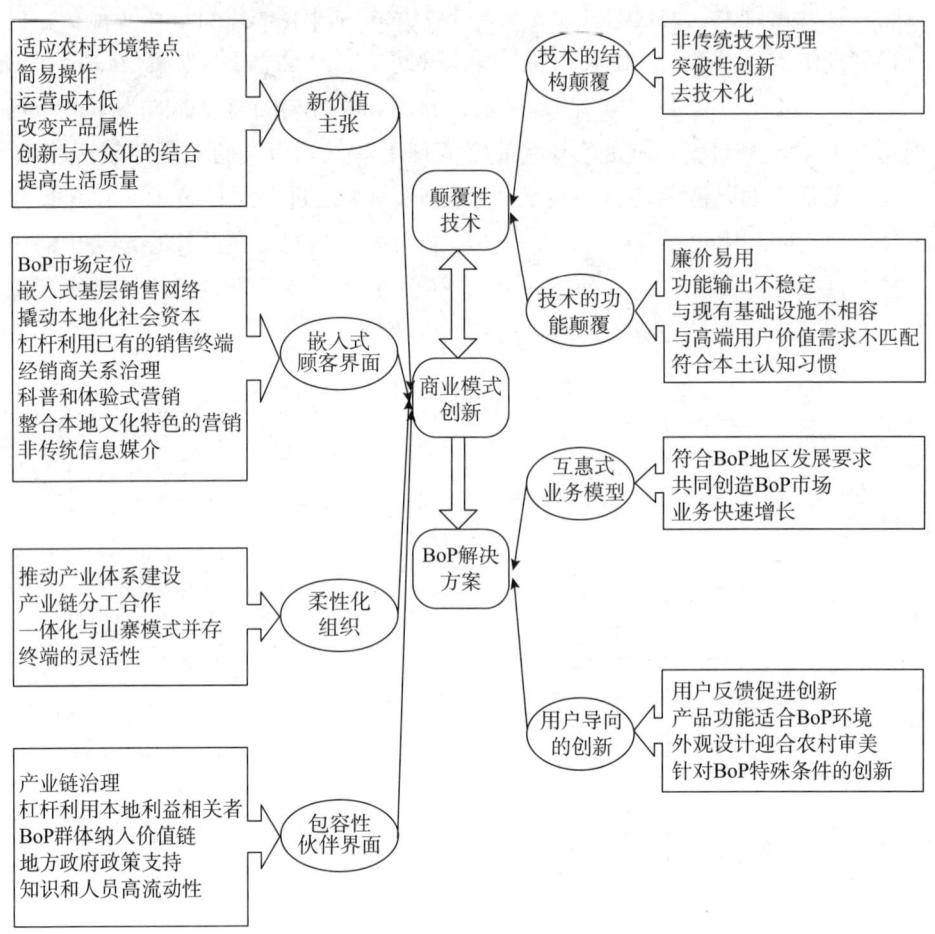

图 4.3　太阳能热水器企业扎根分析过程与结果

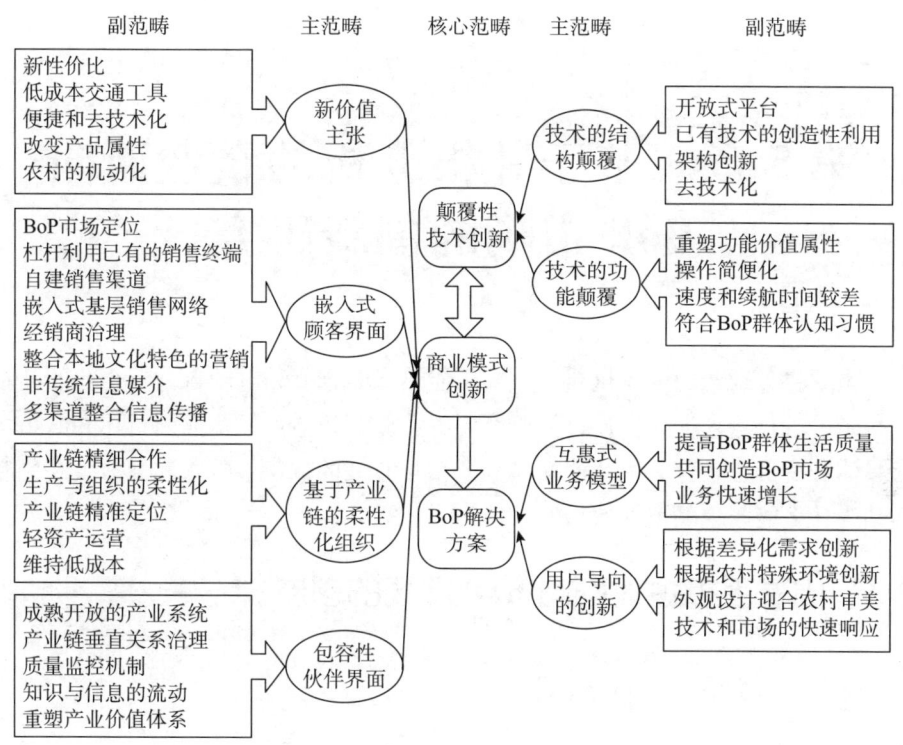

图 4.4　电动自行车扎根理论分析过程和结果

4.4　小结

在以上跨案例质性数据的编码与分析过程中，研究者以循序渐进的方式捕捉到颠覆性技术和商业模式的具体内涵。本书下一章将结合访谈文本的典型引用和故事线片段对这些构念的主要内容进行阐述和分析。

第 5 章　基于扎根分析的企业面向 BoP 市场的创新研究

本章将分别对山寨手机企业、太阳能热水器企业和电动自行车企业的扎根分析结果进行深入探讨。通过分析简要解答如下问题：颠覆性创新在 BoP 市场的具体表现形态是什么？企业面向 BoP 市场开展的颠覆性技术和商业模式创新活动为什么能产生颠覆性效果？

5.1　山寨手机企业面向 BoP 市场的创新

5.1.1　扎根理论分析结果

如第 4 章所述，本研究将山寨手机企业调研和二手数据所形成的 20 万字的资料进行了扎根理论分析。通过开放式编码、轴心式编码和选择式编码等步骤后，得到如图 5.1 所示的分析结果。

以上研究结果来自具体的案例资料，且与案例的实际情境密不可分。本节以下部分将结合访谈文本的典型引用和故事线片段对这些构念的主要内容进行阐述和分析。

5.1.2　山寨手机芯片的技术特征——颠覆性技术

根据已有研究，颠覆性技术主要通过改变现有产品性能衡量标准而改变市场竞争基础。从技术的角度来看，颠覆性技术与市场主流技术具有不同的性能轨迹，将基于现有技术的产品按照一种全新的架构整合起来为顾客提供新的功能属性（Christensen，1997；Christensen & Bower，1996；Christensen & Rosenbloom，1995）。由于产品功能属性组合发生了转变，因此颠覆性技术会吸引对新属性感兴趣的"非消费者"加入新价值网络。

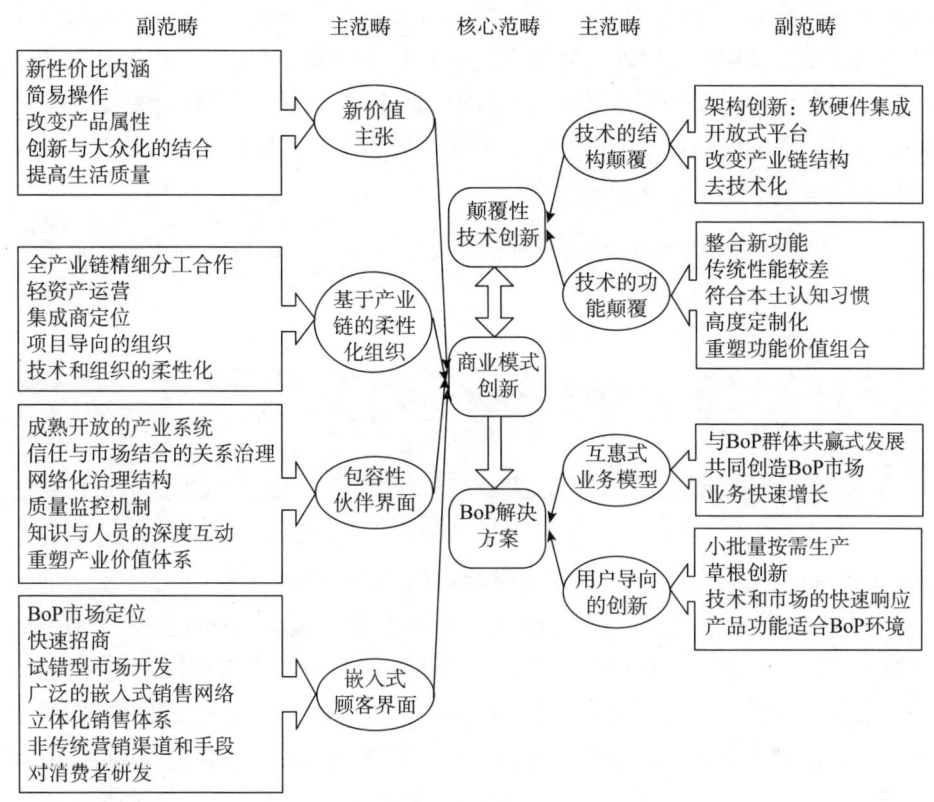

图 5.1　山寨手机企业的编码过程与编码结果

联发科公司推出的全面解决方案通过将芯片、软件平台以及第三方应用软件的功能集成在一起，完成了大部分研发工作并使得手机生产过程大为简化，实现了手机生产的"去技术化"，从而降低了手机生产的技术壁垒，使得技术能力不高的小厂商也可以进入手机行业；同时，联发科的新方案较之以前更加便宜，也降低了手机生产的资本壁垒。在提高产品的可负担性与可操作性这两个属性的同时，联发科芯片仍然保留了传统手机芯片的功能，以新的价值属性组合提出了新的价值主张。从这个意义上说，联发科的技术具备了前文所述的颠覆性技术的属性。另外，联发科的技术方案引起了手机产业生产组织方式的变革：技术和资本壁垒的降低，使得大量中小企业可以进入手机制造行业，并通过产业链多环节的深度合作与互动生产手机，从而打破了手机行业原有的一体化式生产结构；并且联发科芯片导致了手机生产流程的简化，产业链的缩短迫使手机厂商改变其价值获取的途径，从而行业价值链也发生了重构（巫强 & 刘志彪，2010）。因此，联发科的技术不仅是对市场上已有产品（手机芯片）的颠覆，而且是对产业构成方式和产业链价值分配方式的颠覆。从这个角度来说，联发科的技术为颠覆性技术这一概念注入了新的内涵：针对产业链结构的颠覆。正如深圳移动通信联合会一位被参访者所说的：

> "（联发科芯片）把以前可能需要几十人，耗时一年多才能完成的手机主板、软件都集成在一块芯片里，让手机的生产没有了核心技术，谁都可以在短时间内批量生产手机……在这之前内地手机公司需要6~9个月甚至是一年才能做出一款手机，采用了联发科方案以后最多3个月就能出品一款手机……（深圳移动通信联合会，T）"

与其他的颠覆性技术类似，联发科的集成芯片最初并没有得到主流厂商的认可，因为在主流手机厂商所关注的通话质量、系统稳定与智能应用等属性方面，该产品较之英飞凌、高通等厂商的产品并没有优势；而该产品新增加的"研发和生产流程简化"等属性需要传统手机厂商解构原有的产品架构和生产组织方式，从而颠覆其基于产品结构设计与功能升级的价值获取方式。因此，新技术所要传达的价值主张并不能把传统厂商吸引进来。为此，联发科选择了非传统的技术扩散轨迹：借助大量山寨手机厂商在 BoP 市场构建新的价值网络。在联发科的技术出现之前，很多技术能力较低的山寨厂商并不具备生产手机所需的技术知识，无法加入手机产业链，因此，他们很乐意接受一种能在现有技能水平下快速生产手机的新技术。能够降低技术门槛以及简化研发和生产流程的联发科芯片迎合了这些厂商的需求，相对于能够进入手机产业链来说，联发科芯片初期在技术属性上的一些不足并不会影响山寨厂商对该芯片的青睐。

5.1.3　山寨厂商的商业模式创新

由于 BoP 市场具有高度的异质性（Prahalad，2004a），而且每一个异质性的市场都相对较小，因此，要求聚焦于 BoP 市场的厂商具备在多个异质性的小市场提供多样化产品的能力（周江华，仝允桓 & 李纪珍，2011）。这种市场特征催生了大量以创新性商业模式进入市场的中小型山寨厂商。本研究发现，山寨厂商在商业模式方面进行了如下创新：

5.1.3.1　面向 BoP 群体的新价值主张

（1）定位于 BoP 市场的价值主张。

城乡差距与地区差距的广泛存在导致三线城市以及众多农村地区的大量 BoP 群体被已有的手机价值网络排除在外，该群体品牌观念较弱，更关注产品价格和实用的功能。由于主流市场上的手机已经出现功能过剩的现象，因此山寨厂商以 BoP 群体这一非消费群体为目标顾客，以联发科的芯片为基础，推出在性价比和功能集成方面有显著提高的产品。在弱化了 BoP 群体所不需要的冗余功能（如上网）并集成了一些该群体所重视的功能（如验钞、大喇叭、手电）后，该类产品符合了 BoP 群体的偏好和行为特征，颠覆了对手机的功能价值属性的传统认知，并以新的价值主张在 BoP 群体中创建了新市场。虽然联发科的新技术并不是专门针对低端市场设计的，但采用该芯片的手机所传达的价值主张（如超低价、高性价比、使用简便等）却对 BoP 群体具有更大的吸引力，帮助该群体实现了手机使用从无到有的过程。同时，山寨手机初期在质量稳定和过程控制方面存在问题且无品牌优势，无法吸引高端用户。因此，大量采用联发科芯片的山寨厂商将产品定位于 BoP 市场。由于数量巨大的 BoP 群体使用手机的需求无法被现有手机厂商满足，因此山寨手机在 BoP 市场中获得了快速增长。

（2）赋予产品新内涵。

除了在性价比方面为 BoP 消费者提供新价值主张（价格低廉，功能不输于品牌手机）之外，山寨厂商还利用自身的创意，改变了手机仅仅作为通信产品的属性，为手机融入了时尚、个性等内涵。比如，一位被采访者指出：

> "手机现在成了集大成者，既有 IT 的营销模式，又有服装的设计和耐克的生产等模式，变成了一种快速消费品。"

5.1.3.2　基于产业链的柔性化组织

联发科的颠覆性技术降低了手机生产的进入门槛，而深圳电子产业集群中成熟的产业系统是大量山寨厂商得以快速进入手机产业的外部条件。诺基亚、摩托罗拉、三星等众多公司的长期经营，造就了当地大量具备标准化生产制造能力的代工厂与完善的上下游配套体系。这些代工厂与配套体系构成了一个开放的产业系统，任何经济实体都能通过市场化手段利用该系统内的资源。山寨厂商正是将当地产业系统中的资源有效整合入了山寨手机的产业链，才形成了其定位于集成商的轻资产运营模式。深圳手机产业集群内已形成的整机生产能力保证了山寨厂商可以不建生产车间，通过整合外部的资源就可以推出多样化的手机产品。

在产业链中，众多山寨厂商是直接与异质化的 BoP 市场打交道的实体，其背后则是联发科技术平台、主板设计商、元器件配套厂商能力、代工厂制造能力的支持。这些定位于产业链不同环节的实体构成了手机产业的新价值网络，支持山寨厂商在提出设计方案以后，以比传统手机厂商更快的速度将最终产品推向市场，以更多样化的产品和更快的产品更新速度吸引更多的用户（见图 5.2）。深圳移动通信联合会一位被采访者告诉我们：

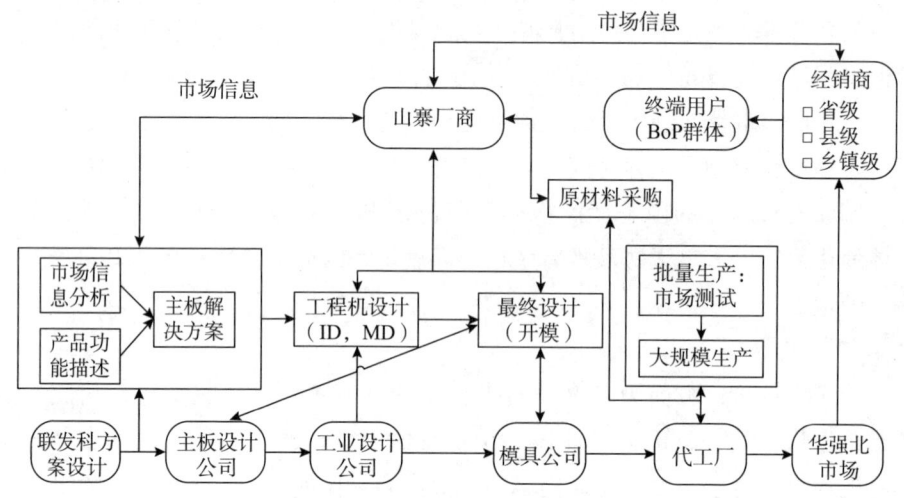

图 5.2　山寨手机基于产业链的生产流程

资料来源：根据（Zhu & Shi, 2010）和访谈资料整理。

"第一，决策完了以后，跟主板厂商联系，MTK 什么都全了，方案公司给加功能，这个决策过程要 3 天（不包括前期调研），国有企业要 3 个月；第二，主板厂商马上联合 MTK 进行方案设计，可能只需要一周；然后，开始做工程机（样板机），确定外观（外部设计），功能是很重要的一块，ID（industrial design），MD（mechanical design）很重要；第三步，开始开模；第四，模具开出来以后，整机试产 2000～3000 部，出来以后，开始接受订货，在华强北打广告，新机开盘（新机招商），把客户请过来，发货。这个过程，在国企，需要半年才行；在山寨厂商这里，这个过程只要 1 个月到 45 天。"

在联发科的颠覆性技术以及手机产业系统内的零部件配套与生产制造能力的支持下，山寨厂商采取了集成商的产业链定位与轻资产运营的模式，即依托联发科的平台，专注于根据市场需求和技术趋势变化提出新的设计方案并整合新的技术特性，而具体的生产则交给产业系统内的下游生产商。该模式下，很多山寨厂商采取项目导向型组织，即根据所承接订单的多少来灵活调整生产规模，以低较的运营成本适应小批量、多批次的按需生产。

传统手机产业中，几大手机巨头垄断了手机的生产与销售，而在山寨手机产业链中，大量山寨厂商实现了分布式生产方式，并通过非传统营销渠道和嵌入式开发实现了本地化的价值创造和传递系统。这种将价值创造环节下沉到独立的分布式系统的做法被认为是企业进入 BoP 市场的有效途径（Christensen et al.，2001；Hart & Christensen，2002），然而分布式系统的可扩性问题以及该系统对本地化能力的要求往往会阻碍其大规模推广。山寨厂商基于产业支持系统的发展模式可以为这一问题提供解决思路，即构建产业支持系统可以推动产业链中 BoP 导向的分布式解决方案的发展。

另外，山寨厂商的柔性组织体系改变了传统手机厂商以规模经济来提高利润率的方式，实现了小批量和多样化与低成本的匹配，在手机产业中建立了新盈利模型。这种盈利模型适应了大量异质性的 BoP 市场对低成本且多样化产品的需求。

5.1.3.3　包容性伙伴界面

从产业链角度来看，联发科与山寨厂商打破了手机行业原有的产业链，并且通过全产业链合作与产业链内各经济实体间的深度互动来实现山寨手机产业的价值创造和价值传递。山寨厂商与上下游的技术支持厂商及配套商和代工厂之间则不存在一对一的固定关系，而是基于订单的多边合作关系，即各实体之间以市场为纽带形成复杂的网状结构。虽然单个山寨厂商的订单比较小，但因为每个配套商和代工厂都可以同时与多个山寨厂商合作，因此仍然可以实现规模经济，这样实现了配套环节规模经济与终端环节柔性体系的有机结合。

为了提高产业链效率，联发科与下游厂商之间除了基于契约的合作关系，还有旨在促进知识在产业系统内扩散的知识和人员互动。这些互动活动包括：①技术和项目管理方面的培训，以促进技术知识在手机厂商间的扩散。如 TY 公司指出："（联发科）给我们做一个培训计划，帮我们培训技术人员。"②信息的双向垂直互动。如 JL 公司所指出的："联发科将技术标准提供给我们，我们则将市场反应、芯片的技术缺陷等信息反馈给联发科，以帮助其不断升级产品。"③共性知识在产业内的共享，如联发科公司指出："每个公司的生产既有自己独特的问题，也有共同的问题，收集起来，对全部客户就是有用的。比如，有一家公司生产时，产品测试通过的比例很低，我们帮助他们逐步排查，发现是由于生产线员工的静电环没有接地，导致生产的时候有很多静电，影响了产品质量。找出这个问题后，我们就把经验共享给后面的公司，以避免类似的问题出现。这件事情对整个产业是有利的。"④技术支持，如 ZT 公司指出，"在生产过程中如果遇到技术难题，联发科会过来帮助我们解决问题。"⑤共建实验室与技术团队，如 TY 公司指出，"作为大客户，联发科会派技术团队进来，与我们一起建立实验室与测试室……在最初的时候，对我们帮助的确很大。"以上所说的这几种互动活动可以用图 5.3 来表示，这些知识和信息的流动快速提高了山寨厂商的技术水平，推动了山寨厂商整合内外部资源为市场提出新价值主张的能力。

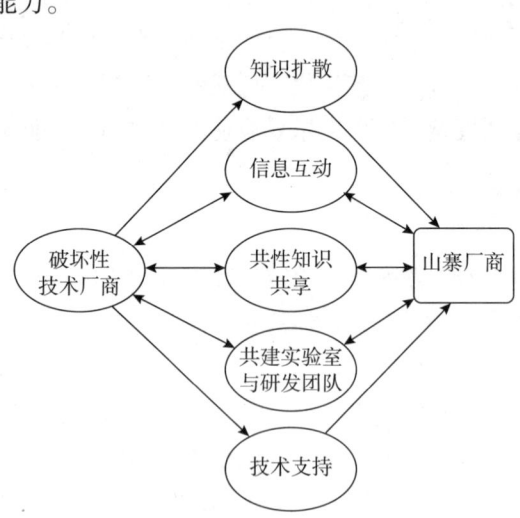

图 5.3　产业链中的知识与人员互动

整个产业链从核心技术提供商到终端市场的网状结构以及关系与契约相结合的产业链治理机制引发了价值链的重构，改变了不同价值环节的比例关系，山寨厂商凭借对渠道的控制，在下游环节发挥着主导作用。以上所分析的商业模式创新，并不仅仅是某一个或者某几个厂商的行为，而是全产业链商业模式的变革，因此可以称之为产业商业模式创新。手机产业中这种网状产业链体系已经超越了价值链的范畴，进而发展成为一个价值生态系统，系统内错综复杂的合作关系一起支撑着山寨手机行业的快速发展。

5.1.3.4　嵌入式顾客界面

（1）快速市场招商。

华强北成熟的手机交易系统支撑着山寨手机产业的快速发展。山寨厂商大多跟华强北的销售系统建立了联系，并且通过华强北市场可以直接或者间接接触到从省到村镇一级的代理商网络。这样一套销售网络的存在，使得山寨厂商具备了快速招商的能力，新产品从开始招商到交易完成，只需要短短数天时间。由于深圳已经称为著名的山寨手机集散地，因此很多手机经销商或个人会慕名而来，成为山寨手机的买主。中东、非洲等地的经销商在华强北都有业务点，保证了当地的山寨手机能够以最短的路径和最快的方式扩散到全球市场。中低端市场的旺盛需求和深圳本地成熟的交易体系是山寨手机快速发展的市场保证。

在华强北的交易市场，一种比较常见的方式是手机招商会，从全国各地赶来的手机零售商和山寨厂商中的销售人员会在这种会议上快速成交，并从此成为紧密的合作伙伴。这种招商会已成为山寨手机上下游产业链间合作的重要平台，是山寨手机的重要销售渠道之一。

（2）覆盖广泛的经销网络以及符合 BoP 群体特点的营销方式。

在销售渠道方面，山寨厂商放弃了传统的卖场模式，基于信任度较高的同乡和同行关系，建立了封闭式代理销售网络，在此基础上，山寨厂商与代理商还充分利用 BoP 市场中已有的销售网络来销售产品❶。同时，由于口碑相传在 BoP 社区是最有效的信息传递渠道，而且朋友推荐在社区中是获取信任的最佳

---

　　❶　农村的手机零售店、中小城市的话费缴纳处、本地化的手机批发市场、电脑城等都可以成为山寨手机的销售网点。由于不做广告，山寨厂商可以把很大一部分利润让给本地的经销商以调动其积极性。在 BoP 市场中，这种更符合当地特色的销售方式往往比广告和卖场方式更有效，成本也更低。

途径，因此，山寨厂商通过让利等方式激励山寨手机用户将产品推荐给朋友❶，从而杠杆利用了 BoP 社区中的社会资本，使得 BoP 群体也成为产品分销网络的节点。可以看出，作为产业链中的集成商，山寨厂商充分整合了产业系统、BoP 社区甚至 BoP 群体中的资源。

在将新产品所表达的新价值主张传递给 BoP 群体的过程中，由于 BoP 群体没有显性消费诉求，因此山寨厂商与扎根于 BoP 群体中的渠道商一起，通过积极介入 BoP 群体之中来创造市场，并通过多样化产品投放以及试错型产品开发和反思型学习来发掘 BoP 群体中的隐性偏好。在营销策略方面，大部分山寨厂商避开了广告这一营销方式，将节省的部分费用转移给渠道商，不但降低了成本，而且因销售方式更贴近本地生活而受到当地 BoP 群体的欢迎。山寨手机在 BoP 市场的推广，是山寨厂商与渠道商在对 BoP 群体的理解与对市场的洞察之基础上，通过与 BoP 群体的互动创造市场的过程。山寨厂商根据 BoP 群体的特点而采取的不同于传统手机厂商的营销模式比传统手机厂商所采取的广告加卖场的方式更灵活、成本更低，而且这种营销模式更贴近 BoP 群体的生活，有效提高了山寨手机在 BoP 市场的可感知性、可获得性与可接受性，再加上山寨手机在功能属性、价格等方面的吸引力，推动了该产品在 BoP 市场中的迅速推广。

（3）立体化的营销体系组合。

除了以上所说的营销方式，山寨厂商还建立其多层次的立体化营销体系，这些渠道主要有电视购物、购物网站以及专业的手机网站（网购）等。山寨手机的销售渠道发达、体系完备，而且渗透能力较强。除了传统的销售渠道以外，山寨机还创建出一些独特的销售渠道。比如，通过电视直销，山寨厂商可以把产品卖到中小城市，甚至是偏远的农村（我们在调研中发现，电视直销在偏远的农村往往有较大的号召力，而在大城市效果则不怎么显著）；再比如，利用网购，山寨手机可以渗透到普通渠道无法到达的地区。凭着这些体系完备、独特的销售渠道，山寨手机顺利地完成了向各级市场的渗透，大大地提高了自身的竞争力。

（4）贴近消费者，将对消费者需求的研发整合入产品创新流程。

虽然没有专业的市场分析专家和分析过程，但山寨厂商与消费者之间的物

---

❶ 比如，购买一部山寨手机可以获得一个"分享优惠卡"，介绍朋友来买山寨手机时，会获得价格优惠并得到现金补偿。

理和心理距离都比较近，而且与直接面向 BoP 群体的经销商保持着紧密的互动，因此能够准确掌握市场需求变化的趋势，并将对消费者需求的研发作为创新活动的重要内容。比如，一位被访谈者告诉我们：

> "很多公司的 R&D 就是研究技术，但是我们这边还研究客户……不停留在只研发技术，要发现价值、创造价值和传递价值。两条路一起看，一条是技术，一条是用户。纯搞技术的不行。"

对消费者需求进行深入研究，并针对用户需求进行产品创新，使得山寨厂商可以迅速开发出新的、满足市场需求趋势变化的差异化产品。这些独具匠心的产品创新主要体现在外观和功能等方面，属于在核心技术基础上的外围创新（谢伟，2006），通过增量技术变化为 BoP 群体创造了更多可感知价值，有效地刺激了消费者的购买需求。比如，一位被访谈者告诉我们：

> "在外观创新上，首先，有对市场流行趋势的模仿和改造，如对国际品牌流行款式的模仿和改造；其次，有对一些流行概念的整合，如手表手机、跑车手机、望远镜手机、香烟手机、福娃手机、水立方手机、鸟巢手机等概念。在功能创新上，主要体现在现有手机已有的功能，山寨机全都有，而且还会根据不同用户的特殊需要，加入一些特别设计的功能，如针对农村用户推出的手电筒手机，可以让用户在没有路灯的情况下走夜路，在很多农村地区很受欢迎。"

再比如，一位手机厂商告诉我们：

> "手机拨通电话之后，界面上有几个按钮，最大的那个就是用户使用最多的，它还把很多菜单藏到下面去了。这个就是在研究客户基础上所推出的设计，让用户用起来非常舒服。"

5.1.4　颠覆性技术与商业模式的协同创新

联发科推出的颠覆性技术导致了产业链创新，实现了从组件采购到产品设计和生产再到销售的流水线式专业化的分工合作，不但有效降低了成本，而且还形成了强大的信息交流、规模效应（在产品采购、生产和营销方面）以及创新的相互启发。本研究认为，该项颠覆性技术的"去技术化"属性是导致产业链结构发生变化的重要原因，即将研发和生产手机所需的大量知识集成为一个"黑箱"，允许具有较少知识和技能的经济实体（山寨厂商）只需掌握有关的架构知识和界面规则就可以进入手机产业链。在核心技术问题已经被颠覆性技术解决的情况下，下游厂商可以在已有技术平台上进行外观设计和功能集成等外围创新活动，根据市场需求和技术趋势的变化快速推出多样化的产品。正如 MTK 公司的中国区业务总监所说的：

> "我们的'turn-key'全面解决方案将很多软硬件功能都整合进了芯片，集成较多的多媒体功能和较低的价格，在实际生产中，采用我们方案的公司只需要购买简单零部件就可以出品手机。"

联发科芯片这一颠覆性技术的去技术化特性，使得山寨厂商可以整合产业链内资源，创造出更大价值。根据 Penrose（1959）的观点，资源的价值取决于其所能提供的服务，企业商业模式的目的就是根据特定用户的价值偏好，将资源整合为符合其需求特点新产品或新服务。针对手机产业链中已有的资源，山寨手机厂商采用了颠覆传统的资源整合方式（全产业链的精细分工和协作），以改变传统功能价值属性的产品为市场提供了新价值主张并建立了针对 BoP 群体的商业体系。联发科公司所推出的颠覆性技术，是激活这一商业模式的推动剂。

另外一个不可忽视的因素是，深圳本地已形成的成熟产业系统是山寨商业模式得以形成的外部条件。手机产业链几乎每一个环节都有专业公司覆盖，而且上下游可以采取订单形式协同工作，运营方式灵活高效。这种以小企业为主导的集群模式具有更加灵活的创新能力，能够有效支撑山寨厂商针对 BoP 市场的多样化需求，推出多种类、小批量的产品。山寨厂商在当地强大配套能力的支持下，可以建立起高度标准化和柔性化的生产能力，分享共有资产并降低交易费用，不仅在各环节实现了协同效应和规模效应，而且摊销了集中成本，避免了市场不确定性等风险，从而有效实现柔性化和规模经济性以及范围经济性的统一。山寨模式主导逻辑的形成，影响了手机产业体系的构成和生产方式的变革。

同时，山寨手机这一商业模式对于手机技术的发展和手机的普及也起到了重要的推动作用。山寨模式大大降低了手机的价格，让更多消费者（尤其是 BoP 群体）更早、更实惠地享受到新技术带来的实惠，从中得到了极大收益。山寨手机的出现，彻底颠覆了手机作为身份象征的标志，使之变成了普通老百姓都买得起的日用消费品，使手机的普及率迅速提高。现在 13 亿中国人基本上都可以买得起手机，那些继续消费名牌手机的消费者，也因为山寨手机对产业的冲击得以享受到比以往更低的价格。同时，山寨模式加快了技术进步与技术扩散的进程，促进了手机产业的发展。手机的普及对于上下游相关产业的发展，甚至对移动运营商的业务发展都有明显的促进作用。其次，品种繁多、功能新颖齐全的山寨产品改变了原有的市场格局，迫使跨国企业把先进的产品引进我国，丰富了市场供应，使消费者有更充裕的选择空间。

山寨模式带来了行业生产环境与生产组织方式的改变，大量被原有手机产业链排除在外的经济实体被包容进价值创造活动中，这些实体根据自己对市场的理解以及对产品价值属性的解读推出了多种扎根于本地市场的新产品，从而将更多的底层创造力带入了手机产业。本书将这一现象解读为"草根创新能力的释放"，以揭示山寨现象背后更深层次的文化内涵。在专业设计公司的研发支持以及下游的配套生产支持下，山寨厂商只专注于产品的外围创新（外观设计与功能集成）以及与 BoP 市场的深度互动，因此在市场和技术方面具备快速响应能力，能够根据市场需求的变化迅速调整产品结构，而且当新技术和新功能出现时，山寨厂商可以马上跟进，将其整合入产品设计。

同时，集成芯片这种颠覆性技术的出现，为众多山寨厂商通过进入 BoP 市场进行技术和市场追赶提供了机会之窗。山寨手机在 BoP 市场的快速增长为山寨厂商提供了在手机产业中学习的机会。山寨模式是一种典型的"干中学"过程，在这一过程中企业通过对技术和产品不断进行琢磨和改进，获得了"干中学"的机会，这是积累和提升企业能力的主要途径，而能力的积累又是下一步企业进行各种创新活动的重要基础。通过"干中学"，山寨厂商能不断提高自身的资源整合能力、组织和技术的柔性化能力等，这对于中国手机企业提高模仿创新和自主创新能力具有重要作用。

5.1.5　山寨手机企业的 BoP 解决方案

在文化和经济地位中长期处于边缘位置的 BoP 群体对更美好生活有着自己的愿景，他们对无线通信有着潜在需求，但由于其收入水平、消费能力和受教育水平都比较低，在资金、技术和购买渠道三方面的约束下，该群体长期被传统手机厂商所忽视。第一，当时的品牌手机主要定位于城市市场的中高端消费者，价格都在千元以上，购买力较低的农村消费者往往难以承担；第二，当时的手机界面不够人性化，操作相对复杂，所以文化程度较低的农村消费者往往觉得使用不方便；第三，品牌手机的销售渠道主要在城市市场，农村消费者必须进城才能买到手机，购买很不方便；第四，国内外品牌手机在农村市场推出的低价低配的淘汰机型并不能有效满足农村市场的不同需求。

在这种情况下，山寨厂商推出的外观新颖多变、功能丰富和价格低廉的产品正好满足了 BoP 群体的潜在需求。基于联发科的平台以及产业系统的支持，山寨厂商能够以比传统手机厂商更快的速度推出符合 BoP 市场特色的产品。深圳已经形成分工十分细化的通信产业链，包括从主板、模具、元器件供应以及销售等在内的上千家厂商形成了分工明确的产业系统，允许山寨厂商快速整合产业系统内的资源，迅速推出新产品。这样的灵活方式可以发挥产业链各环节的特长和效率优势，并且具有对市场和技术的快速响应的能力。这种快速响应的能力和开放式的架构保证了其可以用很短的时间将最新的技术和市场趋势整合入手机之中，在市场竞争中取得速度优势。比如，当市场对双卡手机表现出强劲需求时，山寨厂商快速推出了多种双卡双待手机，而诺基亚等厂商则在半年以后才正式推出双卡手机。

山寨厂商杠杆利用自身对当地 BoP 市场的理解、创意提出能力以及独特的生产流程，可以在市场快速反馈的基础上快速捕捉到顾客偏好信息，并在做出外观和软件设计后快速推出产品。比如，一位被采访者告诉我们：

> "发现市场需求以后，三天之内就可以做出产品定义，应用平台和各种软件已被整合到芯片中了，有设计公司，而且各种零部件都可以当地购买，如大屏幕（带触摸手写）、摄像头等，只要设计一个特色手机外壳就可成品，比诺基亚等公司快很多。"

BoP 市场存在很多没有表达出来的隐性需求，很难通过现有行业模式来捕捉。所以，传统的逻辑分析在面对 BoP 市场时会失效。山寨厂商则采取试错型学习，通过多样化产品的试生产和招商来发现市场中隐藏的需求，并通过快速响应能力将受欢迎机型迅速规模化。

山寨手机的产业链发展成以市场为核心的扁平化的松散型网状结构，将传统手机厂商的技术主导型创新转向由市场主导的创新。山寨厂商产业链的定位和运营模式适应了其所处的产业环境以及所面对的目标市场（BoP 市场）的要求。轻资产运营模式能支持山寨厂商的小批量和多样化的产品生产方式，从而快速满足异质性 BoP 市场的多样化需求。可以看出，通过以上的技术和商业模式创新，山寨手机企业为 BoP 市场建立了相应的解决方案（见表 5.1）。

表 5.1　山寨手机企业的 BoP 解决方案

技术与商业模式创新	
技术特性	• 开放的平台，能方便地整合进 BoP 群体看重的功能 • 操作简便，符合 BoP 群体的文化特点 • 定制化，根据 BoP 群体特殊需求的创新
可感知性	• 外观创新，迎合 BoP 群体的认知习惯 • 嵌入式销售终端和立体式销售方式，增加接触 BoP 群体的机会
可接受性	• 高性价比，符合 BoP 群体的心理预期 • 增加 BoP 群体需要的新功能，提高附加价值 • 集成多种功能，为 BoP 个体的生活带来方便 • 增强 BoP 群体与外界的联系，提高其创造价值的能力
可获得性	• 分布式经济系统，对市场需求快速响应 • 利用当地已有的销售网络，产品容易获得 • 嵌入式销售终端和立体式销售方式
可负担性	• 基于产业系统的新产品生产和开发，降低成本 • 减少 BoP 群体不看重的功能属性

　　凭借对 BoP 市场的准确定位以及其价格优势、功能优势和渠道优势，山寨厂商很快在该市场开辟了一片蓝海，释放了 BoP 群体的购买力。2006 年，山寨手机在农村市场占有率为30%，2007 年则提高到50%，TY 公司更是凭借其低端路线成长为国产手机厂商的第一名。同时，山寨手机的普及为 BoP 群体外出打工、销售产品等都带来了方便，使 BoP 群体也分享到了现代技术的收益。可以说，山寨手机产业的发展，带来了企业和 BoP 都获得收益的双赢局面。

5.1.6　山寨厂商商业模式的颠覆性效果及原因

　　通过以上分析可以看出，山寨手机之所以对传统手机的发展产生颠覆性影响，联发科所推出的颠覆性技术是其中一个推动力，同时，该技术所引发的后续商业模式创新是颠覆传统手机发展模式的更深层的原因。

　　第一，从山寨手机所表达的价值主张来看，各种低价位、多功能的山寨手机是专门为 BoP 群体设计的产品，旨在为 BoP 群体带来相应价值的提升。山寨手机去掉了 BoP 群体不看重的功能，并加入了一些 BoP 群体经常使用但传统手机厂商却忽视的功能（如验钞和多变的外形），并改变了手机作为奢侈消费品的属性，使之成为 BoP 群体也可以负担的廉价消费品，因此对 BoP 群体有很大的吸引力。传统手机厂商则并不重视 BoP 市场，将淘汰机型和最简单机型投入该市场，同时将发展重点放在提高其产品的技术性能，来为高端市场提供升级化的价值主张。很显然，山寨手机为 BoP 市场所传达的"低价位、多功能"的价值主张明显优于传统厂商的"低价位、低功能"价值主张，因此很快颠覆了 BoP 市场中的产品格局。为了对比山寨手机厂商与传统厂商在商业模式方面的不同，本课题组还调研了国际知名的手机厂商 N 公司。N 公司的中国北方区市场部经理提到：

> "山寨机的卖点比正统产品要好。我们曾在手机上安装 LED 灯作为手电，不过这一构思来源于研发中心的偶然发现……没人说得清是怎么想到的……这样的受低端用户欢迎的产品设计在我们这里寥寥无几，从规模上远不能和山寨机在外观和功能上的创意比。"

第二，从支撑价值主张的组织体系来看，基于产业链精细分工的新产品开发方式能保证低成本和高效率，柔性集成定位的山寨厂商可以根据市场和技术的最新趋势将多功能集成到手机之中，而且可以支持小批量多品种的生产方式。这种组织体系是支撑低价位、多功能价值主张的基础。反观传统手机厂商，大规模固定资产的投入决定了其必须在有限品种中实现规模化才能保持低成本，不适应 BoP 市场对多样化产品的需求，因此在 BoP 市场与山寨厂商的竞争中处于劣势。借助产业链中大量中小型设计公司的支持，山寨厂商可以快速推出多种不同的设计方案，使得传统厂商在前端设计方面积累的能力无法发挥作用。若要像山寨厂商一样灵活推出新产品并灵活调整产品数量，传统厂商必须剥离掉一部分现有投资，重新培养产业链快速集结的能力。山寨商业模式对传统手机厂商能力体系的解构作用是这些厂商无法对山寨模式迅速做出反应的重要原因。另外，传统手机厂商在多年运营中所形成的价值观也阻碍了其对新商业模式做出快速回应。比如，N 公司指出：

> "全球调度的产品开发模式使我们的开发灵活性不如山寨厂商……（中国的很多东西）老外觉得是没有逻辑的。因为中国的很多东西说不上

逻辑，而老外不能理解，所以反应就慢……很多跨国公司在中国成功，恰恰是因为这个商品或者模式适合中国，而不是专门为中国做的，当新的模式出现时，就很难应对。"

第三，从合作伙伴界面来看，成熟的产业系统是山寨模式得以形成的外部环境因素。正是因为有了深圳当地分工细致的产业配套体系，山寨厂商才能以轻资产运营的方式快速切入手机产业链。分布在产业链各环节的配套生产能力是已有的资源基础，只不过山寨模式出现之前，缺乏一个有效的机制将这些资源整合为对市场有更大价值的解决方案。山寨厂商以资源集成者和产业链协调者的身份出现，将这些分散的资源整合为面向 BoP 市场的解决方案。大量技术能力不高的企业可以在没有多少工程和技术支持的情况下进入产业链之中，作为协调和集成产业链各环节的中心结点，同时承担起联结产业链与市场的功能，将产业链内零散的资源整合为市场所需的解决方案。根据 Penrose（1959）的观点，资源本身并不会为企业或者消费者带来价值，其价值取决于相应资源组合所提供的服务能为各利益相关方带来的利益，也就是说，资源的价值是其使用方式的函数，取决于企业从资源的使用中创造和获取价值的能力（Penrose，1959），只有将资源整合并转换为市场所需的产品或服务，其价值才能体现出来。在本案例中，山寨厂商通过有效整合分布在产业系统内的资源，将其转化为服务于 BoP 群体的新产品，这种行为属于资源的创造性利用。联发科公司所推出的颠覆性技术为这种资源的创造性利用提供了可能，产业系统内分布于价值链各环节的企业通过精细合作，一起建立了山寨手机行业的新商业模式，在低端市场颠覆传统的手机产业链结构。

值得指出的是，借助标准化的组件，山寨厂商可以快速推出多样化的产品，并且其产品在价格和使用的便捷性等功能属性上比较强，而在技术性能和品牌溢价等属性上则比不过专精于品牌和技术的厂商，因此，该类产品的功能属性与 BoP 群体寻求低价和便捷解决方案的需求非常匹配，却无法满足高端用户对产品技术性能的需求。所以可以说，山寨手机这种具有颠覆性的商业模式在 BoP 市场发展具有天然的优势。经过品牌厂商多年的市场培育，BoP 群体对手机产品已经有了潜在的需求（可感知性比较高），只不过现有产品的高价格和高技术门槛阻碍了该群体对手机的消费。因此，山寨手机这种低价、多功能和低操作技能的产品的出现，迅速提高了手机在 BoP 市场的可接受性和可负担性；再加上庞大的销售网络和立体化营销体系的支持，山寨手机的销售终端可以渗透到各地的 BoP 社区，大大提高了手机产品的可获得性。在解决了产品的可感知性、可获得性、可负担性和可接受性以后，手机产品迅速在 BoP 市场中扩散开来。

5.2 太阳能热水器企业面向 BoP 市场的创新

5.2.1 扎根理论分析结果

采用同样的方法和研究流程，本研究将太阳能热水器企业调研和二手数据所形成的 20 万字的资料进行了扎根理论分析。通过开放式编码、轴心式编码和选择式编码等步骤后，得到如图 5.4 所示的分析结果。

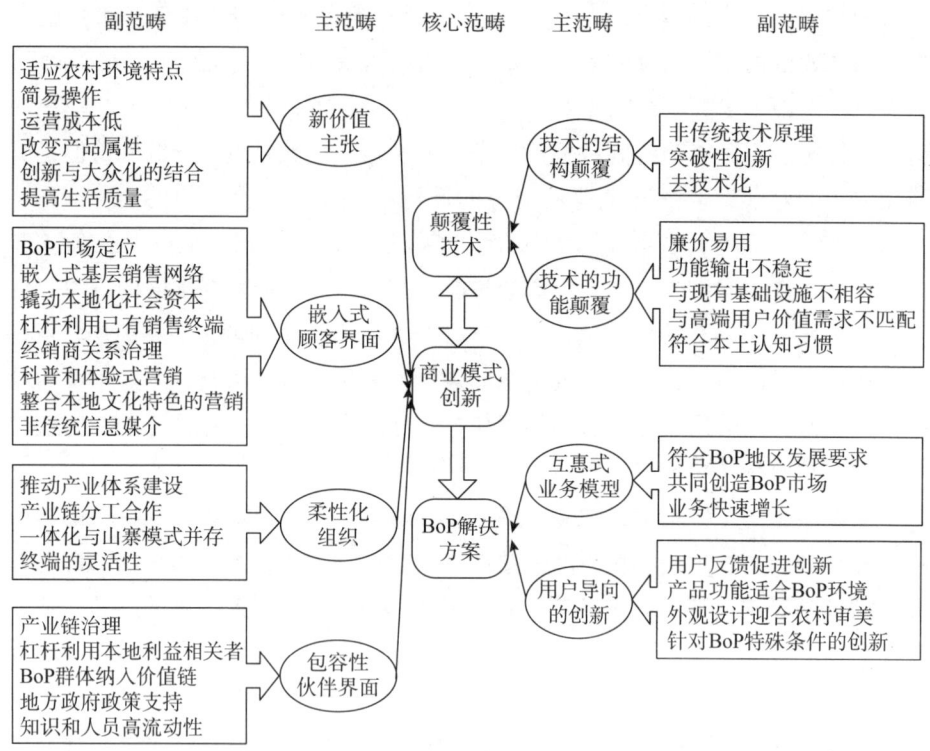

图 5.4　太阳能热水器企业扎根分析过程与结果

以上研究结果涌现自具体的案例资料，且与案例的实际情境密不可分。本节以下部分将结合访谈文本的典型引用和故事线片段对这些构念的主要内容进行阐述和分析。

5.2.2　太阳能热水器的技术特征以及初期的发展困境

与欧美等国家不同的是，在我国应用最广泛的是真空集热管太阳能热水器（为了简便起见，本书后续部分统一用"太阳能热水器"这一简化称谓）❶。该产品的核心技术是清华大学在 1984 年发明的具有自主知识产权的"磁控溅射渐变铝－氮/铝太阳选择性吸收涂层"，该技术为真空集热管太阳能热水器的后续大规模生产和商业化应用奠定了技术基础，并直接催生了我国首批太阳能企业。随后，清华大学的相关技术人员一方面不断提高真空集热管的质量水平，另一方面多次举办技术推广论坛，开始培育中国的太阳能产业。与此同时，清华大学将真空管专利公开化，推动了该行业的迅速发展，加速了技术扩散。1995 年以后，随着以 HM 公司为首的太阳能企业开始大规模市场科普和推广工作，太阳能热水器开始了其大规模商业化的历程。

与现有的电力、燃气和平板太阳能热水器技术相比，真空管太阳能热水器属于一种全新的技术。首先，真空管太阳能热水器颠覆了热水器的传统架构，其核心部件包括全玻璃真空集热管、绝热贮水箱、连接管道和支架，复杂一些的产品还可以加入带常规辅助能源的控制系统。在解决了真空集热管的集热、传热、蓄热和用热问题后，太阳能热水器就可以使用标准化组件，实现模块化生产。这种模块化的架构降低了进入该行业的技术壁垒。同时，真空管太阳能热水器使用成本低，而且对基础设施条件要求低；但在热水供应的稳定性上以

---

❶ 欧美等国家普遍使用的是平板型太阳能热水器，其关键部件是由涂有选择性吸收涂层的吸热板、透光材料盖板、保温层和外壳等四大部分组成的平板集热器。吸热板的材料国外基本上都用铜和不锈钢，国内已经大量采用铜铝、铝合金、钢材、镀锌板，沿海水质较差的地区，则可用塑料或玻璃来替代。因为金属表面的反射率高，吸收率低，为了增强吸收效果，必须在金属表面即吸热板上制备涂层。平板热水器的优点是容易实现建筑一体化，但缺点也很明显：首先，其原材料都是有色金属，成本高，中低收入家庭消费不起；第二，热传导、对流和辐射一个都没解决，因此保温效果较差；第三，要在承压水流系统下运行，不适合中国很多农村地区水压不够的情况。因此，平板太阳能热水器在中国发展得非常慢。相反，基于中国人自主发明的涂层技术的玻璃真空管热水器则有成本低、保温效果好、对基础设施要求低等优点，因此在农村地区得到了广泛应用，真空管热水器也借助农村市场实现了快速发展。

及与现有建筑的无缝对接方面却不如燃气和电热水器。比如，一位被访谈者提到：

> "平板太阳能热水器必须承压运行，在水压不够的农村地区没法用；在农村地区水和燃气很贵，又没有管道热水，传统热水器也没法用……这些产品就像高档轿车，只能在高速上开，上了土路就不行了……我们的真空管太阳能在农村就没问题……普适性很好……接上水就能用。"

因此，真空管太阳能热水器符合前文所述的颠覆性技术的属性，即以新的架构为消费者提供新的功能价值组合。

最初，太阳能企业希望其产品能在中高端的城市市场得到广泛应用，但是，有一些因素影响了太阳能热水器向主流市场的扩散。这些因素有：基础设施不相容、发展动机不对称以及产品主要性能属性与用户价值需求的不匹配。

太阳能热水器需要与用户的建筑、热水管道系统对接才能发挥作用。但是城市的规划和建设之初没有给太阳能热水器留出特定的位置和接水口，为安装该产品带来了困难。已有建筑中，改变现有管道系统会受到不使用太阳能的用户的反对；新建筑规划中，将太阳能系统规划入建筑设计不会给房产商带来任何附加值，反而因当时太阳能热水器产品笨重的外形而影响建筑的美观，这种发展动机的不对称导致了该产品无法得到城市中现有社会体系的支持。比如，一位被采访者提到：

> "住在一楼的用户若想在六楼安一个太阳能，会遇到很大困难……而且很多小区当时也禁止安装太阳能。"

另外，太阳能热水器的功能属性与用户价值需求的不匹配也阻碍了其进一步推广。行业发展初期的太阳能热水器在冬天因冻管等问题而无法使用，因此在热水需求最大的季节反而无法提供价值；在夏天热能严重剩余的情况下，该产品的效能却最大。相比城市中可以方便使用的燃气、电热水器而言，只有半年能发挥效能的太阳能热水器对城市消费者的吸引力大打折扣。在带给消费者的可感知价值小于其他竞争性产品的情况下，该产品无法得到城市中大多数用户的支持（Rogers，1995）。

虽然有上述这些障碍因素，但是太阳能热水器在农村市场却取得了成功，具体原因有以下几点：首先，太阳能热水器所表达的价值主张满足了农村 BoP 群体对于低成本和高质量生活的追求，因此受到了 BoP 群体的欢迎；其次，太阳能热水器企业采取了针对 BoP 市场的发展战略，并采取了很多面向 BoP 群体的商业模式创新，推动了该产品在 BoP 市场中的快速扩散。同时，随着生产技术的扩散和产业体系的完善，在 BoP 市场中也出现了类似山寨手机的发展模式，即众多分布式的中小型生产企业，借助模块化的元器件和资源整合的方式，面对众多异质化的 BoP 市场，以更贴近用户的生产方式、柔性化的运营模式和快速的市场响应能力为 BoP 市场快速推出产品，从而大大加快了太阳能热水器在 BoP 市场的发展速度。

5.2.3　太阳能企业的商业模式创新

5.2.3.1　面向 BoP 群体的新价值主张

从图 5.4 中可以看出，太阳能热水器所传达的迎合 BoP 群体特征的价值主张能够提高其在 BoP 群体中的可接受性。该产品的技术特性很符合 BoP 群体的需求特征和 BoP 市场的基础设施特点。农村的建筑基本都是村民的自有房屋，可以根据自己的需要改、扩建；而且农村用户最关注的是产品所带来的实际效用，对建筑美观等因素不太重视。最重要的是，由于燃气和水电等基础设施在农村地区很匮乏，太阳能热水器要竞争的是非消费者（Christensen & Raynor，2003），相对于无热水可用而言，半午的热水提供已经可以为该用户群体带来很大的可感知价值。因此，从基础设施的相容性和技术本身的竞争性两个角度来看，太阳能热水器在农村市场发展具有很大的优势。同时，太阳能热水器可以低成本提供热水且操作简便，不需要很多技术知识就能使用，因此对于收入有限和文化水平不高的 BoP 群体来说，是一种比较理想的产品。中国城乡差别这一制度因素导致了这种消费选择行为。

然而，太阳能热水器在刚引入农村时属于一个全新事物，因此 BoP 群体对其既没有认知，也没有消费欲望；同时，由于太阳能热水器既不同于普通的家电产品又不同于一般的建材产品，因此传统的家电渠道和建材渠道都不愿接受这种新产品。为了提高产品在 BoP 市场中的可感知性、可获得性和可接受性，太阳能厂商在行业初期不得不采用非传统的营销渠道来进入 BoP 市场；同时，通过市场启蒙、整合当地习俗的宣传活动以及杠杆利用当地利益相关者资源等手段来提高 BoP 对该产品的认知。

5.2.3.2　嵌入式顾客界面

（1）嵌入式基层销售网络。

由于受到传统家电渠道的抵制，因此太阳能企业不得不寻找或构建新的渠道体系。为了获取在 BoP 市场建立业务所需的新资源和能力，太阳能企业采取了整合 BoP 地区已有的经济子系统（如小卖部、路边的建材店等）和自建专卖店两种发展方式。比如 T 公司提到：

"在进入农村市场时，我们会在当地的水暖器材、五金建材和厨卫洁具的店里卖太阳能（热水器），可以节省自建专卖店的成本，当地人也容易接受。"

将已有的经济子系统转化为公司价值链一部分，比自建渠道成本低且效率高，而且可以杠杆利用已有渠道社区中的地位和社会资本，快速在 BoP 市场中建立合法性（Webb，Tihanyi，Ireland & Sirmon，2009）。

当 BoP 市场中已有的渠道无法满足太阳能热水器推广的要求时，太阳能企业主要通过自建专卖店的方式增加其产品在 BoP 市场中的可获得性。值得一提的是，太阳能企业主要吸纳当地有创业精神的人成立专卖店，而企业在此过程中只负责培训、技术支持和一定的资金支持。由于 BoP 群体的经济行为多是基于信任关系发生的，因此吸纳 BoP 群体内部的人成为企业销售终端，能够提高产品在 BoP 地区的可接受性。BoP 社区中的意见领袖等都会成为高质量的经销商。

案例调研中发现，太阳能企业在将其产品传递给 BoP 消费者的过程中，一个关键的因素就是渠道下沉，拉近与 BoP 群体的物理距离。由于农村居民的大部分经济和社会活动都以其所居住的村庄或社区为中心，因此拉近产品与该群体的物理距离能够增加该产品的可观察性（Rogers，1995），有利于以更直接的方式将新产品所蕴含的价值主张传播给潜在用户。比如，T 公司北京地区的负责人指出："我们要保证渠道无限接近顾客，上万家基层销售网络就是我们的核心竞争力之一。"类似地，TH 公司企划经理也指出，"我们进入农村这些低端市场后，发现渠道下沉不够，营销上做得不够。当地用户更喜欢就近买当地的牌子，于是我们的渠道开始下沉，从地级市下沉到县级市，在乡镇一级也投入了精力。"事实上，虽然 TH 公司首先发明了真空集热管中的涂层技术，而且曾通过技术推广论坛等形式培育太阳能产业，但由于该公司不重视渠道下沉和市场启蒙，因此短短几年其影响力和市场份额就被 HM 公司、T 公司等反超。

（2）科普式营销。

由于农村市场对太阳能产品的认知几乎是空白，因此，以农村消费者可感知的方式传达价值主张是太阳能热水器企业首先要解决的问题。行业发展早期，太阳能企业深入各地社区，通过科普和体验式销售使消费者对太阳能有了感性认知和积极态度，激发了市场对太阳能产品的潜在需求。如 HM 公司董事长所说：

"我们会对农村用户说：'不用锅炉、不用电，只要花很少的钱就能像城里人一样过上体面的生活。'……企业依靠科普启蒙市场，而市场的快速发展又反哺企业，二者相互促进。"

（3）超越组织边界，嵌入当地社区。

长期的城乡二元体制导致了农村与城市的市场基础设施之间出现了脱钩，农村中很多经济活动是通过当地自给自足的经济系统实现的。因此，太阳能企业不得不深入当地社区，以增加当地用户购买和售后服务的便利性，这种分散化的渠道体系起到了市场基础设施的作用。正如 TH 公司企划部经理所说：

"农村消费者喜欢从当地经销商那里买东西，如果我们进不了这个体系里边，东西就没人买……在这方面，当地的一些小企业比我们有优势。"

另外，由于农村中的经济行为经常受到来自社会结构的文化、价值观等因素的影响，因此，要求企业融入当地的社会网络、文化和政治背景之中，与本地社区建立紧密联系，在经济活动之外通过建立信任、社会资本等活动来更好地理解本地市场特征和用户需求（London & Hart，2004），并获得"声誉"和"合法性"（Granovetter，1985）。深入到当地社区的渠道就成为企业嵌入当地的触角。

（4）整合农村习俗的营销手段，拉近与 BoP 群体的心理距离（psychic distance）。

BoP 群体更倾向于从日常生活中和各种非正式渠道（如熟人聊天）获得各种信息，这种融入其生活的信息更能获得当地人的信任；而且农村中很多购买习惯是与当地的习俗、当地居民的生活习性紧密联系在一起的。企业以更符合当地习俗和沟通习惯的方式推销产品，可以缩短从认知到认同所需的时间，加快当地用户对太阳能产品的接受速度。如 TH 公司总裁助理指出：

"进入农村市场后，我们的营销方式有了改变，推出适应老百姓的信息接收方式，如彩车进村、太阳能产品赶大集等。有时候，赶上当地的一些节日，我们还会搭台唱戏促销、请乡村主持人、搞小礼品现场派发等，这些活动很符合农村需求特点。"同样，SL公司也指出："刷墙是农村地区最有效的宣传方式，因此我们会组织经销商到村里去做刷墙广告。"

企业与被传统市场排除在外的农村低收入群体之间在相互认知上往往存在差异，将创新扩散活动与当地习俗进行融合是消除心理距离和降低不确定性的重要途径与方式（Mair & Martí，2006）。

（5）基于社会性关系的交易，提高产品的可接受性。

为了提高产品的可接受性，太阳能产品的终端经销商往往先深入社区，成为社区中被信任的实体，然后再通过基于社会性关系的交易将其产品推广入当地社区。以法律和契约为代表的正式制度以及相关支撑性基础设施在BoP市场经常缺失，因此BoP群体在采纳一项创新时需要通过基于相互信任的经济行为以克服由制度空洞带来的风险。所以，在一项创新从被认知到被认可、再到被采纳的复杂过程中，BoP群体最重视熟人推荐等沟通方式。太阳能经销商所采取的基于社会性关系的交易方式更符合当地用户的沟通和行为习惯，更易达到当地用户的接受阈值（Wejnert，2002）。

（6）BoP特色的产品和支付手段创新，提高产品的可负担性。

针对农村用户可支配收入较少这一特点，很多太阳能企业推出针对该群体的产品和支付手段的创新。比如，TH公司企划部经理指出："农村冬天洗澡比较少，有些高端功能没必要加上（如防冻系统和自动控制系统），就可以降低产品价格。现在我们主要是围绕农村消费者需求特点进行创新。"而在支付手段上，农村居民在当地社区的声誉和社会纽带代表着信用，使得赊销等交易方式成为可能。这种支付手段创新和遵循新性价比改进轨迹的产品创新，有效提高了太阳能产品的可负担性。

5.2.3.3 柔性化组织——太阳能热水器中的山寨模式

早期的太阳能企业通过嵌入式开发培育了农村市场，但真正使得太阳能热水器在农村市场扩散加速的动力是产品核心部件的标准化和模块化，以及该技术在大量中小厂商中的扩散。以LN公司为首的太阳能企业聚焦于产业链特定环节，将太阳能热水器的核心组件——真空集热管——做成了模块化的产品，使得真空管太阳能热水器的生产过程变成了标准的组装程序。将生产真空集热管的技术和知识固化入模块化的产品以后，相关的技术就可以通过市场手段快速扩散；由于后续的组装和安装对技术要求很低，具有较少知识和技能的中小厂商只需掌握有关的架构知识和界面规则就可以生产太阳能热水器，由此催生了大量的本地化中小型太阳能厂商，这些厂商的涌现大大加快了太阳能热水器在农村市场的扩散速度。

依赖于标准化组件和成熟的配套市场而成长起来的中小厂商立足于本地的 BoP 市场，为其中的消费者提供只具备基本的热水加热和洗澡功能的简易太阳能热水器，该类产品因其低廉的价格和简易的使用方式而在农村地区大受欢迎。这些没有大生产车间的小厂商大多扎根于本地，更理解本地化需求，能够根据用户需求快速生产出产品，以柔性生产体系和对市场的快速反应能力满足了 BoP 地区对廉价、易用产品的需求。因此几乎每个省市都诞生了很多立足于当地市场的太阳能企业，形成了本地化的经济系统（见图 5.5）。截至 2008年，全国大大小小的太阳能厂商已经不下 5000 个。与 HM 公司和 TH 公司等坚持控制已有产品的任何改进不同，这些小厂商距离终端使用者更近，更能深度嵌入当地社区并对市场做出快速、灵活的反应，因此推动了太阳能热水器在农村市场的爆发式增长。借助这些小厂商，致力于推广核心组件的 LN 公司也快速成为太阳能热水器领域的领先者。有意思的是，在这种分布式经济系统的冲击下，TH 公司也开始通过连锁加盟、合资等方式推行在各地的本地化生产和销售。

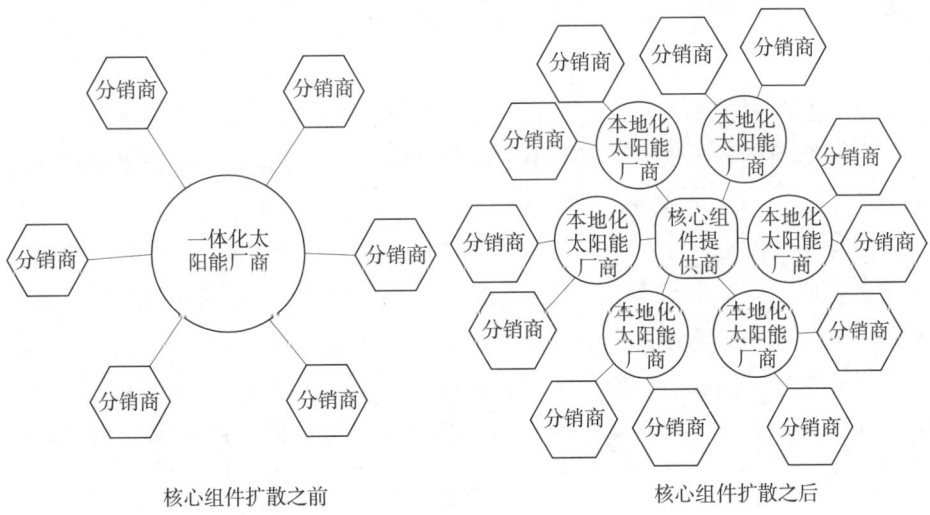

核心组件扩散之前　　　　　　　核心组件扩散之后

图 5.5　核心组件扩散前后的产业体系变化

BoP 市场虽然总量巨大，但各地的 BoP 市场之间却表现出较大的异质性，导致很多大企业无法进入。本地化的中小企业填补了市场的空缺，凭借自己的代工（生产）能力，以及资源整合能力和渠道关系，通过柔性化的方式进入 BoP 市场，满足了当地的需求。值得一提的是，在浙江海宁地区形成了以太阳能热水器为中心的产业制造基地，截至 2008 年行业共有数千家企业，有很多三五个人的手工式作坊，这些小企业满足了各地 BoP 市场的独特需求。

5.2.3.4　包容性伙伴界面

当地政府、社团、意见领袖等在本地社区的影响力是蕴藏在 BoP 社区中的社会资本，撬动这些社会资本可以得到目标顾客和整体商业环境的重要信息并得到企业所需之必要资源的接口。调研中，几家太阳能公司都表示非常重视整合农村意见领袖成为兼职业务员。通过与当地组织建立一种共同参与式的业务模型，可以使当地社区网络中的中心结点成为公司产品扩散的重要途径，从而加快其扩散的速度。同时，太阳能公司还非常重视与当地政府和 NGO 等的合作，以撬动这些组织所拥有的资源。比如，TH 公司市场总监指出："在农村市场，我们经常与农村能源办公室合作进行联合推广。"HM 公司北京地区的负责人也指出："本地政府的支持对于我们进入当地市场发挥着关键作用，比如山东省德州市政府非常支持我们在当地的发展，北京市政府也正在和我们谈合作项目。"与这些在当地具有较大影响力的实体建立合作关系可以帮助企业较快地在当地获得合法性（London & Hart，2004；Zhou & Kostka，2010），其价值主张也容易得到当地用户的认可；同时，与当地利益相关者建立伙伴关系有助于企业获取其业务发展所需的资源和能力。通过整合当地的非正式经济子系统和社会网络子系统，企业不用重新构建整个经济体系，从而快速建立全新的业务模型。

另外，太阳能企业在业务推广过程中吸纳了很多当地有创业精神的人成为其销售代理，而企业在此过程中负责培训、技术支持和一定的资金支持。吸纳 BoP 群体内部的人成为企业销售终端，能够有效利用这些人的社会资本和声望，提高企业的嵌入型形象，从而提高企业产品在 BoP 地区的可接受性。同时，社区中的结点作为企业价值链的下游环节，可以使企业节省终端建设的费用。

5.2.4　颠覆性技术与商业模式的协同创新

真空集热管技术的成熟是推动以上商业模式创新的原动力。从技术的结构属性来看，太阳能热水器采用了与传统热水器完全不同的技术原理和技术架构，因此，受到了传统家电渠道的抵制，这就决定了太阳能企业不能采取与传统家电企业一样的商业模式。从技术的功能属性来看，太阳能热水器运营成本低，操作简便，但无法保证像其他热水器一样四季全天候稳定供应热水；同时，该产品对给排水基础设施要求低，只要有水的地方就能用，但是对建筑基础设施要求比较高，必须要占据建筑的外部空间，必须在建筑中铺设专门的上下水管道。这些属性决定了太阳能热水器在城市中无法与已有建筑规划等基础设施进行对接，因此首先受到房产规划商、物业管理人员等的抵制；另外，由于该产品的功能输出（热水供给）变化与用户需求的变化恰好相反（夏天供应热水最多，冬天反而很少），因此该产品所传达的价值主张在城市这一高端市场中无法与传统热水器竞争，这就逼迫相关企业只能转向农村 BoP 市场来推广其产品。可以说，太阳能热水器的技术特征是推动其后期商业模式形成的重要原因。

随着真空管技术的日益成熟和标准化，太阳能热水器也变为由一系列模块化组件所构成的集合体，这种技术结构属性方面的变化催生了大量中小型太阳能企业，这些企业采取与山寨手机类似的商业模式，推动了太阳能热水器在BoP 市场中的快速扩散。这一现象表明，技术方面的改进，会推动企业商业模式的演进。

同样，太阳能企业商业模式的发展也大大推动了光热利用技术的发展。太阳能热水器在农村市场快速扩散的过程中，太阳能厂商通过推动技术升级和行业标准建设等手段，逐渐推动太阳能产品从 BoP（金字塔底层）向 ToP（金字塔顶层）市场升级。商业模式对技术的推动作用主要体现在以下两方面。

（1）学习型投资（learning investment），提高产品的技术性能。学习型投资是指，对于环境友好型技术来说，技术在市场的早期应用可以刺激进一步的投资和"干中学"的过程，从而不断提高产品性能并（或）降低生产成本（Philibert，2006）。太阳能热水器刚投入市场时技术很不成熟，其在农村地区的扩散对于后期的太阳能技术和农村、城市市场的成熟发挥了重要的作用。以农村市场为基础，太阳能企业在产品的技术性能上进行了一系列升级。一方面，农村地区独特的基础设施条件有时候也会对产品提出特殊要求，拉动企业进行技术创新。比如，皇明太阳能董事长指出："在打井取水的地区，含腐蚀性氟、氯离子较多的水质会对热水器的内胆造成腐蚀。我们针对农村特殊水质地区研发的'水质宝'太阳能内胆解决了传统产品'易腐蚀'的行业技术缺陷。"另一方面，在太阳能热水器行业的多年技术积累也促使太阳能企业反思已有技术，带动了太阳能企业在太阳能空调、太阳能热发电、太阳能与建筑一体化等高端技术领域的发展，为太阳能光热利用技术从低端向高端的扩散奠定了基础。

（2）推动产业体系建设，完善行业标准。在推动太阳能热水器向市场扩散的过程中，以皇明太阳能和清华阳光为首的企业与国家相关部门一起推动行业标准和认证体系建设（比如金太阳认证❶），主要是从技术、服务等方面规范行业发展，以保证高质量的产品并以更显性化的方式将该产品的附加价值表达给市场用户。同时，通过农村市场所产生的示范效应，太阳能光热技术在社会上得到了更广泛的认知，很多地方政府也开始加入太阳能光热利用的价值网络，并开始推动太阳能与建筑一体化在城市中的发展。太阳能的光热利用正走向从农村向城市升级的过程之中。

5.2.5　太阳能热水器企业的 BoP 解决方案

在太阳能热水器出现之前，农村洗澡难一直是一个大问题。农村的 BoP 群体也渴望能像城里人一样洗热水澡，但电压不稳、电价太贵和燃气不通的局面，导致了传统热水器很难在农村地区得到应用。太阳能热水器的出现填补了这一市场空白，"只要有太阳的地方就能有热水"和"操作简便"这些价值主张对 BoP 群体来说，具有很大的吸引力。同时，太阳能热水器相对较低的价格对于一般农村家庭来说能够负担得起，因此在技术的适应性以及产品的可接受性和可负担性方面，太阳能热水器在农村地区发展具有较大的优势。

---

❶ "金太阳认证"是中国太阳能热水器产品最高规格的国家级产品质量认证，目前由北京鉴衡认证中心负责。该中心由中国计量科学研究院组建，经国家认证认可监督管理委员会授权批准，从事风能、太阳能热水器、太阳能光伏电池和燃气具等能源行业的认证和科研工作的认证机构。太阳能热水器生产企业相关产品成功通过认证后，就可以在其获证产品上加贴"CGC‑SOLAR"认证标志，即"金太阳"认证标志。

　　虽然太阳能热水器最初并不是为农村地区量身定做的，但该产品的技术特性却非常适合在农村地区发展。因此太阳能企业转而针对农村地区做了一系列商业模式方面的创新，促进了该产品在农村这一 BoP 市场中的快速发展。嵌入到各地社区的销售终端有效提高了产品的可感知性和可获得性，而且这些嵌入式渠道在与 BoP 群体的互动中会捕捉到大量本地市场信息，并将其反馈给太阳能企业，从而促使太阳能企业做出了很多针对 BoP 特色的外观和产品功能设计。这种用户导向的创新对于推动太阳能热水器在 BoP 地区的发展，起到了重要的作用。可以看出，太阳能热水器本身的技术特性和太阳能企业针对 BoP 市场所做的商业模式创新，有效提高了该产品在 BoP 市场的可感知性、可获得性、可负担性和可接受性，从而在 BoP 市场建立了相应的解决方案（见表 5.2）。

表 5.2　太阳能企业的 BoP 解决方案

技术与商业模式创新	
技术特性	• 产品符合 BoP 消费者的消费特性和 BoP 市场的基础设施特点 • 针对当地特殊环境特点的创新，改变技术组合 • 根据当地文化特点的创新
可感知性	• 深入各地社区，通过科普使消费者对太阳能有了感性认知 • 通过社区的中心网络结点，将新产品信息传播给社区成员 • 嵌入当地社区，让消费者能很容易接触到产品 • 整合本地文化特色的信息传播 • 迎合 BoP 认知习惯的外观设计
可接受性	• 针对不同地区特点，推出定制化产品 • 培养用户的积极态度，激发市场的潜在需求 • 嵌入当地网络、制度之中，建立信任并提高产品采纳率 • 为产品增加新附加价值，并转化为消费者可感知的价值主张
可获得性	• 深入当地社区的渠道，以增加购买和售后服务的便利性 • 本地化经济系统，实现柔性化生产以及对本地需求的快速响应能力
可负担性	• 改变性价比，支付手段创新 • 柔性化组织，低成本生产方式

　　太阳能热水器企业借助技术和商业模式的创新，有效开发了 BoP 市场。太阳能热水器符合 BoP 地区的发展，有效提高了 BoP 群体的生活质量。同时，借助 BoP 市场的开启，太阳能企业也取得了快速发展。太阳能热水器已经与电

热水器和燃气热水器形成了三分天下的局面，甚至市场份额已经超过了另外两种产品。以 HM 公司为例，该公司凭借太阳能热水器在农村地区的发展，成长为热水器行业和太阳能行业的重要企业，该公司年推广太阳能集热器 200 多万平方米，几乎相当于整个欧盟的总和，为经济增长和节能减排做出了巨大贡献。

5.2.6 太阳能企业商业模式的颠覆性效果及原因

如前文所述，太阳能热水器中使用了一种颠覆性技术。由于该技术无法与现有商业生态系统完全相容，因此太阳能企业不得不借助新商业模式来推广其产品（Adner，2006）。在太阳能热水器的发展过程中，共出现了两次颠覆性创新过程：第一次，太阳能热水器在 BoP 市场对传统热水器的颠覆；第二次，在产业链逐渐成熟以后，一些聚焦于产业链核心环节的企业借助类似山寨手机的发展模式颠覆了品牌热水器企业的发展模式。

5.2.6.1 太阳能热水器对传统热水器的颠覆

第一，从价值主张角度来看，虽然太阳能热水器并不是专门为 BoP 市场而设计的产品，但该产品所传达的价值主张却与 BoP 市场非常契合。比如，不用煤气和电就能洗热水澡、运营成本低，这些价值主张对于电压不稳定、没有煤气供应等农村地区的 BoP 群体来说，非常有吸引力；而传统热水器在农村地区则无法应用。因此，农村 BoP 群体属于热水器的非消费群体，为太阳能热水器的进入创造了条件。另外，在城市这一高端市场，在全天候稳定供应热水这一属性方面，太阳能热水器与传统热水器相比差很多，使得"运营成本低"这个价值主张对城市用户的吸引力大打折扣，影响建筑美观以及与基础设施不匹配这些缺点进一步使得太阳能热水器无法得到城市用户的青睐。因此，太阳能热水器在颠覆了传统热水器的价值主张的同时，其发展战略也需要颠覆传统，采取基于 BoP 市场的发展模式。

第二，从顾客界面建设的角度来看，与山寨手机厂商可以借助已有的成熟营销网络不同，在向农村地区推广太阳能热水器的过程中，并不存在已经成形的营销网络。同时，由于先前并不存在市场培育和市场建设工作，太阳能热水器在农村市场认知度很低，这也是太阳能热水器与山寨手机不同的地方。因此，支持新技术发展的顾客界面建设是初期的太阳能企业重点关注的内容。在提高产品的可感知性方面,太阳能企业通过深入基层的科普和宣传活动以及体验式的活动提高了 BoP 群体对其产品的认知;在渠道建设方面,太阳能企业一方面杠杆利用 BoP 社区中已有的销售体系,另一方面吸引当地具有创业精神的群体成立太阳能专卖店,有效实现了企业价值链的延长。广泛分布于全国各 BoP 社区的嵌入型销售终端是太阳能热水器企业较之传统热水器企业的一大优势,而这些销售终端和本地社区之间的嵌入型网络关系使得太阳能热水器不但在经济行为上,而且在文化和价值观层面都嵌入 BoP 群体的生活之中,成为 BoP 群体生活中的一部分。这种嵌入表现在三个方面,一是让本地社区的成员加入到企业价值链之中;二是和本地机构合作,构成新产品的联合推广体系;三是推出符合本地习俗的宣传和信息传播活动。嵌入当地生活之中的太阳能企业将当地各种资源与企业专属模式结合后内化为一种独特的能力,为传统热水器的进入设置了障碍。传统的煤气和电热水器拟进入 BoP 市场时,很难在短时间内深刻认识与融入当地的文化与政治等环境中,这种社会隔离机制为颠覆性商业模式的成长提供了宝贵的时间(王炳成 & 许长宇,2010)。事实上,当 BoP 地区的水电条件得到改善以及 BoP 群体生活水平提高以后,传统热水器已经具备了在 BoP 地区进行推广的条件,但因为太阳能热水器已经嵌入 BoP 群体的生活之中,传统热水器在农村市场始终没有得到快速发展。

通过独特的商业模式,太阳能企业有效提高了太阳能热水器在 BoP 市场中的可感知性、可获得性、可接受性和可负担性。同时,借助太阳能企业在与 BoP 群体的互动过程中对该群体所形成的认知和行为锁定效应以及深度嵌入型顾客界面所产生的社会隔离效应,太阳能企业使得太阳能热水器在 BoP 市场实现了对传统热水器的颠覆。看到太阳能热水器在农村市场的巨大发展潜力后,一些曾经致力于在农村市场推广传统热水器的企业也转而开始生产和推广太阳能热水器。2008 年以后,太阳能热水器在中国三大热水器中的市场份额已经超过了 50%。

5.2.6.2　太阳能热水器的山寨模式对品牌人阳能企业的颠覆

随着太阳能产业链的成熟,太阳能热水器的核心组件——真空集热管——被做成了模块化的产品,最终产品的生产过程也变成了标准的组装程序。与山寨手机的发展类似,当生产核心部件的技术和知识固化入模块化的产品以后,相关的技术就可以通过市场手段获得;由于后续的组装过程对技术要求很低,具有较少知识和技能的中小企业得以进入太阳能热水器产业链，以灵活的方式面向各地的 BoP 市场推出定制化的太阳能产品。这种"核心组件提供商 + 分布式生产系统"的商业模式颠覆了已有的太阳能企业。

第一，从价值主张来看，这些小企业提供的产品大部分只具备基本的热水加热和洗澡功能，而且提供定制化的组装服务，其简便的使用方式和更低廉的价格对品牌诉求较低的 BoP 群体有较大的吸引力。由于各地的 BoP 市场在行为习惯和文化习俗上有较大差异，不存在一个统一意义上的主流市场，因此大企业无法以有限的产品满足各 BoP 市场的异质化需求。这些小企业大多与某一些 BoP 市场之间有着紧密联系，更能理解本地化需求，能够根据用户需求快速生产出定制化的产品，他们所传达的"低价、易用、定制"等价值主张与 BoP 群体的价值需求很匹配，因此在品牌诉求比较低、正在实现热水器"从无到有"发展过程的 BoP 市场中比大企业更有吸引力，满足了不同 BoP 市场的多样化需求，很快颠覆了 BoP 市场中的产品格局。

第二，从这些中小企业的组织模式和伙伴界面来看，很多企业都不建工厂，在成熟的产业配套体系的支持下，可以根据市场需求的变化快速组装出适合当地特色的产品，这种柔性的生活和组织模式能够更好地支持其低价和定制等价值主张，能更好地满足各地的 BoP 市场对低价热水器的需求。几乎每个省市都诞生了很多立足于当地市场的太阳能企业，形成了本地化的经济系统，他们距离终端使用者更近，更能深度嵌入当地社区并对市场做出快速、灵活的反应。而大企业在面对这些小企业的冲击时，无法在灵活性和定制化等方面进行竞争，只能借助于自身更加完善的生产体系，强调产品品质等价值主张，面向 BoP 市场中的高端群体，从而形成了 BoP 市场中多个产品层级共存的局面。借助大量小企业这种分布式经济的支持，致力于推广核心组件的 LN 公司也快速成为太阳能热水器领域的领先者，而在这种分布式经济系统的冲击下，TH 公司在农村市场一直发展缓慢。2008 年以后，TH 公司开始通过连锁加盟、合资、技术许可等方式推行在各地的本地化生产和销售，以加快在农村市场的布局。

第三，从合作伙伴界面来看，成熟的产业系统和完善的太阳能销售网络是太阳能的山寨模式得以形成的外部环境因素。LN 公司等提供模块化的真空集热管等组件的企业带动了相关产业配套市场的成熟，为中小企业进入该行业提供了条件，为各地闲置的生产能力找到了价值创造的新手段。BoP 市场中对太阳能热水器有着巨大需求，而依靠有限的几个大厂商无法快速满足 BoP 市场中的需求缺口，在将该产品的核心组件做成标准化的模块式产品后，大量闲散的劳动力和生产资源被整合入了太阳能产业链，推动了太阳能热水器的快速发展。与山寨手机企业类似，这些中小型太阳能企业主要承担的是资源整合者的角色，将分散的资源整合为面向 BoP 市场的解决方案，成熟的产业配套体系是这种资源整合方式得以存在的重要条件。同时，先期已经逐渐完善的太阳能销售网络为这些中小企业的发展创造了条件，由于太阳能热水器的销售实行代理制，因此中小企业可以通过提供更多的返点进入现有销售渠道。借助产业链各环节的紧密协作，这种分布式的商业模式才能够快速发展起来。

5.3　电动自行车企业面向 BoP 市场的创新

5.3.1　扎根分析结果

采用同样的方法和研究流程，本研究将电动自行车企业的 10 万字资料进行了扎根理论分析。通过开放式编码、轴心式编码和选择式编码等步骤后，得到如图 5.6 所示的分析结果。

以上研究结果涌现自具体的案例资料，且与案例的实际情境密不可分。本节以下部分将结合访谈文本的典型引用和故事线片段对这些构念的主要内容进行阐述和分析。

5.3.2　电动自行车的技术特征——颠覆性技术

从技术的结构属性来看，电动车将控制器和电机技术嫁接到了自行车平台，是一种介于自行车和摩托车之间的产品技术。虽然从基础技术平台上来说，电动车的最主要部件（电池、电机和能量转换控制器）并没有发生突破性创新，但由于将已有技术创造性地应用到了新的领域并颠覆了摩托车的传统架构，因此属于架构创新。比如，XR 公司副总经理提到：

　　"从技术上讲，（电动车）没有特别新的基础技术，都是市场上比较成熟的。我们就是一个运动的洗衣机，是控制器＋电机的组合。"

同时，由于电动车的很多零部件能够与摩托车通用，而且电池、电机和控

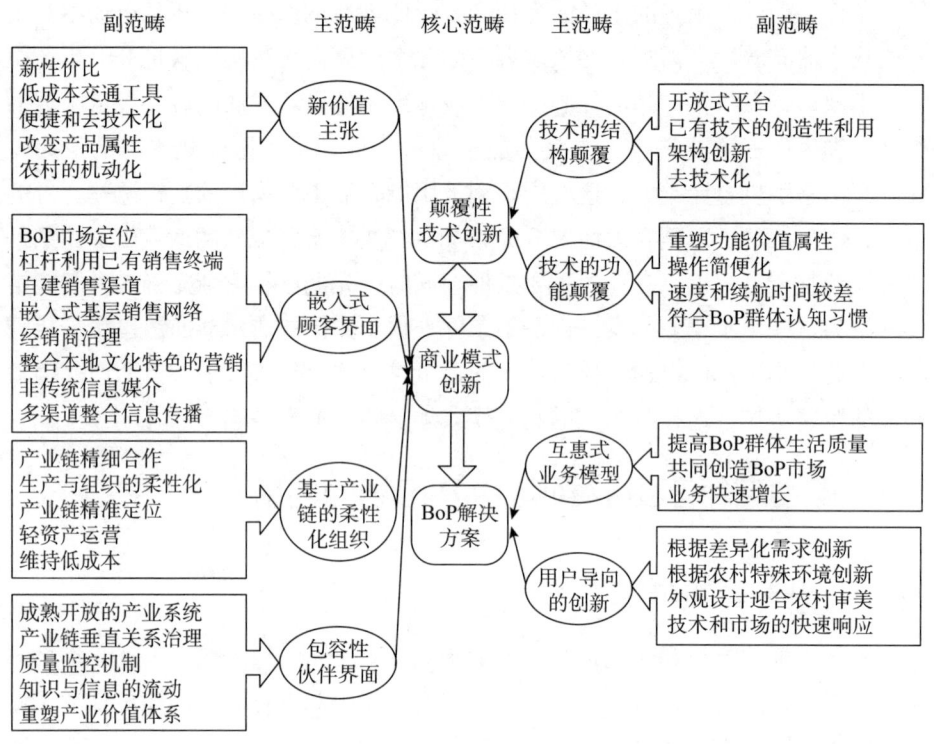

图5.6 电动自行车扎根理论分析过程和结果

制器等核心部件属于成熟技术，可以实现模块化生产，因此，当采用轮毂电机的电动车架构逐渐成为主导设计时，很多中小企业通过从配件市场采购部件，就可以在临时的装配厂组装电动车。电动车这一架构创新大大降低了本行业的技术门槛，开放的技术平台和模块化的部件导致了生产流程的简化，使得很多无法进入摩托车行业的中小企业都可以采用集成的方式生产电动车。

从技术的功能属性上来看，电动车比自行车省力，比摩托车便捷、低噪声、价格便宜、无污染，因此电动车与传统产品相比，加入了新的功能属性；同时，电动车在行驶速度、续航时间方面，却明显弱于摩托车。因此，电动车提高了产品的可负担性与可操作性这两个属性，却弱化了作为机动车的传统属性。从这个意义上说，电动车具备颠覆性技术的属性。与山寨手机和太阳能热水器类似，电动车刚一推出时并不能得到中高端用户的认可，因为在中高端用户所关注的行驶速度和行驶里程等属性方面，电动车与摩托车相比并不具备优势；而电动车所传达的便宜、便捷等价值主张对中高端用户又没有吸引力。再加上各地政府出台的一系列禁止电动车上路的政策，该产品在中高端市场遇到了很大的障碍。不过，电动车企业借助其灵活和低成本的运营模式在 BoP 市场构建了新的价值网络，并且通过商业模式的创新，借助 BoP 市场获得了快速发展。电动车本身适合中国中低收入人群的功能属性以及中低收入群体对廉价和便捷交通工具的强大需求对于电动车在 BoP 市场建立其商业模式，起到了重要的推动作用。

5.3.3　电动车企业的商业模式创新

5.3.3.1　面向 BoP 群体的新价值主张

电动车所传达的新价值主张能够提高其在 BoP 群体中的可接受性。由于公共交通在农村 BoP 地区比较差，因此在电动车出现之前，自行车是农村 BoP 群体的主要代步工具，摩托车的高价格和高运营成本只有少数富裕的人群才能负担得起。电动车这一机动性强于自行车、价格和运营成本低于摩托车的工具的出现，迎合了 BoP 群体对更便捷机动交通工具的需求。电动车所传达的便捷省力、价格便宜等新价值主张，正是 BoP 群体所看重的地方；而且电动车操作简便，不需要很高的工程技巧和驾驶技巧，会骑自行车的人就能很快学会骑电动车，因此，该产品能够与 BoP 群体的技能水平相容。对于农村的 BoP 消费者而言，电动车运营成本远低于摩托车和汽车，而且能够为其进城采购、打工或者销售农产品带来方便，因此，被正式交通体系边缘化的 BoP 群体很愿意将电动车作为其走向机动化的过渡型产品，而该产品初期的速度慢、里程短这些不足并不会影响 BoP 群体对新型交通方式的向往。电动车所传达的价值主张符合了 BoP 群体对新产品性价比的预期，在 BoP 市场表现出较大发展潜力。

另外，电动车消费在 BoP 市场还有一些特殊现象。比如，相对于产品的内部结构而言，BoP 群体更重视产品的外观和视觉冲击带来的感受，因此推向农村市场的产品大多设计得比较绚丽和奔放，以增加产品传达给 BoP 群体的可感知价值。再比如，电动车对于 BoP 群体来说不仅是交通工具，也是生产工具，因此越是偏远的地方，消费者越可能追求大功率的高端车型，这种功能需求与经济发展水平的倒挂现象使得电动车企业可以在 BoP 市场中卖出更多高端车型。比如，XR 公司副总经理指出："一个比较怪异的现象，消费比较成熟的地方，我们只能卖中等动力的产品，大家普遍认为没有消费力的地方，反而追求大功率的车型。"XB 公司市场负责人也指出："不是我们一厢情愿的……我们的产品在越是发达的地方，竞争越激烈，消费越理性，价格越低；越是偏远的地方，越喜欢大型的，如东北、西南。"进一步促进这种倒挂现象的因素是电动车所产生的心理功能。比如，XR 市场负责人提出："电动车在发达的地方就是普通商品；在欠发达地区，还有心理功能，（人们）找不到建立自己价值、形象的手段，因此用更炫的电动车作为区别自己的载体。"以上现象为电动车在 BoP 市场的发展提供了契机，因此 BoP 市场成为电动车技术进步的重要力量之一。为了满足 BoP 群体的这种特殊需求，电动车企业针对农村特色设计出很多更符合当地特色的产品（目前更多是在外观和车型结构上针对不同目标市场的特点进行相应改进），以更符合该群体心理预期的价值主张，并将其吸引入电动车的价值网络之中。例如，XR 公司研制出的车型"载重王"，爬坡能力和续航里程都比普通电动车更强，而且其减震功能得到了加强，轮胎被加宽，两层支架结构也非常便于农村用户载货，因此该车型非常受农村用户的欢迎。为了促进电动车在 BoP 群体中的推广，电动车企业在渠道建设、营销模式和生产方式等方面采取了一系列创新。

5.3.3.2 嵌入式顾客界面

电动车刚开始发展起来时，很多人认为这种产品并不入流：说它是大件，地位比不过彩电、冰箱和洗衣机；说它是小件，却比自行车贵。这种相对尴尬的地位使得它无法进入广泛的公众视线。在构建面对 BoP 群体的销售渠道方面，已有的自行车销售网络为电动车企业推广其产品提供了便利条件。由于在此之前自行车是 BoP 群体出行的主要工具，因此遍布各地 BoP 社区的自行车销售网络是有价值的资源。通过杠杆利用这些已存在的经济系统，电动车企业以低成本的方式快速将电动车推向了各级市场。比如，XB 公司市场总监提到："我们刚开始都是走原来的自行车销售渠道……对方有抵触和疑问，就看你能不能帮他在终端销售出去。我们总经理作导购员，第一批产品，10 辆花了 3 天销售出去，种子种下去了，开花结果……发展壮大后，网络开始扩展。"随着电动车越来越受欢迎，才有更多资源被吸引入电动车价值链之中，专卖店、连锁经营的电动车卖场、超市、百货商店、电器大卖场等也纷纷开始销售电动自行车，电动车呈现出多元化的渠道格局。渠道覆盖的广度和深度是影响电动车在各地发展的重要因素。这些渠道不但深入区县一级市场，而且很多嵌入乡镇一级的销售体系之中。

嵌入各地社区的渠道建设，提高了电动车的可获得性。为了进一步提高该产品的可感知性、可接受性，电动车企业采取了一系列营销活动，包括在农村市场中推出整合本地文化特色的营销方式（如刷墙、小广告、赶大集等），以及在农村和城市采取多渠道整合信息传播等，如 XR 公司市场部门负责人指出："前几年，我们用电视等媒介传播产品信息，让代理商在社区开展活动；现在，网站、网络交易平台等传播方式我们都用。"

顾客界面建设的核心是提供便利，让 BoP 消费者看得见、买得到、买得起并乐于买。在这个过程中，以广告传播为核心的营销模式，并没有让多少企业成功，反而是这种深入互动型的销售方式，推动了电动车的发展。

5.3.3.3　基于产业链的柔性化组织

与山寨手机类似，电动车企业的发展也是采取基于核心技术与成熟产业系统的组织模式。由于电动车可以使用自行车和摩托车的相关零部件，因此先期摩托车和自行车产业比较发达的浙江、江苏、上海和天津自然具备了为电动自行车配套的基础。在电动车的几个核心部件（电机、电池、充电器和控制器）变为标准化生产的模块化产品时，电动车企业就可以在这几个核心部件的基础上，通过采购其他部件，很快组装出最初产品。因此，在浙江、江苏、上海和天津这四个产业配套体系比较健全的地方诞生了一大批电动车企业。比如，我们提到的 XB 公司位于天津，而 XR 公司为了产业配套的方便于 2003 年从北京迁到了江苏。

在电动车市场上，除了 XB 公司和 XR 公司这种规模化的大公司，还有上千家基于普通装配技术的组装厂，他们从配件市场买来各种配件，组装后就可以快速推向市场。因此，电动车行业内出现了与山寨手机类似的现象：即很多企业采取净资产运营的模式，生产和组织实现高度柔性化，能根据市场需求变化快速推出产品。比如，XR 公司副总经理告诉我们："（电动车）对固定资产投资要求不大。如果仅仅是装配的话，生产线成本不是特别高。如果有高要求的话，投资会大很多倍……这个是弹性很大的。"摩托车生产的高门槛阻碍了中小型企业的进入，使现行的电动自行车生产企业难以入门。同时，电动车零部件的高度模块化和基于产业系统的生产方式催生了很多中小型电动车企业。

由于大部分零部件都可以通过市场交易的方式获得，因此很多中小厂商可以不建生产线，从而保持低成本。在浙江和江苏，有很多"螺丝刀"工厂在成熟产业系统的支持下为各地市场生产很便宜的产品，满足了 BoP 市场中对低价交通工具的需求。

与山寨手机类似，电动车的迅速发展激活了产业系统内的沉默资源。比如，在摩托车企业逐渐衰落的情况下，江苏无锡的摩托车产业集群内很多生产能力被闲置，电动车企业的迅猛发展又重新激活了产业集群内的这些生产资源。资源的价值取决于企业从资源的使用中创造和获取价值的能力（Penrose，1959），因此，只有将资源整合并转换为市场所需的产品或服务，其价值才能体现出来。在本案例中，电动车企业通过有效整合分布在产业系统内的资源，将其转化为服务于 BoP 群体的新产品，实现了资源的创造性利用。产业系统内分布于价值链各环节的企业通过产业链合作，一起建立了电动车行业的新商业模式。

5.3.3.4　包容性伙伴界面

从产业链角度来看，电动车企业与相应的产业配套企业将产业链打破成一个个分工精细的价值环节，并且通过全产业链合作与产业链内各经济实体间的深度互动来实现电动车产业的价值创造和价值传递。与山寨手机类似，电动车企业的这种商业模式可以实现配套环节规模经济与终端环节柔性体系的有机结合。XR 公司生产部门负责人提到：

"从（原材料）下订单到一辆电动车出厂，我们顶多只需三天。跟合作伙伴之间的良好关系能保证我们的速度和高效率……另外，我们还和电池企业合作进行动力电池的研发，这种合作非常重要。"

5.3.4　颠覆性技术与商业模式的协同创新

首先，核心技术的开放式架构和去技术化属性是电动车企业现有商业模式得以形成的重要原因。电动车的核心部件（电机、电池、充电器和控制器）以及其他配件都是可以通过市场手段获得的模块化产品，因此对电动车企业的工程知识要求极低，只需要其具备相关的架构知识和界面规则就可以进入电动车产业链，并根据市场需求快速推出产品。中低端市场对廉价和便捷交通工具的巨大需求，是加速这一运作模式发展和成熟的重要拉动力。在原有自行车和摩托车产业配套体系的基础上，大量被摩托车的高门槛排除在外的经济实体得以加入电动车产业的价值创造活动中，他们凭借对中低端市场的深刻理解以及自身的柔性组织架构保持着对市场和技术的快速响应速度，推出了很多符合 BoP 群体特色的产品，为 BoP 市场和现有资源基础之间建立了连接。

其次，核心技术的功能属性决定了电动车适合于采取面对 BoP 市场的发展模式。电动车在行驶速度和续航时间方面无法跟摩托车竞争，电池的充电速度也无法跟摩托车相比；更为重要的是，电动车在户外行驶的过程中缺少类似加油站的充电配套设施，这就决定了电动车只能作为中低端用户的代步工具，即使在大中型城市里，也只能满足近距离出行这些简单功能，无法满足高端用户对速度和运行里程的需求。因此，电动车的功能属性与 BoP 群体对廉价和方便交通工具的需求是匹配的，电动车企业所采取的提高渠道覆盖广度和深度的顾客界面建设方式以及基于产业系统的生产方式，能更好地将电动车所传达的价值主张传递给 BoP 群体，提高该产品在 BoP 市场中的可感知性、可接受性、可获得性和可负担性。电动车的技术特性与电动车企业的商业模式之间的匹配，推动了电动车在 BoP 市场的快速发展。

一个不容忽视的因素是，已有的成熟产业系统是电动车企业现有商业模式的外部支撑条件。这与本研究在山寨手机和太阳能热水器行业中的发现是一致的，即随着产业链内的分工和协作越来越细，产品内部几乎每一个部件都可以实现标准化生产，而且各部件之间的界面规则也越来越标准化，因此，大量技术能力不高的企业可以在没有多少工程和技术支持的情况下进入到产业链之中，作为协调和集成产业链各环节的中心结点，同时承担起联结产业链与市场的功能，将产业链内零散的资源整合为市场所需的解决方案。值得指出的是，采用这种运作模式所生产的产品往往在价格和使用的便捷性等功能属性上比较强，而在技术性能和品牌溢价等属性上相对较弱，因此该模式与 BoP 群体寻求低价和便捷解决方案的需求非常匹配，在 BoP 市场发展具有天然的优势。

另外，电动车企业的商业模式促进了电动车产业链的成熟，并拉动了产业链上下游企业的发展。以电池为例，目前电动自行车电池已占我国铅酸电池产量的 37%，从技术发展趋势和技术成熟角度来看，电动车的发展可以推动电池企业在电池技术方面进行更多探索，为电动汽车的发展积累经验。随着绿色和低碳等理念越来越深入人心，动力电池会有越来越大的发展空间。电动车企业的这种商业模式在推动电动车迅速发展的同时，电动车产业的技术水平和研发水平也得到了提升，浙江、江苏、上海和天津已经成为具有较大影响力的电动车基地，其配套能力和技术水平已经基本可以满足全国中低端用户对电动车的强劲需求，甚至可以支撑一些大中型企业实现产品出口。

5.3.5 电动车企业的 BoP 解决方案

交通方面的基础设施匮乏是 BoP 地区的一个显著特点。由于很多 BoP 地区没有加油站网点，因此摩托车是一个昂贵且不方便的工具。电动自行车的出现有效满足了 BoP 群体对简易、低价机动交通工具的需求。电动自行车操作简便，会骑自行车的人基本就可以驾驶电动自行车；而且电动自行车充放电很方便，在自己家里就可以完成，隔夜充完电第二天就可以使用，大大方便了 BoP 群体从事进城打工、采购、农产品买卖等活动。对于一个普通农村家庭来说，电动自行车千余元的价格是可以接受的。因此从技术的适应性以及产品的可接受性和可负担性方面考虑，电动自行车在农村 BoP 地区发展具有较大的优势。

电动车企业基于产业系统的生产组织方式保证了其可以保持较低的成本和较高的灵活性。江苏、浙江和天津等地已经形成分工十分细化的摩托车或自行车配套产业集群，允许电动车企业快速整合产业系统内的资源，迅速推出新产品。这样的灵活方式，可以发挥产业链各环节的特长和效率优势，并且具有对市场和技术的快速响应能力。在这种开放式的架构下，电动车的产业链发展成以市场为核心的扁平化的松散型网状结构，并且根据市场需求的变化来进行创新。这种产业链定位和运营模式适应了相应产业环境以及所面对的目标市场的要求。轻资产运营模式能支持电动自行车的小批量和多样化的产品生产方式，从而快速满足异质性 BoP 市场的多样化需求。

与太阳能热水器类似，虽然电动自行车最初并不是为 BoP 群体量身定做的，但该产品的技术特性和低价的特点却很适合在 BoP 地区发展。尤其是当各大城市对电动自行车做出限行规定时，电动车企业凭借三四线城市和农村地区的强劲需求，仍然取得了快速发展。电动车企业针对农村地区做了一系列商业模式方面的创新，促进了该产品在农村这一 BoP 市场中的快速发展。嵌入式销售终端有效提高了产品的可感知性和可获得性，而且这些嵌入式渠道在与 BoP 群体的互动中会捕捉到大量的本地市场信息，并将其反馈给电动车企业，从而促使其做出了很多针对 BoP 群体特色的外观和产品功能设计。比如，根据农村地区的特殊需求，设计出马力大、结构结实的产品，方便农民进城卖菜。这种用户导向的创新对于推动电动车在 BoP 地区的发展起到了重要的作用。可以看出，电动自行车本身的技术特性和电动自行车企业针对 BoP 市场所做的商业模式创新，有效提高了该产品在 BoP 市场的可感知性、可获得性、可负担性和可接受性，从而在 BoP 市场建立了相应解决方案（见表 5.3）。

表 5.3　电动自行车手机企业的 BoP 解决方案

技术与商业模式创新	
技术特性	• 开放的平台，能方便地整合进 BoP 群体看重的功能 • 操作简便，符合 BoP 群体的文化特点 • 定制化，根据 BoP 群体特殊需求的创新
可感知性	• 外观创新，迎合 BoP 群体的认知习惯 • 嵌入式销售终端和多样化销售方式，增加接触 BoP 群体的机会 • 融合本地文化特色的信息传播 • 迎合 BoP 认知习惯的外观设计
可接受性	• 高性价比，符合 BoP 群体的心理预期 • 增加 BoP 群体需要的新特性，提高可感知价值 • 针对不同地区特点，推出定制化产品 • 助力农村的机动化，提高 BoP 群体参与价值创造的能力
可获得性	• 分布式经济系统，对市场需求快速响应 • 利用当地已有的销售网络，产品容易获得 • 嵌入式销售终端和立体式销售方式
可负担性	• 基于产业系统的新产品生产和开发，降低成本 • 减少 BoP 群体不看重的功能属性

　　BoP 市场存在很多没有表达出来的隐性需求，很难通过现有商业模式来捕捉，所以传统的逻辑分析在面对 BoP 市场时会失效。电动车企业可以利用自身对当地 BoP 市场的理解及自身独特的生产流程，在市场快速反馈的基础上快速捕捉到顾客偏好信息，并快速推出产品。

　　凭借其价格优势、功能优势和渠道优势，电动自行车在 BoP 市场得到了快速推广，释放了 BoP 群体的购买力。该产品的普及为 BoP 群体外出打工、销售产品等都带来了方便，使 BoP 群体也分享到了现代技术的收益。可以说，电动自行车的发展给企业和 BoP 双方都带来了收益。

本案例中发现的一个现象是：新技术最好的商业化道路也许并不是在高端市场实现的，也就是说，在把新技术商业化时，满足 BoP 消费者有可能成为公司磨炼关键技术的有效途径。电动车中就出现了这个现象：虽然现在电动车在城市和农村都有销售，但大功率、技术先进的电动车往往在农村的 BoP 地区销售得更好。通过新技术为那些通常被领先公司所忽略的 BoP 群体提供高附加值的服务，企业往往能够获得重大的利益。实际上，在山寨手机的发展中，也出现了类似现象：在显示效果上有较大创新的 OLED 显示以及 MOTO 的电泳显示技术被直接应用到投放入 BoP 市场的超低价手机上；而且在 MTK 的低端产品 MT6225 中，也率先采用了联发科技公司最新的能耗降低技术。

5.3.6　电动车企业商业模式的颠覆性效果与原因

与前两个案例类似，电动车的快速发展主要依赖的是电动车企业基于颠覆性技术的商业模式创新。自从 1995 年的轮毂电机技术问世以后，电动车的几个关键部件（电机、电池、充电器和控制器）逐渐变为了可以标准化生产的模块化技术，在这种技术的支持下，众多电动车企业通过商业模式创新逐渐颠覆了摩托车市场。

第一，从价值主张角度看，低价位、低运营成本、便捷、机动性等价值主张与 BoP 群体的需求特点相匹配，因此可以为 BoP 群体带来较大的可感知价值；而且电动车操作简便，不需要很高的驾驶技巧，改变了只有有钱人才能驾驶机动车的传统观念，在为 BoP 群体带来生活便利的同时，还带来一定心理方面的满足感；再加上一辆电动车的价格在一个普通农民家庭的承受范围之内，因此，电动车在农村市场很受欢迎。正如 XR 公司市场部负责人所说："现在，任何一个消费者都可以购买（电动车），所以人均收入的因素，不再多考虑了。"电动车企业所传达的"低成本的农村机动化"这一价值主张对 BoP 群体有较大吸引力，因此，被正式交通体系边缘化的 BoP 群体很愿意将电动车作为其走向机动化的过渡型产品，而电动车在速度和行驶里程这些属性上的一些不足并不会影响 BoP 群体对低价、新型交通方式的喜爱。相反，摩托车则并没有针对 BoP 市场做出适合 BoP 群体收入和行为特征的产品，因此在 BoP 市场中其地位迅速被电动车所取代。而在中高端市场，电动车既无法为这些消费者提供比摩托车更好的机动性，又不能提升这些群体的社会形象，因此其价值主张无法对中高端消费者产生足够的吸引力。电动车这种颠覆了传统机动车功能特征的价值主张在 BoP 市场具有更大的发展潜力，而在高端市场则无法与现有的交通工具进行竞争，因此，电动车企业所采取的面向 BoP 市场的商业模式在中低端市场上颠覆了摩托车等传统机动车的发展。

第二，从支撑价值主张的组织体系来看，电动车企业采取的是基于产业链分工合作的产品开发和生产方式，以保持低成本和高效率，从而支持低价位这一价值主张。这种组织模式可以支持小批量多品种的生产方式，能够适应市场对多样化产品的需求。正如前文所论述，中国各地区经济发展的不平衡导致了多个市场分层的存在，并进而产生异质化的需求。而在不同的 BoP 市场，由于 BoP 群体在挑选物品时经常以外观的冲击感作为挑选商品的重要依据之一，导致行为习惯不同的各 BoP 群体对产品外观有不同需求。正如 XB 公司市场部负责人所说的："消费者并不能完全知道内部的技术细节，很容易看外观……外观和价格就能决定买还是不买。"XR 公司也指出："北方农村市场比较喜欢外观像自行车的车型，而南方则喜欢外观像摩托车的……有没有小孩的女人在买车子时选的车型也不一样……我们必须根据不同地区的特点设计不同的车型。"电动车企业这种灵活的组织模式能够应对这种差异化的市场需求。由于专注于产业链集成，因此电动车企业可以集中于在车型结构、外形等方面做出很多创新，以吸引不同地区的 BoP 消费者。电动车的生产和组织模式与山寨手机非常类似，即打破传统产业链并采取产业链环节的精细合作，通过整合产业链内零散的资源为市场提供灵活的解决方案。借助标准化的组件和产业链合作，电动车企业可以快速推出多样化的产品，并且其产品在价格以及定制化等功能属性上比较强，而在技术性能等属性上则比不过传统技术，因此，这类商业模式与 BoP 群体寻求低价和便捷解决方案的需求非常匹配。所以可以说，电动车这种具有颠覆性的商业模式在 BoP 市场发展具有很大的优势。

第三，从合作伙伴界面来看，成熟的产业系统和立体化的渠道体系是电动车这种商业模式得以形成的外部环境因素。浙江、上海、江苏和天津这些地区所形成的成熟的产业配套体系，是大量电动车企业能快速切入该行业的重要资源基础。大量技术能力不高的电动车企业以资源集成者和产业链协调者的身份，将这些分散的资源整合为面向 BoP 市场的解决方案，使产业链资源得以为企业和 BoP 群体创造更大价值。与山寨手机企业一样，电动车企业的商业模式找到了一种创造性利用现有资源的新方式。

第四，从顾客界面来看，渠道在各地区的覆盖广度和深度是影响电动车商业模式发展的重要因素。电动车发展初期并不存在像山寨手机一样的分销网络，因此需要电动车企业介入顾客界面的建设之中。另外，由于自行车的长期发展，各地已经形成一套较为成熟的自行车销售网络，由于电动车对自行车并没有多少颠覆作用，因此这些自行车销售网络被电动车企业杠杆利用来推销电动车，网络中的社会关系、销售经验等有效弥补了电动车产业链的下游环节。从这个角度来说，电动车企业的顾客界面建设又有着不同于太阳能热水器企业的特点。如果说太阳能企业的顾客界面建设是一个强嵌入过程的话，电动车企业的顾客界面建设则有效利用现有网络体系，嵌入性相对要弱一些。随着电动车越来越受到社会的认可，多样化的渠道体系都开始接受电动车，支持着电动车这一商业模式的发展。

电动车作为一种相对简单的机动交通工具，其特性能够很快被 BoP 群体所认识（可感知性比较高）。在现有机动车辆的高价格和高技术门槛将该群体排除在外的情况下，电动车这种低价、易操作的替代产品的出现，迅速提高了机动车辆在 BoP 市场的可负担性和可接受性，再加上嵌入各地 BoP 社区的销售终端的支持，电动车在可获得性方面也具有较大优势。在解决了产品的可感知性、可获得性、可负担性和可接受性以后，电动车迅速在 BoP 市场中扩散开来，颠覆了摩托车在 BoP 群体中的形象和地位。同时，随着电动车各项性能的不断提高，在中端市场也开始颠覆摩托车的发展。

5.4　小结

在对案例中的质性数据进行编码与分析过程中，本研究以循序渐进的方式捕捉到企业面向 BoP 市场进行技术和商业模式创新的特征和关键因素（见表5.4）。

表 5.4 跨案例比较：三种产品类别中的技术和商业模式特征

	山寨手机	太阳能热水器	电动自行车
技术结构颠覆	·架构创新，软硬件集成 ·去技术化，降低参与产业链的门槛 ·开放的平台，可以集成很多其他功能	·全新的技术原理 ·突破性创新，改变了热水器的工作方式 ·真空集热管的标准化，去技术化，降低产业链的门槛	·架构创新，新的动力结构 ·去技术化，降低参与产业链的门槛 ·开放的平台，任何企业都可以参与 ·成熟技术的嫁接，技术的创造性利用
技术功能颠覆	·重塑功能价值组合 ·技术性能较差 ·符合本土认知习惯 ·高度定制化	·方便、廉价 ·功能输出不稳定 ·与现有城市建筑不相容 ·与高端用户价值需求不匹配	·重塑功能价值属性 ·操作简便化，成本低廉化 ·速度和续航时间较差 ·符合 BoP 群体认知习惯
价值主张	·新性价比 ·简易操作 ·提高生活质量 ·改变产品属性 ·创新与大众化的结合	·适应农村基础设施特点 ·简易操作 ·提高生活质量 ·运营成本低，新性价比 ·创新与大众化的结合	·新性价比 ·低成本交通工具 ·便捷和去技术化 ·改变产品属性 ·农村的机动化
顾客界面	·快速招商 ·嵌入式销售终端 ·立体式销售体系 ·覆盖广泛的基层网络	·嵌入式销售终端 ·深度互动式营销 ·整合本地文化特色的信息传播 ·覆盖广泛的基层网络	·嵌入式销售终端 ·深度互动式营销 ·整合本地文化特色的信息传播 ·覆盖广泛的基层网络
组织体系	·基于产业链的生产 ·用户导向的创新 ·轻资产运营 ·集成商定位	·一体化与山寨模式并存 ·用户导向的创新 ·产业体系建设 ·终端的柔性化	·基于产业链的生产 ·用户导向的创新 ·轻资产运营 ·集成商定位
伙伴界面	·产业链精细合作 ·知识与人员的流动 ·重塑产业价值体系	·产业链合作 ·撬动本地利益相关者 ·BoP 群体纳入价值链	·产业链精细合作 ·知识与信息的流动 ·重塑产业价值体系

　　本章是全书研究的第一步，在探索过程中发现企业在颠覆性技术基础上的商业模式创新是在 BoP 市场开展颠覆性创新的重要原因。在下一章，我们会接着讨论企业面向 BoP 市场的颠覆性技术创新和商业模式创新的特点，这种讨论不再只局限于对现象的归纳和提炼，还要跟已有研究对接，讨论 BoP 导向的颠覆性技术和商业模式的具体内涵，所以是一种连续的依赖关系。在下一章对技术和商业模式内涵的探讨中，还会进一步讨论企业如何通过技术和商业模式的协同，实现对 BoP 市场的颠覆。

第6章 跨案例分析：企业面向 BoP 市场的颠覆性技术与商业模式创新

本书第5章通过扎根理论提炼出企业面向 BoP 市场进行技术和商业模式创新的特征和关键因素。通过对几个案例进行跨案例比较分析，并且将案例数据、研究发现与已有文献研究进行反复对比，可以分别提炼出企业面向 BoP 市场进行技术创新和商业模式创新的几个维度。具体而言，从技术创新的角度来审视，本研究发现技术结构属性和功能属性的变化界定了其颠覆性程度，并决定了该技术是否适合在 BoP 市场发展，而且这两个属性会直接影响到采取该技术的企业在 BoP 市场所需要采取的商业模式；从商业模式创新的角度来看，新价值主张、嵌入式顾客界面、柔性化组织和包容性伙伴界面是企业建立成功的 BoP 业务所必须重点考虑的内容，这几个要素之间的互动支撑着企业 BoP 业务的发展。本章以下部分将结合已有研究和本研究的发现，对以上内容进行更深入的分析。

6.1 BoP 导向的颠覆性技术创新

在对技术本身的性质进行分析的过程中，本书将技术看作由结构属性和功能属性组成的二元结合体。我们发现，技术结构属性的变化常常会引发产业链组织方式的变革，这种影响表现在两个方面：第一，构成最终产品的系统元件之间的联结界面可能发生变化。当系统之间的规则逐渐形成时，产业新进入者有机会在新背景下提供产品或者组织一种新商业模式，以新的方式为市场提供足够好的新产品，从而使得新市场或者低端颠覆性创新成为可能（Christensen, Anthony & Roth, 2004）。第二，产业链的整个环节有可能因为技术结构属性的变化而被打破并重组，允许更靠近终端消费者的生产者出现，使用较少的技能生产足够好的产品。同时随着产业中解决特定问题的技巧、程序和惯例逐渐成熟，规则会逐渐变为标准并被广泛接受，使得具有较少专业技能的经济实体可以通过遵循标准而进入某一产业，颠覆过去那种需要专业技能很强的商业模式。本研究的案例分析发现，当存在一个成熟的产业系统时，能够垂直分解产业链的技术结构属性的改变，有利于促进本地化 BoP 解决方案的产生。比如，山寨手机案例中，联发科的芯片将软硬件解决方案集成起来，有效缩短了产业链环节，并使得手机产业链成为标准化的接口界面，使得技术能力较低的山寨厂商可以通过集成产业链不同环节的资源来颠覆传统手机厂商的专业化商业模式。电动车案例和太阳能热水器案例中，也出现了类似的产业链分解与重组现象。

技术的功能属性，是指一项技术能够实现的目的或者帮技术使用者所完成的工作。一般情况下，技术的设计都伴随着确定目的，而且要被限定于一定的应用情境之中。在现实生活中，一种技术是多种功能属性的组合，除了一个主要功能以外，还有多个辅助的功能属性特征。比如，手机除了基本的通话功能以外，还有收发短信、造型美观、音乐以及拍照等辅助功能。从功能创新的角度看，企业可以改变产品的功能属性体系，以完善其能给用户带来的可感知价值。如果功能属性的改进轨迹服从主流市场已有的认知，则这种改进是属于维持性的；如果其改变可以形成与主流市场不同的价值网络，则不仅可以避开主流市场上的激烈竞争，而且可以为消费者创造新的价值。从技术的功能属性来看，维持性的技术创新关注的是技术的性能指标和可靠性；而颠覆性的技术创新则是增加技术的新属性，比如使用的容易度、便利性（是否能让使用者灵活和简单地使用该产品）、定制化（该产品如何直接与使用者的特殊工作和环境联系起来）以及性价比（使用一件产品花费多少钱）等。颠覆性的技术创新常常缺乏传统产品的功能性，却可以带来诸如便利化、定制或者低价格等新优势。这些属性意味着产品只有在新使用背景中使人们更方便地完成过去无法完成的事情时，才会取得成功。为了技术的新功能属性，新消费者通常能容忍性能的不完善，而要求苛刻的高端用户则往往因为其性能局限而拒绝接受该技术。在山寨手机案例中，联发科的芯片实现了手机生产的去技术化，使得山寨厂商可以用很低的成本（低价）很容易地生产手机（便利性），而且可以根据实际需求增加功能模块（定制化），因此在山寨厂商中首先得到了广泛应用。在此基础上，山寨厂商生产的手机虽然在通话质量、使用寿命等传统性能指标上比不过传统手机，但在性价比、定制化和便利性等方面也得到了提高，能够让 BoP 群体更方便、更廉价地完成过去无法完成的事情（比如，与外界的及时信息互动），因此迅速在 BoP 群体中扩散开来。同样地，太阳能热水器在供应热水的稳定性上比不过传统热水器，但在使用的方便性和运营成本方面具有优势，因此对那些无法使用传统热水器的 BoP 群体有很大吸引力；电动自行车虽然在速度和运营里程上无法跟传统机动工具竞争，但其增加的便利、低价等属性，正是 BoP 群体所看重的要素。因此，生产这三类产品的企业才可以在 BoP 市场中迅速开展颠覆性创新。可以说，技术的功能属性决定了该技术的具体扩散路径。

值得指出的是，尽管本书将技术的特性分为了功能属性与结构属性两个方面，但这并不意味着二者是截然分开的。事实上，技术的这两个特性是相互依存的。第一，技术结构属性的设计过程始于功能需求以及对功能的定义，因此结构要依附于此功能，以功能为出发点，并根据指定的规则和一系列步骤确定技术的结构属性。在这一过程中，由于功能属性初期的不确定性，功能需求时常会被重新考虑和重新调整，这样功能与结构就相互黏合在一起。第二，技术的结构特征决定了其可以实现哪些功能，因此结构属性决定了功能属性的选择区间。以山寨手机为例，联发科芯片的结构属性决定了其可以提供便利和低价等功能属性，同时，联发科在设计这种芯片时的出发点就是降低产业链的成本，因此其结构属性的设计有着强烈的功能导向性。

如果将技术视为帮助消费者解决相应问题的手段，那么，不同市场层级的消费者要解决的不同问题就决定了其对技术不同功能属性的不同重视程度。因此，本研究认为，技术的功能属性决定了其具体的市场扩散路径。同时，技术的结构属性定义了其与上下游产业链不同环节之间的联结与互动关系，因此结构属性的变化往往引起产业链结构的重组，并诱发产业体系的变革。技术这两个属性的变化以及二者之间的交互作用，就会引发颠覆性创新的发生（见图 6.1）。

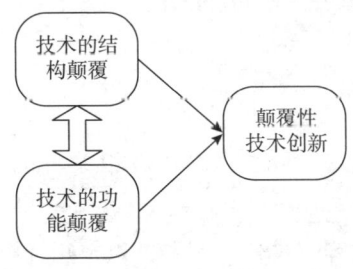

图 6.1　技术属性的变化与颠覆性技术创新

从前文的分析中可以看出，联发科这种以降低成本为导向的技术创新非常适合在 BoP 市场发展。另外，太阳能热水器和电动车的核心技术当初虽然并不是为了降低成本（太阳能热水器中，真空集热管技术是为了寻找一种为水加热的替代方案；而在电动自行车中，轮毂电机技术是为了寻找替代性的交通助力方案，电池、充电器和控制器等部件则是借用其他行业的成熟技术），但是，这两种技术仍然是通过 BoP 市场才实现了快速发展，这是因为这两项技术新增的功能属性（使用的便利性和低价性）对 BoP 群体有更大的吸引力，而且技术的结构属性支持相应企业通过新的商业模式将新技术在 BoP 市场中扩散。更为重要的是，在太阳能热水器案例中，除了在功能属性上比传统技术（电热水器）有缺陷之外，太阳能热水器还要面临已有基础设施体系不兼容的问题。通过以上分析可以发现，具有某些功能属性的技术非常适合在 BoP 市场中发展，本书将这种现象定义为"技术发展的指向性"。

前文所述的几种技术创新之所以在 BoP 市场能得到更快的扩散，就是因为其特性迎合了 BoP 市场的特征，可以为 BoP 群体带来明显的可感知价值的提高，而主流市场的用户却不太看重这些价值，因此，对于这些颠覆性技术来说，首先在 BoP 市场进行发展是最优的选择。

应该看到的是，颠覆性技术为企业进入 BoP 市场提供了一个技术平台，但不能保证企业在该市场取得成功。正如本书第 5 章所论述，为了在 BoP 市场中建立成功的 BoP 业务，企业还需要在相应技术上构建全新的商业模式，推动技术与商业模式的协同创新。本章以下部分将结合第 5 章中的案例分析，重点探讨企业如何在颠覆性技术的基础上构建新商业模式，从而实现在 BoP 市场的颠覆性创新过程。

6.2 BoP 导向的商业模式创新

6.2.1 新价值主张

价值主张是以显性方式传达给各利益相关者的价值诉求（Chesbrough，2010；Chesbrough & Rosenbloom，2002），反映了企业对市场的价值承诺。价值主张表达了企业要为顾客解决什么问题，以及想为顾客提供什么价值，是企业提供给顾客的特定利益组合（Hamel，2000）。具体来说，企业商业模式要回答提供什么产品给市场的问题，因此需要企业定义提供何种商品以及顾客如何使用产品。价值主张一方面定义了能够发掘或创造价值的部位，另一方面明确了发掘或创造价值所采取的方式。因此，从企业角度出发，价值主张就是企业在价值对象、价值内容、价值提交和价值回收等活动中获得价值的方向和方式（翁君奕，2004）。通过商业模式其他维度的支持，企业可以将其价值主张传递给顾客，并为双方都创造价值。在进入 BoP 市场时，一个清晰的价值主张可以告诉企业在技术方面哪些努力是必需的，哪些是可以省略的，使得企业的研发活动和研发人员能更加聚焦于 BoP 市场所关注的内容；同时，清晰的价值主张还可以界定企业内部资源整合方式以及价值活动的组织方式，使得企业内外部的价值创造活动也聚焦于 BoP 市场的独特需求。也就是说，企业必须满足对 BoP 市场所做出的价值承诺，当决定了要提供什么来满足 BoP 群体的同时，也决定了什么是企业不应该做的。这种专注对于企业在 BoP 市场上保持有竞争力的成本结构以及即时、快速地提供 BoP 群体所需要的产品或服务，具有重要的意义。因此，价值主张直接决定了其他几个要素的形态，会影响到企业的价值创造形式，是商业模式的重要维度之一。

结合本书的研究问题，这里将价值主张界定为企业提出的为 BoP 群体带来价值提升的方案。已有研究中指出，企业可以为 BoP 群体提供的价值有三种：经济价值（以更低价格获得更多产品或服务）、能力价值（提升 BoP 群体的个体性禀赋，如参与价值链活动的能力、信息获取能力等）和关系价值（提升 BoP 群体的社会性禀赋，如加强 BoP 群体与外界的联系、提高其社会地位等）（Klein，2008；陈晓鹏，2010）。本书案例中，手机是一种既能为 BoP 群体带来经济价值，又能带来能力和关系价值的产品，因为手机的使用可以消除 BoP 群体与外部市场之间的信息鸿沟，减轻由信息不对称所带来的"贫困惩罚"问题（Hammond et al.，2007）；电动自行车也可以为 BoP 群体带来这三种价值的提升，该产品不仅为 BoP 群体带来生活便利方面的价值，还可以使得该群体可以在更大的地理范围内从事商业活动，并且增强了 BoP 群体与外界的联系；太阳能热水器则主要为 BoP 群体带来了经济价值和社会价值，因为安装太阳能热水器对于 BoP 群体来说，除了生活方便以外，还可以在本地社区中获得认同，得到一种身份上的满足感。

商业模式创新作为以市场为导向的创新活动，要求企业了解消费者，并对消费者的需求变化给予迅速回应。在 BoP 市场中，要求企业以定制化产品和解决方案来满足 BoP 群体的特殊需求。构思面向 BoP 群体的价值主张需要缜密思维和精巧设计，只有让价值主张被 BoP 群体所认可，企业的业务才能开展。为此，企业需要对 BoP 群体的价值需求有深入理解。根据前文分析，企业可以为 BoP 群体传递的价值主张可以分为三类：经济型价值主张、能力型价值主张和关系型价值主张（见表 6.1）。

表 6.1　面向 BoP 市场的价值主张

属性	具体内容
经济价值	新性价比 便利的商品
能力价值	参与价值链的能力 信息获取能力
关系价值	同外界的联系 社会地位

以颠覆性技术为依托的低成本解决方案是为 BoP 群体提供低价、便利等价值主张的基础，可以有效提高该群体可感知的经济价值，提高相应产品和服务在 BoP 市场中的可接受性和可负担性。在此基础上，企业应该根据 BoP 群体在提升本地化能力、加强与外部联系等方面的需求，将相应产品功能整合入已有的低成本解决方案，为 BoP 群体提供定制化服务，以向该群体传递更多的能力型和关系型价值主张。比如，本课题组在调研中发现，BoP 群体有一定的炫耀性消费心理（以此来显示自己在该地区的地位），因此在做购买决策时，除了考虑价格等经济因素外，还非常关注产品外观、外形的冲击感等外围因素，有时对外观的重视程度甚至会超过对产品内部质量的关注。因此，企业在设计面向 BoP 市场的产品时，都非常重视外观创新，以多样化的外围创新来为 BoP 群体传递这种关系型价值主张，山寨手机、太阳能热水器和电动自行车中，都存在这种现象。另外，BoP 群体购买一件产品时，常常有多种用途的考虑。比如，电动自行车对于 BoP 群体来说，可能不仅仅是提高生活便利性的工具，而且还是一种能提供其参与更多经济活动机会的生产工具（如运货去城里、外出打工等），因此针对 BoP 地区的产品就要考虑大功率、结实耐用和外形较大等设计，为 BoP 群体有效传递能力型价值主张。再比如，很多 BoP 群体购买

手机并不是为了娱乐，而是将其视为与外界联系的重要手段以及辅助自己完成很多工作的综合性工具，因此，山寨手机的设计中就加入了手电筒、计算器和紫外线验钞等功能，为 BoP 群体有效传递了能力型价值主张。

由于不同地区 BoP 群体之间存在较大的异质性，因此企业对 BoP 市场也需要进一步研究和细分，分别对不同的目标市场提供不同的价值内容，包括不同的产品组合和定价方式等。对于特定的消费者群体，企业可以将价值内容再细分为消费体验、消费中的社会满足感等方面的内容。在深入理解 BoP 群体对经济价值、能力价值和关系价值的需求之后，企业就可以为 BoP 市场设计出符合其特点的价值主张。

6.2.2　嵌入式顾客界面

如果说面向 BoP 群体的价值主张主要解决的是新产品或服务的可接受性问题，那么，顾客界面建设主要关注的就是新产品的可感知性和可获得性问题。企业在构建 BoP 业务时必须考虑几个基本问题：第一，企业运用何种方式接触 BoP 消费者，并使用何种渠道为消费者提供何种形式和何种水平的服务支持？第二，企业如何从 BoP 消费者那里获取有价值的信息（是否具备获取信息以及洞察信息的能力）？如何根据这些信息为消费者提供独特的价值？第三，企业如何与 BoP 群体进行互动？借由这种互动过程，企业能为消费者提供什么独特价值（Hamel，2000）？

顾客界面包含了企业对消费者、消费者对企业以及消费者之间的实物和信息交换方式，通常包含渠道建设以及顾客关系管理（Osterwalder，Pigneur & Tucci，2005）。在渠道建设方面，企业可以通过组织边界外的组织机构来与客户交流信息并实现产品和服务的交付，也可以自行组织和管理销售活动，具体的渠道方式选择要取决于该种方式的成本、该渠道是否能有效接触最终消费者以及消费者对该种渠道方式的接受程度。比如，在太阳能热水器和电动自行车发展初期，由于缺少正规营销渠道的支持，太阳能企业和电动自行车企业只好杠杆利用 BoP 社区中已有的非正式经济体来推销产品（太阳能热水器企业通过社区中五金商店进行销售，电动车则通过自行车网点进行销售）；而在山寨手机案例中，先前的品牌手机企业早已培育了嵌入全国各级市场中的多层次、立体式销售渠道，山寨厂商可以灵活地选择成本最低、见效最快的渠道，通过深圳华强北的交易平台就可以快速将产品分销到各地的 BoP 市场之中。顾客关系管理包括两种活动：与顾客的互动以及信息支持活动，前者主要指与顾客进行接触的活动，包括销售、营销和服务等，后者则主要指企业通过与顾客的互动来收集市场信息，并采用一定的分析方法对市场信息进行分析处理。信息支持活动中产生的顾客价值信息和价值对象信息等可以用来设计更好的营销方式，并对企业的价值主张进行优化。恰当的顾客界面应该有利于企业建立一套出色的信息捕获机制，有效挖掘有用的市场信息，并抓住市场机会。在山寨手机案例中，嵌入各地的多层次渠道体系与最终消费者之间可以实现密切互动，通过各种灵活的方式将产品销售出去（比如，路边摆摊、小卖部销售等），山寨厂商主要通过与渠道商的深度互动来获取市场信息，并根据市场信息对产品设计进行改进。在太阳能热水器和电动车案例中，各级代理商是与 BoP 消费者互动的终端，企业主要通过代理商的治理实现对销售的管理和对市场信息的掌控。

在顾客界面建设方面，现有 BoP 研究强调企业要加强在 BoP 市场中的嵌入性（Simanis，2009；Simanis & Hart，2009；Simanis & Hart，2008，2010），通过社会嵌入融入当地社区网络是消除企业与 BoP 群体之间的心理距离、填补制度空洞和降低不确定性的重要途径与方式（Mair & Marti，2009），保证企业以一种尊重当地文化多样性的方式开发出解决 BoP 群体实际问题的方法。嵌入本地社会网络可以使企业获得高质量的缄默知识，提高运营效率，建立社会合法性并接触到新市场（Sánchez et al.，2006）。本书的案例研究发现，企业在构建面向 BoP 市场的顾客界面时，确实需要一定的嵌入性，但是由于我国 BoP 市场中已经有一定的市场体系基础，BoP 群体的市场观念也相对强于西方学者所研究的非洲、孟加拉等赤贫地区，因此中国企业在 BoP 市场的嵌入性方面表现出自己的特性。

首先在渠道的建设上，已有研究强调要充分利用 BoP 市场内的已有资源，特别是 BoP 人群的人力资源和当地已经存在的微型商业机构，这一论断在山寨手机、太阳能热水器和电动车案例中都得到了印证。比如，在偏远的 BoP 区域，由于建立和维持专卖店的成本很高，企业总是倾向于与本地的微型零售商（如杂货店）建立合作关系来拓展其渠道网络。在 BoP 市场中，大多数经济主体基本是在相对分散的状态下独立开展各种经济活动，缺乏效率；而企业通过把不同主体联系在一起可以实现资源的整合与优化，各主体在价值链的不同环节对 BoP 市场的建设做出不同贡献。在山寨手机、太阳能热水器和电动车案例中，企业都鼓励当地的商业机构或 BoP 群体成为其销售价值链的一部分，有效提高了其渠道在 BoP 社区中的嵌入程度。另外，已有研究中强调企业应该加强与本地化组织（如 NGO、政府等）的合作，通过这些组织来获得 BoP 群体的隐含信息或更快建立进入 BoP 社区的合法性等。在我们研究的几个案例中，只有太阳能热水器案例中出现了企业与当地政府合作推广相应产品的现象，而在山寨手机和电动自行车案例中，并不存在当地组织与企业合作推广相应产品的行为。恰恰相反的是，山寨手机和电动自行车在发展初期被很多地方政府视为非法产品，并受到一定的打压，但这两种产品仍然依靠其技术和商业模式对 BoP 市场的适应性而得到了快速增长。本书对此的解释是：当 BoP 群体对一种新产品比较陌生且没有多少认知时，常常会因为较大的心理距离而对新产品比较排斥，这时候本地化组织的介入有利于新产品较快获得合法性，从而提高其在 BoP 市场的可接受性和可感知性；而当 BoP 群体已经认识到新产品的特性，但因为价格、技能等因素暂时还无法享用该产品时，只要能提高产品的可负担性和可获得性，该产品就可以迅速在 BoP 市场中推广。由于西方学者研究的赤贫地区对大多数商品都处于认知盲区，可感知性、可接受性、可负担性和可获得性全都没有解决，因此，企业才需要以这种与本地化机构结盟的深度嵌入方式进入 BoP 市场；而在我国大部分 BoP 地区，BoP 消费者对现代化产品已经有了一定认知，可负担性和可获得性才是企业在渠道建设上应主要考虑的问题，因此 BoP 地区中的微型商业机构能发挥更大的作用。

在企业与 BoP 群体的互动方式方面，为了使企业所提供的价值主张对 BoP 群体更有吸引力，要以该群体能理解和感知的方式将价值主张传递给 BoP 市场。本研究发现，在进入 BoP 市场时，符合本地习俗的宣传和信息传播活动（比如刷墙）往往比传统信息媒介（如基于电视、网络与平面媒体的信息传播）更为有效，这是与已有研究相一致的。BoP 市场沟通需要大量个体层面上的实际接触，在此基础上通过"口口相传"（word – of – mouth）与自由的信息交换方式来扩大影响和促进创新扩散。这种传播方式的效果很大程度上取决于企业能否有效识别与影响当地的意见领袖或权威人士（Viswanathan et al.，2007；Viswanathan，Seth，Gau & Chaturvedi，2009）。另外，由于 BoP 顾客文化程度较低，不善于处理过于抽象的信息，企业适宜采取形象化的宣传方式与沟通手段，如通过视觉化的图画、电影和戏剧等形式进行产品推广和功能演示，且必须使 BoP 顾客亲身体会到产品在其实际生活或生产环境中的使用效用。最后，很多 BoP 地区有着丰富的社会与道德规范、风俗习惯等非正式制度安排，企业沟通行为应尊重本地文化与风俗，把商业创新嵌入在 BoP 地区原有的社会规范之内，并充分利用这些文化知识进行交流与引导。一方面，企业应充分尊重本地的社会文化与制度；另一方面，也通过连接不同的组织与群体而在 BoP 区域建立起新的桥梁性社会资本。这不仅增加了该区域的社会资本存量，而且在这些社会资本累积过程中能够在整个系统内构建起以信任为基础的交易治理能力，从而降低交易成本，减少信息、选择、履行契约能力和社会地位等方面的不对称性。信任作为一种交易治理机制，是对 BoP 市场内正式制度缺失的补充甚至替代。企业只有通过嵌入 BoP 社区内，通过与 BoP 群体和其他主体的真诚交流、互相学习与对差异的协商解决才能建立以长期信任为导向的伙伴关系，从而保证 BoP 市场的可持续运行。为此，企业应该从自身战略目标出发，基于当地现有的制度环境和基础设施条件，在对各主体的资源、能力进行评价的基础上逐渐构建起相应的商业与社会网络。

通过第 5 章中的分析可以发现，企业在 BoP 市场中建立一种嵌入性的顾客界面是更加有效的手段（见表 6.2）。这种嵌入表现在三个方面，一是让本地社区的成员加入企业价值链之中，比如鼓励本地意见领袖以及其他有创业精神的人成为销售代理、使五金杂货店成为太阳能销售终端等；二是和本地机构合作，构成新产品的联合推广体系，比如与农村能源办公室合作进行宣传；三是推出符合本地习俗的宣传和信息传播活动，比如太阳能赶大集、刷墙、乡村主持人活动等。也就是说，企业在面向 BoP 市场构建顾客界面的过程中，既有在关系和结构层面的实体性嵌入（如关注本地的关系特征和网络联结、行动者之间的物质特征和结构关系），又包括在认知、文化和制度层面的虚体性嵌入（比如，引导 BoP 群体塑造对美好生活的共同认知、塑造共享的经济目标和信念、促销活动与本地经济法规相结合等）（Granovetter，1985；Klein，2008；陈晓鹏，2010），多层次的社会嵌入不但保证了价值主张与价值网络的本地化，而且保证了企业在发展理念、经济逻辑和社会制度方面的本地化，有效提高了企业在 BoP 市场中的合法性（legitimacy）（Dahan，Doh，Oetzel & Yaziji，

2010；Sánchez et al.，2006；Webb et al.，2009）。

表 6.2　嵌入式顾客界面建设

嵌入式界面	属性	具体内容
渠道建设	实体嵌入 （关系、结构）	本地经济体的参与
		与本地化机构的结盟
		嵌入性销售终端
		连接正式经济与非正式经济
	虚拟嵌入	企业在社区中地位的共同认知
顾客关系管理	实体嵌入	与 BoP 群体的深入互动
		市场信息采集
	虚拟嵌入 （认知、文化、制度）	信任
		文化、习俗和传统的本地化

在构建顾客界面的过程中，本书研究的三个行业中呈现出一些不同的特点：在山寨手机行业中，品牌厂商已经在山寨手机之前做了大量市场培育工作，使得 BoP 群体对手机产品已经有了潜在需求，并且相应的渠道体系已经比较完善，因此山寨厂商主要与经销商和代理商发生交易关系，由后者嵌入各地通过各种手段去进行 BoP 市场的开发。而在太阳能热水器行业，BoP 群体对于这种新产品没有什么认知，并且无论是在高端市场还是 BoP 市场中都不存在现成的渠道体系，因此太阳能企业不得不通过自建渠道和杠杆利用已有渠道等方式来建立嵌入式销售终端，并通过深度嵌入的方式来启蒙市场，以及各种嵌入式营销活动来推销产品。电动自行车的界面建设则介于山寨手机和太阳能企业之间，一方面，市场中有原来的自行车销售终端可以利用；另一方面，电动车企业也需要建立自己的渠道体系，并且跟渠道之间建立紧密的合作关系。

6.2.3　柔性化组织

商业模式中的组织体系维度强调了针对 BoP 群体的价值内容如何在企业内部实现，也就是企业如何在既定的价值主张下进行内部组织结构的设计，其关注点是企业通过什么样的组织方式将其资源转换为市场所认可的产出。组织体系确定了企业的战略性资源与价值网络之间的界限，定义了哪些事情公司自己做，哪些事情需要通过合作伙伴来完成（Hamel，2000）。组织体系是企业商业模式实现的结构载体，因此，企业应该将其组织体系调整为适合其商业模式的形态。

企业要提供符合 BoP 市场的产品和服务，价值活动映射到企业组织上就表现为内部的一系列管理活动，包括产品的生产、新产品的开发、与市场的对接等。一方面，企业要在不降低质量的前提下尽量降低成本；另一方面，企业要在不增加成本的前提下，增加产品的功能并提高质量，满足差异化的市场需求。这两方面综合起来就是企业提供给 BoP 市场的价值，即综合了低成本、便利化、及时性和定制化的产品（服务）功能。为了使本书的研究发现与现有的商业模式研究进行对接，本研究借鉴已有研究中的"价值支撑活动"和"价值保持活动"这两个概念（赖国伟，2004；刘志强，2007；翁君奕，2004）。前者指的是为市场提供相关产品/服务的基础性活动，主要包括产品/服务的设计、开发等活动，目的是为 BoP 群体设计满足其需求的价值主张；后者主要包括与客户界面中相关活动进行对接、协调和沟通，使得企业可以在对市场信息进行分析的情况下完善其生产和新产品开发流程。

由于不同 BoP 市场之间具有较大的异质性，决定了企业不能用统一的产品和营销方式应对所有 BoP 群体，因此要求企业能够根据各细分市场的不同需求，推出差异化的产品。在产品开发方面，就要求企业具备技术的柔性化，能根据异质性的 BoP 市场整合内部资源，快速推出定制化的产品。同时，众多异质性的市场要求企业内部的生产组织突破多样化和规模经济之间的悖论，在两者之间取得平衡，这就要求企业生产组织也实现柔性化，从而以多样化的产品服务于多个 BoP 市场。

本书第 5 章所研究的案例中，山寨手机厂商是通过轻资产运营和全产业链的精细分工协作实现价值支撑活动的。由于深圳本地形成了成熟的上下游产业链体系，使得山寨厂商可以将大部分生产与研发任务交给产业链中相应环节的企业，自身则专注于根据市场需求和技术趋势变化快速推出新产品，从而保持了对市场和技术的快速响应能力。由于 BoP 市场变化很快，要求企业提供的顾客价值也随之发生变化，这就需要根据不同的价值主张内容、内外部不同的资源特点和不同的产品属性等条件，对原来的生产流程、服务流程、组织结构和新产品开发等进行调整，因此，面向 BoP 市场的企业需要实现技术和组织的柔性化，并且对市场和技术有快速响应能力。山寨厂商的这种轻资产运营方式能很好满足 BoP 市场对低价格、及时性、便利化和定制化的需求。正如深圳移动通信联合会一位受访者提到，"他们（山寨厂商）很多不用建工厂，所以变化很快、很灵活，市场需要什么，马上就可以生产。"电动自行车企业采用了类似的组织模式，以轻资产和组织的柔性化来应对多变的市场。而太阳能企业则分化为了两类，一类仍然坚持全产业链的覆盖，另一类则是采用与山寨手机类似的产业链合作方式服务 BoP 市场。值得指出的是，即使那些坚持全产业链覆盖的太阳能企业，其生产也是尽量贴近 BoP 地区，以实现就近销售。甚至 TH 公司开始通过技术输出的形式，支持当地的生产商使用其技术进行生产和销售，这是一种变相的山寨模式，说明面向 BoP 市场的这些中小型企业的商业模式更适合在 BoP 地区的发展。

在价值保持活动方面，为了实现内部组织与客户界面的协同发展，山寨厂商主要是通过深圳华强北成熟的交易市场与分布于各地的经销商取得联系的。各地经销商会根据市场需求变化情况到华强北订货，旺盛的需求保证了山寨厂商可以在产品生产后一天内出货，减少了库存的压力；同时，深圳本地所形成的快速招能能力允许山寨厂商一次推出多样化产品，通过试错型市场和产品开发来捕捉市场信息，将畅销机型量产化。华强北成熟的手机交易平台保证了山寨厂商这种轻资产运营模式得以顺利实行。而在太阳能热水器和电动自行车案例中，则不存在这种集中式的交易市场，因此相关企业需要通过与经销商的深入互动来保证其组织体系与客户界面的联结，并从客户界面中得到有效的市场信息以完善其内部生产和新产品开发。对于这两个行业中的企业来说，渠道覆盖的广度和深度是竞争的关键要素，因此渠道开拓是非常重要的内容。同时，在太阳能和电动车企业开拓渠道的过程中，由于渠道是重新构建的，太阳能企业与渠道之间的关系除了纯粹的市场关系外，还要有渠道治理、渠道辅导等，在专业技术和营销技能上给予技术和培训方面的支持，以提高渠道商的经营水平。尤其是在乡镇一级的经销终端方面，这种契约关系之上的深度互动关系更加重要。

以上分析表明，在面向 BoP 市场时，企业应该根据市场环境和当地社会网络的特征，建立与之相适应的生产和产品开发体系。同时，为了将生产和新产品开发等活动中形成的价值内容有效传递给 BoP 群体，实现组织内部结构与顾客价值的一致性，企业需要实现其组织体系与顾客界面和伙伴界面的协同性和一致性，通过顾客界面中的活动为企业和 BoP 群体双方都带来价值，并保证其组织体系的柔性特征（见表 6.3）。

表 6.3　柔性化组织

属性（过程）	具体内容
生产和产品开发	生产组织和技术的柔性化 对市场和技术的快速响应 维持低成本 用户导向的创新
内外部协同	与顾客界面的对接 与伙伴界面的对接

6.2.4　包容性伙伴界面

在 BoP 市场上，企业经常需要与多方建立合作关系，以整合内外部的关键资源，一起推出面向 BoP 市场的解决方案。本书案例研究的一个发现是：在一些行业中，企业价值链与价值网络之间的界限逐渐模糊化，很多聚焦于产业链不同环节的企业通过合作来推出面向 BoP 市场的解决方案，以一个网络系统为 BoP 市场服务。在这种多方合作的商业模式下，企业需要建立一个包容性的伙伴界面，以通过一定的伙伴治理机制将合作伙伴中的关键资源整合为面向 BoP 市场的产品或服务。伙伴界面要面对的对象主要是供应商、技术与生产等方面的合作伙伴以及其他利益相关者。由于企业的最终目的是为 BoP 市场提供相应的产品和服务，因此，对伙伴界面的价值分析仍然要以顾客价值为核心。从伙伴界面到 BoP 市场的价值传递过程表现为：将合作伙伴中的关键要素，通过企业内部组织体系的整合转化为面向 BoP 市场的价值主张（以产品和服务的形态呈现）。

伙伴界面建设的核心问题是获取为 BoP 市场服务的关键互补性资源，解决靠单个企业无法有效应对的问题。在山寨手机案例中，当地产业集群中的零配件配套、工程设计以及生产能力对于山寨厂商来说，是重要的互补性资源，而山寨厂商则拥有对市场信息的掌握以及跟相应渠道的接口，通过整合产业链不同环节的互补性资源，山寨厂商最终为 BoP 市场提供符合其需求特征的手机产品。因此山寨厂商的伙伴界面的重要内容就是处理与产业链不同环节厂商的关系，既要保持高度的灵活性，又要保证获得外部资源的及时性，还要保证要素质量符合最终用户的需求特征。在电动自行车案例中，电动车企业需要将产业系统中的配套资源整合为最终产品，因此其顾客界面与山寨厂商类似，也是要与产业链不同环节的企业建立并维护良好的合作关系。在太阳能热水器案例中，地方政府以及基层的能源办公室等机构是企业推广其产品过程中的重要合作伙伴，为企业提供了社会资本、社会影响等资源，因此与这些机构的关系，成为伙伴界面的重要内容。同时，由于该行业中也存在着通过产业链分工合作为 BoP 市场提供最终解决方案的方式，对产业链不同环节的企业管理也是采取这种运作模式的企业需要重点关注的内容。

　　基于以上分析，本研究将伙伴界面的内容分为产业合作和产业链外利益相关者合作两类。在产业链内，最重要的一种伙伴关系是产业链不同环节的企业通过精细分工合作来推动产业链的良性循环。在本书所研究的案例中，终端产品的提供商是直接为 BoP 市场提供产品和服务的经济实体，在产业链中处于核心地位，纵向的合作伙伴能给企业带来的价值包括降低成本、稳定供应、价值链延伸和持续改善等，对于能提供上述价值的投入要素，企业通过将其投入到柔性化组织体系之中，与兼具低成本和及时性的柔性生产方式进行对接，通过内部的生产运作和辅助管理活动来形成对 BoP 市场有用的价值方案。对于合作伙伴中这些与企业提供的产品/服务具有一致性的投入要素，企业伙伴界面建设的重点内容就是保证投入要素与组织体系中的生产/运作管理等活动相协同，从而使得企业的内部活动具有效率和效果。为实现这种协同，企业的价值支撑活动就表现为对产业链中资源质量的管理、合作伙伴关系的治理以及对自身价值链中各种活动的优化；同时，企业的价值保持活动则是为了将这些要素准确、准时与组织内部的生产/运作管理活动连接起来，表现为外部资源获取与内部生产活动的无缝联结，以及组织体系与伙伴界面中的信息交换等。通过以上的伙伴界面建设和优化，企业可以从与合作伙伴的战略合作中获得高性价比和不断改善的资源供给，从而实现经济活动的低成本和高效率。在山寨手机案例中，本地成熟而开放的产业系统为山寨厂商提供了外部资源基础，在确定价值链和价值网络的界限方面，山寨厂商可以非常灵活地在外部经济性与内部专业化之间保持平衡，并且能够通过系统集成的方式，将外部资源迅速整合为面向 BoP 市场的产品，实现外部资源与内部柔性体系的对接。在伙伴关系的治理方面，山寨厂商与上下游厂商之间既有基于信任的固定合作伙伴，也有基于市场的随机交易对象，因此在伙伴关系治理上表现为信任与市场相结合的治理模式，从而使得产业链各环节之间的关系从传统的一对一或者一对多发展成为多对多的交易关系，形成了从产业链到产品、再到市场的网络化结构，而企业伙伴界面的主要内容就是管理这种网络关系，调动并整合网络中的资源，实现生产与新产品开发的低成本与高效率。在太阳能热水器和电动自行车案例中，同样存在着成熟而开放的产业系统，企业的伙伴界面的主要内容表现为对产业系统中关键环节厂商的关系治理，以通过有效整合产业系统中的资源提供面向BoP 市场的解决方案。

除了产业链内部的合作，太阳能热水器案例中发现，产业链外的利益相关者（如农村能源办公室、本地政府等）可以给企业带来合法性，并且这些利益相关者可以帮助企业与 BoP 市场中的可利用资源建立联系。虽然与这些机构的合作并不会直接带来经济价值，但这些非经济方面的价值对于企业在 BoP 市场中开展各种经济活动可以起到很大的促进作用。这一发现印证了已有研究，即在 BoP 市场上与非传统组织或机构建立合作关系更容易成功（London & Hart，2004），从这些机构处企业可以得到大量隐含的信息与知识，对于其理解 BoP 市场运行机制并开发出适合本土的产品与服务有很大帮助。为此，企业的伙伴界面中应该包括对产业链外利益相关者的识别、沟通和管理机制，以有效利用这些利益相关者中蕴含的本地化知识和社会资本等资源。不过，在本书研究的案例中，以上论证的现象只在太阳能热水器这一个行业中出现，而在其他两个行业中则很少发生。我们对此的解释是，太阳能热水器是一种有着较大社会效益的产品，其推广会影响地方政府相应部门的绩效，因此这些机构有较大的动力去参与产品的推广；而且太阳能热水器在发展初期没有现存的渠道体系可以应用，因此借助本地机构进入 BoP 市场也是比较快捷有效的手段。反观山寨手机和电动自行车，一方面地方政府没有动力参与到相应市场推广活动中，另一方面，借助已有的渠道，这些产品可以快速销售出去，因此，这种与当地政府或非营利机构合作的现象就比较少。

表 6.4　包容性伙伴界面

属性	具体内容
产业链合作	产业链精细合作
	知识与信息互动
	资源的互补
其他利益相关者合作	基于比较优势的合作
	战略目标的协同
	合作网络管理

前文已提到，面向 BoP 市场的产品与服务应体现很高的性价比，为此企业必须抛弃传统的价格与性能关系改善的路径与能力，在降低价格的同时要保持甚至提高产品和服务的功能与质量。因此，面向 BoP 市场的企业应该能够在降低成本、提高效率和实现差异化方面保持有机统一。本研究认为，产业链合作的方式为企业实现上述目标提供了可能。各企业聚焦于自己所专长的环节，通过产业链不同环节的企业之间的网络型合作关系，就可以在效率、成本和差异化方面实现协同，从而为 BoP 群体提供具有新性价比内涵的新产品和服务。为此，企业需要构建一个包容性的伙伴界面，为其他经济实体的加入提供开放的接口，同时构建一套将伙伴界面中的资源与内部资源进行有效对接的机制。

6.2.5　BoP 导向商业模式的构建

值得指出的是，商业模式各要素并不是孤立的，各要素之间的互动和协同才能支持整个商业模式的正常运转（见图 6.2）。首先，价值主张界定了企业要给目标顾客（BoP 群体）传达什么价值，并据此界定了企业的经济活动。企业必须根据 BoP 群体和 BoP 市场的特征构建顾客界面，并根据价值主张的内容设计资源整合方式以及价值活动的组织方式，同时，根据产业环境和技术环境特征构建伙伴界面。

组织是企业内部所建立的用米整合和并发其资源价值的各种活动和关系，是企业价值链的组成方式（Demil & Lecocq，2010）。企业内部的价值链组织方式要根据企业所要实现的价值主张来构建，并保证特定的价值主张得以实现。在本书第 5 章所研究的案例中，企业所要传达给 BoP 群体的价值主张是低价、便利化和定制化的产品，其内部的柔性化组织可以为该价值主张提供相应

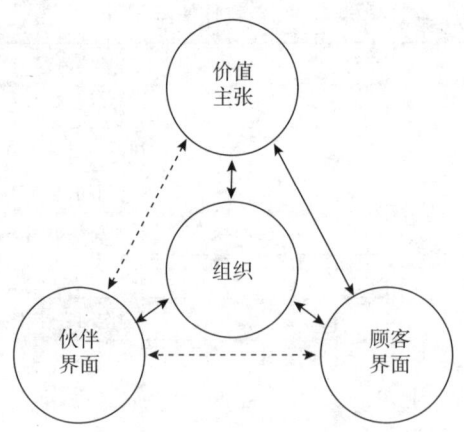

图 6.2　商业模式各要素之间的互动与协同

的价值支撑活动，如给产品或服务添加功能和提高性能、降低成本、提供互补产品或服务、与合作伙伴创造网络外部性等。企业的组织体系在此与价值主张紧密联系在了一起。同时，企业需要实现其组织体系与顾客界面和伙伴界面的协同性和一致性，以将企业内外部资源通过内部的生产和新产品开发等活动整合为面向 BoP 市场的价值主张，并将形成的价值内容有效传递给 BoP 群体。因此可以看出，企业价值链的组织方式在商业模式中处于核心位置，起着联结并整合各种资源为市场创造价值的作用。

从顾客界面的角度看，其与价值主张的联结机制就是顾客价值❶。价值主张定义了为 BoP 市场创造什么价值，在此基础上，企业以 BoP 群体能理解和感知的方式将价值主张传递给 BoP 市场，这就是顾客界面要解决的问题。从理论上说，在 BoP 市场中，顾客界面与伙伴界面之间应该有较强的互动关系，因为 BoP 市场中存在着资源缺失、基础设施缺失以及信息缺失等问题，因为 BoP 市场中的非传统合作伙伴可以帮助企业填补这些缺失的价值链条，并且为企业提供重要的市场信息和顾客知识（Brugmann & Prahalad，2007；Dahan et al.，2010；London，2009；Prahalad & Lieberthal，2003），企业与这些非传统利益相关者之间在商业技能和关键资源等方面的优势互补构成了企业伙伴界面和顾客界面间的联结机制。然而在本书第 5 章研究的案例中，只有在太阳能热水器

---

❶　顾客价值就是顾客所获收益（效应）与为获得产品或服务而付出的代价之差额。

案例中出现了这种现象，而在山寨手机和电动自行车案例中，并没有出现其他利益相关者参与顾客界面建设的行为。因此在图 6.2 中，本书将顾客界面和伙伴界面之间的关系用虚线表示。之所以出现这种差别复制发现，本研究的解释是，在这两种产品出现之前，在 BoP 市场中已经存在了一定的嵌入性销售终端，通过将这些微型经济体转化为顾客界面的一部分，企业能够较好地提高其产品的可获得性；而且这两种新产品与 BoP 群体之间并不存在西方学者所提到的"心理距离"，因此没有必要与其他的本地化组织结合以产生合法性。在通过柔性化组织实现了产品的低成本、便利性和定制化以后，这两种产品在 BoP 群体中获得了较高的可感知性、可接受性和可负担性，因此同样在 BoP 市场中取得了成功。中国与西方学者所研究的赤贫国家之间在市场制度和基础设施建设方面的差异，导致了中国 BoP 市场上的新现象发生。

伙伴界面与组织的联结方式就是企业的组织边界，也就是价值链和价值网络的边界。在价值创造过程中，除了考虑企业内部的价值活动外，还要考虑其他利益相关者，包括纵向价值链中的经济实体以及横向的价值网络（Christensen & Rosenbloom，1995）。价值网络界定了业务范围内的供应商以及其他第三方团体等在价值链中所发挥的作用，也定义了该项业务的价值创造和价值获取的机制。因此，企业与价值网络的协同可以提高其从技术创新中创造和获取价值的能力。在 BoP 市场中，企业经常需要通过多利益相关者深度合作来推出面向 BoP 市场的解决方案，因此企业组织边界出现了模糊化倾向。通过柔性化的组织和包容性的伙伴界面，企业可以将价值网络中的关键资源准确、准时地与组织内部的生产和运作管理活动连接起来，实现外部资源获取与内部生产活动的无缝联结。在伙伴界面与价值主张的联结方面，已有的研究认为，价值网络可以帮助企业提供互补性资产，在用户层面创造出一项技术的网络效应，从而增加该技术给目标顾客带来的价值（Teece，1986，2010），因此伙伴界面对价值主张存在着直接的正向促进作用。然而，在本书所研究的案例中，三种产品在 BoP 市场的发展过程中，并没有出现这种伙伴界面与价值主张之间的直接正向影响，伙伴界面对价值主张的影响主要是通过企业内部组织中的经济活动转化为面向 BoP 群体的价值主张。因此，我们在图 6.2 中将二者之间的关系用虚线表示。针对这一现象，本研究的解释是，其他一些企业或机构已经做了很多外部性很强的工作，使得面向 BoP 市场的产品在 BoP 地区的使用成为可能。比如，中国移动和中国联通已经在全国建立了广泛的无线网络覆盖，使得山寨手机可以在 BoP 地区很方便地使用；再比如，很多地方政府在乡镇交通基础设施建设上做了大量投资，使得电动自行车能在农村地区发挥更大的作用。这些企业或机构虽然与面向 BoP 市场的企业之间并不存在直接的合作关系，但是其经济行为间接帮助了面向 BoP 市场的产品的推广。值得一提的是，在认识到伙伴界面对价值主张的正向影响作用后，一些面向 BoP 市场的企业在向其他层级的市场发展的过程中，已经开始重视通过与其他利益相关者的合作来为市场提出更优化的价值主张。比如，皇明太阳能等企业在向城市发展过程中，通过与房地产商合作来推出更适宜安装太阳能产品的建筑；再比如，TY 公司通过与软件开发商合作来推出智能手机。

商业模式这些要素以及要素间互动关系的确立，就是在混沌的 BoP 市场中建立新市场秩序并创立新市场竞争规则的过程。商业模式的建立，一方面界定了企业与不同利益相关者之间的交易内容、交易结构和交易治理方式（Amit & Zott，2001；Zott & Amit，2008，2010）；另一方面也界定了企业的价值创造流程、价值传递流程和价值获取机制（Lepak，Smith & Taylor，2007）。商业模式的建立是对新信息和新市场机会的渐进性学习和适应过程，其中涉及对技术和商业环境的认知过程，因此具有较大的复杂性和不确定性。在不断提出问题、分析问题和解决问题的过程中，产业中会逐渐形成主导商业模式，并且形成关于价值创造和价值获取机制的主导逻辑❶。

6.3 颠覆性技术创新与商业模式创新的协同

6.3.1 商业模式与技术的匹配

已有的研究已经指出，技术只有与合适的商业模式结合，才能体现出价值（Chesbrough & Rosenbloom，2002；朱武祥 & 魏炜，2007），也就是说，同一技术与不同商业模式的结合会产生不同的价值。比如，施乐公司开发出很多先进的技术，却因为无法设计出与之相匹配的商业模式，导致公司并没有从新技术

---

❶　主导逻辑就是用来指导企业管理层采取战略行动的准则、规则和信仰等的集合（Bettis & Prahalad，1995；Prahalad & Bettis，1986）。

中获得应有的收益。本书第 5 章通过扎根分析，进一步提出结合颠覆性技术的特征来分析商业模式创新的框架。颠覆性技术的出现会引发产业链环境的变化，并对企业商业模式各要素产生影响，从而使得新商业模式的出现成为可能。能够根据新技术环境建立相应商业模式的企业，就能借助新技术对原有市场格局进行颠覆。本研究发现，颠覆性技术为企业进入 BoP 市场创造了一个平台，而后续企业在此平台之上的商业模式创新，才可以在 BoP 市场产生颠覆性效果。因此，颠覆性技术与商业模式的协同创新，才是在 BoP 市场推动颠覆性创新的关键。另外，案例研究发现，商业模式创新要围绕顾客关心的核心价值进行创新，必然要求企业根据顾客的价值偏好以新产品与服务为顾客提供新价值，并带动企业对新技术进行不断完善。同时，商业模式创新内部运营模式的优化以及运营效率的提高，可以实现内部组织与顾客界面的无缝对接，加快企业对技术和市场的响应速度，提升新产品开发速度并增加新产品数量。通过以上分析可以认为，技术创新是商业模式创新的条件，而商业模式创新是促进新技术价值创造能力的手段，两者是相互促进关系。

在 BoP 市场中发动颠覆性创新过程，除了颠覆性技术以外，还需要企业在渠道、价值链管理、组织结构、人力资源管理、与终端消费者的互动模式等方面，进行根本性变革，在企业业务体系的多个方面都发生颠覆性创新过程。最重要的是，企业关于商业活动的主导逻辑需要革新，改变其创造和获取价值的方式，以在 BoP 市场具备可持续的生存能力。如前文所述，很多颠覆性技术能够满足 BoP 群体的功能价值偏好，并且能适应 BoP 市场的特点。然而，正如已有的研究中所指出的，在 BoP 市场中，产品的可获得性、可接触性、可负担性和可感知性是影响新产品和新服务在该市场中扩散的重要原因。由于在 BoP 市场中存在 BoP 群体与正规市场渠道脱节、基础设施缺失等问题，因此企业如果要将颠覆性技术在 BoP 市场中推广，往往需要在营销渠道、内部组织方式、交易方式等方面做出创新，才能将新技术所表达的价值主张以 BoP 群体可感知和可理解的方式传递给该群体，这就要涉及对商业模式创新的探讨。

在以上分析的基础上，本研究借鉴 Chesbrough 等（2002）的研究，将商业模式视为新技术与 BoP 群体之间的联结机制（见图 6.3）。

图 6.3   商业模式作为技术与 BoP 业务的联结机制

商业模式将技术所能实现的产品或服务转化为消费者所能接受的价值主张，并建立可盈利、可持续的 BoP 业务，从而释放出嵌入在技术中的价值。由于技术是多个属性的集合体，因此同一技术所提供的价值以及实现其价值的方式有可能不同。在这里，价值作为一个经济名词，并不仅仅指技术的性能属性，还包括消费者愿意为一项产品或服务所支付的价格。消费者评价一项技术的标准主要有两个：①该技术是否能帮助自己更好地解决身边的问题；②该技术是否能让自己参与以前所不能参与的活动或者让自己完成以前所不能完成的工作（Chesbrough & Rosenbloom，2002）。不同消费者往往关注技术的不同属性，对致力于开展 BoP 业务的企业来说，要重点开发 BoP 群体所关注的性能属性并在性能与成本上保持平衡。由于 BoP 群体并不关注过于复杂的功能和先进的性能指标，因此在提高技术性能上投入过多的资源和时间是没有意义的。与之相反的是，企业应该为新技术加入便利化、定制性、去技术化等属性，以增加对 BoP 群体的吸引力。一个清晰的价值主张可以帮助企业在技术方面有所取舍，使得企业的创新活动能更加聚焦于 BoP 市场所关注的内容，从而在 BoP 市场上保持有竞争力的成本结构，并即时、快速地提供 BoP 群体所需要的产品或服务。同时，根据本书 6.2.5 节中所讨论的内容，在新价值主张确定的情况下，企业需要探索新的价值链参与者和参与方式，改变自身组织结构和内部运营方式，建立适应市场特点的顾客界面，从而构建起与新技术特征和 BoP 市场特点相匹配的商业模式，借助新技术获取经济价值。

在 BoP 市场建立成功的商业模式需要应对技术和商业两方面的不确定性，因此需要对技术和经济环境进行学习，尤其是对 BoP 群体的研究和学习，以发掘 BoP 市场中的隐性需求。这个学习过程是在技术和商业模式之间建立匹配的主要决定因素，在此过程中需要企业在与 BoP 群体反复互动中寻找新技术的潜在机会。新商业模式在技术潜力和 BoP 市场的商业价值之间建立了一种主导逻辑（Bjorkdahl，2009），并且将新技术的潜力在 BoP 市场中释放了出来，使之产生经济效益。

6.3.2　技术功能属性的颠覆对商业模式的影响

本章 6.1 节中从技术的结构属性和功能属性的角度讨论了一项技术的颠覆性潜力。通过文中分析可以看出，颠覆性技术能够带来产品属性的改变并推动企业做出新市场定位，同时，推动价值网络发生变化，并对在位公司的能力体系产生颠覆性的改变（O'Reilly Iii & Tushman，2008；Tushman & Anderson，1986）。根据本书 6.3.1 节的分析，颠覆性技术结构属性和功能属性的变化也会影响到商业模式的构成，因此，本节及以下部分进一步讨论颠覆性技术对企业商业模式的影响，并分析企业如何通过商业模式与技术的协同来实现对 BoP市场的颠覆性创新。

从技术的功能属性来看，颠覆性技术相比传统技术能够提供新的功能和性能，从而帮技术使用者更好地完成其想要完成的工作，因此，企业可以借助技术提供的新功能来为市场提出新价值主张。也就是说，最有可能受技术功能属性变化影响的商业模式要素是企业可以为市场提出的价值主张。如果新技术加入了便利化、低价性、去技术化、定制化等功能属性，那么企业就可以通过颠覆传统的价值主张来进入 BoP 市场。在此过程中，企业需要建立针对新价值主张的支撑体系，包括建设面向 BoP 市场的顾客界面、设计相应的柔性组织和内部运营流程，并围绕新技术构建新价值网络（伙伴界面）。需要指出的是，在面向 BoP 的商业模式中，由于企业一般很难单靠自身力量构建全部价值网络，因此经常需要新参与者加入产业链，在 BoP 市场中建设新商业生态系统：从供应链角度看，企业要以柔性化生产和新产品开发体系实现对异质化 BoP 市场的快速响应，需要产业链中相应元器件配套体系的支持；从 BoP 市场的基础设施环境和 BoP 群体对技术的使用环境来说，企业面向 BoP 市场所设计的产品需要相应市场基础设施的支持才能传递到 BoP 群体手中，而且新产品需要相应互补品的支持才能发挥其功效。比如，山寨手机的生产需要当地产业配套体系的支持；山寨手机的销售靠的华强北的交易平台和渗透入各级市场的渠道体系；山寨手机的使用，则需要无线网络的支持。因此，新商业模式的形成，除了受新技术功能属性影响之外，往往还要受到产业环境的影响。

结合本研究的发现以及已有的颠覆性创新研究，本研究认为要评价一项技术功能属性的改变是否有潜力在 BoP 市场引发新商业模式，可以从如下几方面进行判断：

第一，新技术是否导致产品特性（功能属性）发生了变化？是否能在传统性能属性基础上为用户增加新价值？该问题主要是探讨新技术在功能属性方面的颠覆性潜力。一项技术所能带来的新功能越多，为用户带来的新附加价值就越大，其颠覆性潜力也就越大，从而越需要企业采用非传统的商业模式与之匹配。

第二，新的功能价值体验对什么类型的消费者更有吸引力？是否需要消费者改变其认知和行为习惯？是否能创造新消费者群体？该问题主要探讨新技术所传达的新价值主张对哪个消费者群体比较有吸引力。新价值主张的改变如果要求传统用户改变其对产品价值的已有认知，并改变其行为习惯以从新技术中获取更大价值，那么，认知刚性和行为的路径依赖性会阻碍其对新技术的采纳。因此，颠覆性的新价值主张往往要求企业转而开发非传统的市场层级。

第三，新技术对工程技术和使用技巧的要求是提高了，还是降低了？在性价比方面是否有显著提高？该问题主要探讨新技术是否符合 BoP 群体的能力和行为特征。由于 BoP 群体受教育程度较低，不善于处理过于复杂的技术产品，因此能够降低使用技能的产品在 BoP 市场会具有较高可接受性。

第四，BoP 市场中有无支持新技术的商业生态系统？该问题主要探讨新技术是否能在市场之中构建起新价值网络。如果相应的渠道和关联性技术等互补品能够较容易在 BoP 市场中获得，则该技术比较适合通过新商业模式在 BoP 市场发展。

以上几个问题探讨了新技术功能属性上的颠覆性潜力。这种颠覆性潜力越大，企业越需要构建颠覆性的商业模式；而且这种技术越符合 BoP 市场的价值需求特征，越有可能通过新商业模式在该市场成功。由于以上功能属性的变化主要带来的是消费者可感知价值的变化，因此这种创新引发的商业模式变革主要是基于价值主张变化的颠覆性创新。BoP 群体对更有价值的生活有着一般性的理解与感知，因此企业应该从 BoP 群体真正珍视的价值视角进行判断与衡量，将技术功能属性变化带来的新价值主张以 BoP 群体可接受的方式传达给市场（比如，既要强调生活质量提高等经济方面的收益，又要传达生产效率提高等能力和关系方面的价值）。

6.3.3　技术结构属性的颠覆对商业模式的影响

从技术的结构属性来看，正如前文所分析，技术结构属性的变化会引起产业链结构的改变，同时改变价值网络中不同参与者的位置和不同参与者之间的互动关系，并最终导致新价值网络的构成。随着产业规则逐渐形成，一些颠覆性技术可以垂直分解产业链，对产业链不同环节间的传统边界进行颠覆，从而使得更多经济实体得以加入更加精细化的产业链分工与协作之中，以更贴近消费者的方式生产和开发新产品，并引发新市场或低端颠覆性创新；另一些颠覆性技术则可能引发产业链的重新整合，促进更专业化公司的出现。上述的两种技术的结构属性变化，都会引起新商业模式的形成。研究发现，前一种方式的结构颠覆可以降低产业门槛，使更多技术能力不高的企业加入产业链，颠覆掉需要较高专业技能的商业模式，通过紧密的产业链合作来发动对 BoP 市场的颠覆性创新。技术的这种结构颠覆会影响价值网络的构成，并且会引发产业内生产组织模式与新产品开发模式的变革，从而推动新商业模式的出现。

要评价技术结构属性的变革是否有潜力在 BoP 市场引发新商业模式的出现，可以从如下几个方面进行判断：

第一，新技术是否增强（弱化）了价值网络中要素间的相互依赖性？是否减少（增加了）价值网络中不同参与者间对接的难度？该问题主要探讨新技术对产业链不同环节间界面规则和联结方式的影响程度。如果新技术使得产业链各环节的联结变得容易，则会推动价值网络中的共同生产和共同研发活动，从而使得企业间的组织边界模糊化。在这样一个更强调相互合作的价值网络中，要素间的相互依赖性会增强。

第二，新技术是否改变了价值网络中各参与者的位置并影响了价值网络中的权力分配？该问题主要探讨新技术对产业链原有秩序的影响程度。如果新技术使得价值网络中不同参与者所发挥的作用发生了改变，那么产业链中原有的权力分配和利益分配机制也就会随之发生变化，从而促使新商业模式的产生。

第三，新技术是否使得价值网络中出现新参与者成为可能？是否降低了产业进入门槛？该问题主要探讨技术结构属性的变化所产生的"创造性创造（creative creation）"效果（Hart & Christensen，2002）。如果价值网络的改变能允许更多经济实体得以加入价值创造之中，那么，产业新加入者就有可能针对新市场的特征为最终产品加入新的功能属性，从而将更多的非消费群体吸引入这一新价值网络。考虑到 BoP 市场的特性，面向 BoP 市场的商业活动往往要求非传统的经济实体加入，因此，如果新技术能够促进新经济实体的加入，并催生更多更靠近终端消费者（BoP 群体）的生产和新产品的开发活动，那么这种技术就有可能推动面向 BoP 市场的新商业模式。

第四，新技术是否允许新价值创造和价值获取逻辑的出现？该问题主要探讨新技术对价值网络中价值创造方式的影响。新技术引发的价值网络变化会使得资源的可获得性和可整合性发生相应改变，使得新价值创造方式的出现成为可能。传统上靠独占机制和互补资产（Teece，2010）来创造和获取价值的逻辑可能遭到颠覆，产业链中有可能出现新的经营模式，比如以整合资源和合作型网络为基础的价值创造方式。已有研究已经指出，在发达市场所形成的商业逻辑在 BoP 市场是不适用的（London & Hart，2004），因此需要在该市场中构建一种基于合作和共同创造的商业生态系统。如果新技术有助于推动这种价值创造逻辑的改变，则有可能帮助企业在 BoP 市场建立全新的商业模式。

第五，新技术是否影响在位企业的资源和能力基础？该问题主要探讨新技术是否对在位企业的传统能力体系造成颠覆性影响。如果新技术要求的资源获取和资源整合逻辑与在位企业的传统逻辑不同，则在位企业有可能无法根据新技术的要求构建可盈利的商业模式。在这种情况下，新技术就为产业新技术者提供了以新商业模式进入该产业链的机会。事实上，我们在案例研究中发现，面向 BoP 市场的商业模式大部分都是由新企业完成的，而在位企业则因为担心新商业模式对传统业务的自噬而对其比较排斥。

以上几个问题探讨了新技术结构属性上的颠覆性潜力。这种颠覆性潜力越大，企业越需要构建颠覆性的商业模式。由于结构属性的变化主要带来的是价值网络和企业运营模式的变化，因此这种创新引发的商业模式变革主要是基于伙伴界面和内部组织变化的颠覆性创新。

结合以上所提的思路，可以对本书第 5 章的案例进行以下分析（见表6.5）。

表 6.5　颠覆性技术与商业模式的匹配

		技术的颠覆性潜力		相应的商业模式创新
山寨手机企业	技术功能属性	是否增加了新特性	是	·为 BoP 群体提出新价值主张 ·借助非传统营销渠道 ·加强与 BoP 群体的互动
		是否创造了新消费群体	是	
		是否降低了使用技巧	是	
		有无相应的商业生态系统	有	
	技术结构属性	是否强化了网络中合作	是	·基于价值链的生产 ·柔性化组织 ·包容性伙伴界面
		是否改变了参与者位置	是	
		是否降低了产业门槛	是	
		是否催生了新商业逻辑	是	
		是否影响在位企业的能力	是	
太阳能热水器企业	技术功能属性	是否增加了新特性	是	·为 BoP 群体提出新价值主张 ·借助非传统营销渠道 ·加强与 BoP 群体的互动
		是否创造了新消费群体	是	
		是否降低了使用技巧	是	
		有无相应的商业生态系统	有	
	技术结构属性	是否强化了网络中合作	是	·一体化与基于价值链的生产并存 ·柔性化组织 ·包容性伙伴界面
		是否改变了参与者位置	是	
		是否降低了产业门槛	是	
		是否催生了新商业逻辑	是	
		是否影响在位企业的能力	是	
电动自行车企业	技术功能属性	是否增加了新特性	是	·为 BoP 群体提出新价值主张 ·借助非传统营销渠道 ·加强与 BoP 群体的互动
		是否创造了新消费群体	是	
		是否降低了使用技巧	是	
		有无相应的商业生态系统	有	
	技术结构属性	是否强化了网络中合作	是	·基于价值链的生产 ·柔性化组织 ·包容性伙伴界面
		是否改变了参与者位置	是	
		是否降低了产业门槛	是	
		是否催生了新商业逻辑	是	
		是否影响在位企业的能力	是	

6.3.4 颠覆性技术与商业模式的协同创新

根据前文分析，本研究提出如图 6.4 所示的理论模型。

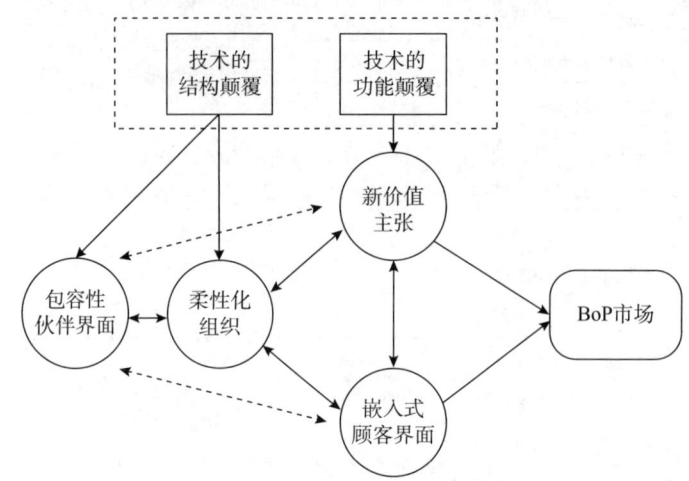

图 6.4 BoP 导向的技术与商业模式的协同创新

本模型认为，新技术首先会影响商业模式内部的要素，并进而对商业模式的结构产生影响，从而促进了新商业模式的出现。其中，技术功能属性的颠覆性变化主要表现为给技术使用者带来更多的功能的和更完善的性能，帮技术使用者更好地完成其想要完成的工作，因此，可以为消费者提高效用，引起消费者可感知价值的变化。企业可以借助技术提供的新功能来为市场提出新价值主张，构建以颠覆性的新价值主张为基础的新商业模式。新价值主张的改变往往会挑战传统用户对产品价值的已有认知，不可避免地会在传统市场受到抵制。因此，颠覆性的新价值主张需要在非传统的市场层级才有吸引力。如果新技术加入了便利化、低价性和去技术化等功能属性，那么企业就可以用新价值主张来进入 BoP 市场。由于企业所能提供的价值主张要受其商业模式其他要素的影响，因此，企业在 BoP 市场中需要建立针对新价值主张的支撑体系，包括面向 BoP 市场的顾客界面、柔性组织和内部运营流程以及新价值网络（伙伴界面）。

技术结构属性的颠覆性变化主要会影响价值网络的构成，使得价值网络中的资源提供和交换方式、价值链不同环节的对接和互动方式等发生变化。在以上变化的基础上，企业需要根据价值网络的变化重新确定最优的组织模式和内部运营模式，并根据企业与价值网络之间的互动关系来构建伙伴界面。因此，可以看出，技术结构属性的变化主要对企业的组织方式和伙伴界面产生影响，引起企业经营模式的转变，并以此为核心建立起企业的核心机制。面向 BoP 市场的发展战略往往伴随着技术和市场的不连续性变化，为了从这种不连续性中捕获机会，企业需要与更多的合作伙伴一起，建立一个合作型的商业生态系统，通过整合各种资源，来建立面向 BoP 市场的商业模式。因此，如果技术结构属性的变化能促进产业链的分解并推动产业链内外不同背景的经济实体加强合作，则这种结构属性的变化会促进面向 BoP 市场的商业模式的形成。另外，为了应对 BoP 市场中的不确定性，企业需要加强与 BoP 市场的紧密合作，因此需要将价值创造环节下沉到更贴近市场的流程之中。如果技术结构属性的改变能降低产业链的进入门槛，允许距离市场更近的经济实体加入产业链之中，则有助于推动更贴近市场的分布式商业模式的出现。比如，联发科技术的出现，将原有的一体化价值链分解为很多小企业就可以解决的价值链环节，并且使得更贴近市场的山寨厂商能够通过全产业链精细合作的商业模式为 BoP 市场服务，推动了这种面向 BoP 市场的商业模式的快速发展。

功能属性和结构属性的变化决定了一项技术的颠覆性潜力，进而对商业模式的创新程度提出了要求。事实上，技术的功能属性和结构属性并不能完全分开，经常是两者一起对商业模式产生影响。如果按照技术功能属性和结构属性的颠覆性程度将其组合在一起，则可以得到如图 6.5 所示的颠覆性判断矩阵。

从商业模式与技术相匹配的角度来看，技术的颠覆性潜力越大，对商业模式创新的要求就越高（Sainio & Puumalainen，2007）。因此技术功能属性和结构属性的颠覆性程度的不同组合，就决定了企业所要采取的商业模式的创新程度和实现手段。

在图 6.5 中，第 III 象限是技术的结构属性和功能属性都不具有太大颠覆性的情况。这种情况的一个基本假设是：企业已有的产品或服务对 BoP 群体具有较大吸引力，只要稍加改动就可以在 BoP 市场中推广。其背后的隐含逻辑是：因为历史、制度等原因，BoP 群体长期被正规的市场体系排除在外，导致 BoP 群体与成熟市场脱节，很多新技术无法在 BoP 市场中推广。除了 BoP 群体本身的因素以外，一个很重要的原因就是缺少了将新技术与 BoP 群体进行联结的商业机制，BoP 市场的经济环境使得遵从传统商业逻辑的企业无法在该市场

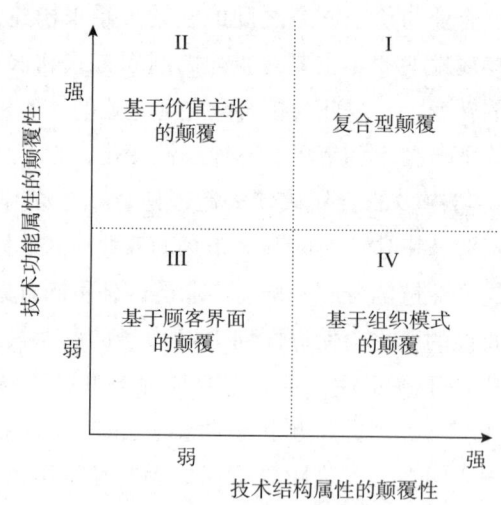

图6.5 技术颠覆性潜力的变化对商业模式创新的影响

中构建成功的商业模式。因此，企业应该改变现有的商业逻辑，通过非传统的顾客界面在 BoP 市场现有的条件下寻找可能的商业机会，从而以新商业模式进入该市场。比如，联合利华印度分公司将 BoP 社区中的人员作为其产品销售的代理人，克服了 BoP 市场中分销渠道不足的障碍，成功将个人卫生用品引入 BoP 群体之中。在构建面向 BoP 市场的伙伴界面的过程中，可以杠杆利用 BoP 群体之间密集的社会资本；同时，NGO 和政府可以在构建面向 BoP 市场的渠道体系方面起到重要的补充作用，因此 BoP 导向的伙伴界面的建设可以成为构建顾客界面的重要手段。该模式在大部分企业都忽视 BoP 市场的情况下比较有效。现有的 BoP 研究都是在印度、孟加拉、埃及等市场基础设施严重欠缺的背景下研究的，第Ⅲ象限内这种基于顾客界面建设的商业模式创新能够克服市场基础设施欠缺的问题，因此企业能够获得较好的收益。而在我国，当 BoP 中的市场基础设施越来越完善的情况下，单凭借这种方式取得竞争优势已经比较困难了。不过值得指出的是，某些政府政策的推行（比如家电下乡政策），有可能推动这种基于顾客界面建设的商业模式创新。在家电下乡政策中，海尔公司就凭借其在各级市场中广泛的嵌入式销售终端获得了较大的收益。

第Ⅱ象限是产品在功能属性方面进行了颠覆，为传统产品注入了新功能属性，从而帮技术使用者更好地完成其想要完成的工作。因此，企业可以借此为市场传递非传统的价值主张，通过吸引对新价值主张更感兴趣的消费者而在新市场构建新价值网络。如果将产品的功能属性分为传统功能和辅助功能，则根据其功能属性的不同组合，企业可以提出如表 6.6 所示的 8 种不同的价值主张。

表 6.6　功能属性变化带来的新价值主张

	传统功能	辅助功能	价格
第 1 种	低	高	低
第 2 种	低	高	高
第 3 种	低	低	低
第 4 种	低	低	高
第 5 种	高	低	低
第 6 种	高	低	高
第 7 种	高	高	低
第 8 种	高	高	高

比如，如果一项新技术在市场认可的传统功能方面较差，但是加入了一些新的辅助功能，则企业可以让消费者以更低的价格得到该技术，或者以更高的价格得到它，这样就得到两种不同的价值主张。由于传统用户更看重传统功能，所以表 6.6 所示的第 5～8 种价值主张对传统用户很有吸引力，其中第 5 种和第 7 种可能对 BoP 市场也会有吸引力（因为可以用更低的价格得到更好的产品或服务）；而第 1～4 种价值主张则颠覆了传统的价值主张，需要在非传统市场才能首先得到推广，其中，第 1 种和第 3 种有可能在 BoP 市场找到其应用空间。由于传统厂商总是在倾听传统顾客的意见（Christensen，1997；Christensen & Raynor，2003），因此凭借第 1～4 种颠覆传统的价值主张，企业可以在新市场建立起针对新价值主张的支撑体系，包括建设新的顾客界面、新的组织方式和内部运营流程，并围绕新技术构建新价值网络（伙伴界面），从而构建起颠覆性的新商业模式。值得一提的是，第 II 象限的这种颠覆方式对应的是 Christensen 所说的新市场颠覆。本书第 5 章所提的案例中，太阳能热水器刚投放市场时，就主要是通过这种价值主张的颠覆，进入了 BoP 市场。

在第 IV 象限中，技术结构属性发生了较大的颠覆性变化，从而引起产业链结构和利益分配机制的改变，并改变价值网络中不同参与者的位置和地位。

前文中已提到，不论是垂直分解产业链还是促进产业链重新整合的技术结构属性变化都会引发新商业模式的形成。本书重点探讨的是前一种结构属性变化，即颠覆掉产业链的传统边界，降低产业门槛，使更多技术能力不高的企业加入产业链，通过精细化的产业链分工与协作颠覆掉需要较高专业技能的商业模式，以更贴近消费者的方式生产和开发新产品。这种新商业模式主要是颠覆了传统的生产组织与新产品开发模式，使企业成本结构发生变动，并进而影响企业可以传递的价值主张，从而颠覆传统的商业模式。通过拆分和重新整合价值链，企业可以建立新的低成本结构，因此在面对 BoP 市场时会具有优势，可以在 BoP 市场发动对低端市场的颠覆。BoP 市场对企业灵活性、速度和效率的要求比较高，因此通过产业链范围内的网络协同来服务于 BoP 市场是一种比较有效的方式，这就要求企业以顾客价值为中心，加强与其他协作企业的联系，通过与其他企业之间的协同效应来展开商业模式创新，将企业的边界扩大，形成网络化的新型商业模式，为顾客带来价值的提升。在该商业模式下，企业可以通过一种虚拟的动态联盟，将不同企业的优势资源联合起来，通过对已有资源的重新配置，实现专业技能或专有知识的共享，使各企业在产业链不同环节提高其商业模式的效率和独特性。在单一企业的边界既定的情况下，借助更大范围内不同企业之间的协同支撑，实现产业链中实物和信息流的协调整合，企业才有可能向顾客提供更大的价值。技术结构属性的颠覆为这种新型的网络协同商业模式提供了可能。值得指出的是，商业模式中组织模式的改变也会对价值主张形成传导效应，引起价值主张的改变，从而企业可以据之将更多消费群体吸引入新价值网络，并对传统商业模式形成颠覆。由于这种商业模式创新主要带来的是成本和便利性等方面的变化，因此可能会对 BoP 市场形成较大吸引力，企业可以据之在 BoP 市场发动对传统企业的颠覆，这种颠覆方式对应的是 Christensen 等（2003）所说的低端颠覆。本书第 5 章所研究的案例中，山寨厂商就是通过这种方式实现了对传统手机厂商的颠覆，太阳能热水器发展后期大量中小企业的出现，也是这种形式的颠覆。

图 6.5 所示的第 I 象限综合了以上几种情况，技术的各种属性都发生了较大变化，因此企业可以借助上述的手段对商业模式做出结构性的创新，对传统商业模式做出更强的颠覆。本书所研究的案例中，电动自行车就是在结构属性和功能属性方面都具有颠覆效应，因此其商业模式综合了以上的特点。该象限

所描述的模式对应的是 Christensen 等（2003）所说的融合了低端颠覆和新市场颠覆的复合型颠覆。

6.4 小结

本章的研究内容继承了第 5 章讨论的内容。基于第 5 章中的发现，本章进一步结合已有研究，从理论层面系统分析了面向 BoP 市场的颠覆性技术和商业模式的特征，并分析了企业通过技术和商业模式的协同创新在 BoP 市场开展颠覆性创新的机理和模式。

我们首先对 BoP 导向的颠覆性技术和商业模式的特征进行了系统分析，发现技术结构属性和功能属性的变化程度决定了技术的颠覆性程度，而针对 BoP 市场的新价值主张、嵌入式顾客界面、柔性化组织和包容性伙伴界面是构建面向 BoP 市场的商业模式的关键要素，这些要素之间的互动和协同构成了完整的商业模式。

在此基础上，本书进一步探讨了技术和商业模式之间的匹配关系，并指出颠覆性技术为企业开展面向 BoP 市场的商业模式创新提供了空间，企业应该在颠覆性技术这个平台上，选择与之相匹配的商业模式，从而成功在 BoP 市场中建立其业务模型。企业所采用的技术的特性变化会首先对商业模式的要素产生影响，并进而影响到商业模式的结构，从而推动企业开展相应商业模式的创新。根据技术结构属性和功能属性不同颠覆性程度的组合，企业可以选择不同的商业模式创新方式与之匹配，并通过颠覆性技术和商业模式的协同创新实现对 BoP 市场的颠覆。

值得指出的是，在面向 BoP 市场的创新中，技术和商业模式在不同情境下的相对重要程度会有所不同。当市场上缺乏适合 BoP 市场特征的产品时，相应的技术创新就显得非常重要，因为将现有技术强行推广到 BoP 市场会与 BoP 群体的功能价值偏好相抵触，这时候单靠商业模式很难让 BoP 群体接受这种不适合的技术，只有在通过技术创新满足了该群体的需求偏好时，相应的商业模式创新才能发挥其作用。另外，当一种适合在 BoP 市场中发展的技术出现时，不同企业所采取的商业模式的不同就成为影响其是否能建立成功 BoP 业务的关键。

综上所述，本章分析了企业如何通过颠覆性技术与商业模式的协同创新在

BoP 市场建立具有颠覆性的业务模型。本书下一章将详细分析这种创新能够在 BoP 市场发生的条件，并且进一步分析在相应颠覆性技术的基础上，企业能够开展的 BoP 导向的商业模式创新的方式和种类。

第 7 章　BoP 导向的颠覆性创新的
实现条件与方式

本书前几章的案例研究显示，BoP 市场具有巨大的颠覆性创新的机会，企业可以通过颠覆性技术和商业模式的协同创新在 BoP 市场找到发展空间。也就是说，当不存在传统意义上的主流市场、并且高端和低端市场之间的区隔比较大时，颠覆性创新可以在 BoP 这个局部市场发生。Christensen（1997）所提的颠覆性创新要求通过低端市场或者新市场颠覆实现对高端的颠覆，正是在这一思路下，Hart 和 Christensen（2002）设想企业通过面向 BoP 市场的颠覆性创新，也可以实现对高端市场的颠覆。然而在现实中，这个条件对于很多企业来说过于苛刻，能够真正从 BoP 市场实现向 ToP（金字塔顶层，即高端市场）市场颠覆的案例尚不多见，只有有限几个跨国公司（如 GE）能够借助其强大的技术和资金实力探索这种"反向创新"模式（Immelt et al.，2009）。

因此，本研究认为，如果将颠覆性创新的条件放宽，并不一定要求其走向高端市场，那么这种定位于局部市场的颠覆性创新机会就会更加丰富，从而颠覆性创新理论的应用性更强，这样可以进一步丰富和发展颠覆性创新理论。从低端到高端这一区间内的异质性市场可以给颠覆性创新提供条件（Adner，2002；Adner & Snow，2010；Adner & Zemsky，2006），其中，一些颠覆性创新适合在 BoP 市场发展，虽然它们最后并不一定能够进一步实现从低端到高端的颠覆，但即使是在这个局部市场，企业仍然可以找到巨大的机会。

除了本书第 5 章所研究的案例外，小灵通是另外一个成功在 BoP 市场发动颠覆性创新的案例（Wu，Ma & Shi，2010；罗譞，2007）。基于 PHS（Personal Handy - phone System）这种颠覆性技术，UT 斯达康公司推出的小灵通业务在价格方面相比手机业务有着显著的优势，但是在使用的便捷性和通话质量方面却比较差，其价值主张满足了 BoP 群体对低价移动通信工具的需求（见表

7.1）。在该技术的基础上，UT 斯达康公司通过与中国电信合作，构建了基于电信营业网络的新顾客界面，并且杠杆利用了电信系统已有的固话网络资源，通过新商业模式在 BoP 市场实现了对传统手机业务的颠覆性创新。通过"农村包围城市"的发展路径，截至 2006 年 3 月底，中国大陆的小灵通用户已达到 8945.8 万（罗谡，2007）。虽然小灵通最终没有能够实现从低端到高端的颠覆，但是在 BoP 市场中，该产品为收入不高的 BoP 群体带来了低价和便利的移动通信服务，并迫使几大移动运营商降低了收费价格，为 BoP 群体带来了更多选择；同时，借助这种面向 BoP 市场的发展策略，UT 斯达康和中兴通讯等公司也取得了快速增长。

表 7.1　小灵通与普通手机的对比

比较项目	小灵通	GSM 手机
每分钟话费	0.11 元	0.40 元
是否单向收费	是	否
月租费	20 元	40 元
呼叫转移	0.06 元/分钟	0.10 元/分钟
短信息	每条 0.08 元	每条 0.10 元
终端价格（均价）	750 元	1500 元

数据来源：根据罗谡（2007）修改。

已有的颠覆性创新理论大多是基于技术创新在探讨这种创新的发展潜力，认为技术在不断升级以后可以把传统用户吸引入新价值网络（Christensen & Raynor，2003）。而本研究则重点探讨的是一定颠覆性技术基础之上的商业模式创新，也就是面向 BoP 市场的商业模式颠覆了传统的商业模式。与技术创新不同，这种颠覆性商业模式是否具备完全取代已有商业模式的潜力则具有很大的不确定性。事实上，已有研究者指出，颠覆性商业模式创新不一定能取代已有商业模式（Charitou & Markides，2003；Markides，2006；Markides & Oyon，2010），最有可能出现的情况是颠覆性商业模式与已有商业模式并存，分别服务于不同的市场。本研究用实际的案例印证了这种说法，在山寨手机案例中，虽然山寨手机的商业模式颠覆了 BoP 市场的竞争格局，但是在高端市场，诺基亚、苹果等公司仍然占据着统治地位，而山寨手机这种商业模式尚没有进一步颠覆这些高端市场的实力。然而这并不能否认山寨手机在 BoP 市场的成功，通过这种颠覆性的商业模式，山寨手机显著拉低了低端市场的产品价格，并且通过各种多样化的手机满足了 BoP 群体对廉价通信工具的需求。根据中国统计局的数据，中国每百户农村家庭的手机拥有量从 2005 年的 34.72 部猛增到 2008 年的 96.13 部（中国统计年鉴，2009），在这其中山寨手机做出了巨大的贡献。

本章将在前文研究的基础上，进一步探究上文所述的颠覆性创新能够在 BoP 市场发生的条件和原因，并总结出企业在 BoP 市场开展颠覆性创新的手段和类型。

7.1　颠覆性创新在 BoP 市场发生的条件

通过前几章的分析，本研究认为，颠覆性创新之所以能在 BoP 市场发生，有三个基本条件：①是否有适合 BoP 特点的颠覆性技术；②BoP 市场中的商业生态系统是否支持颠覆性技术的发展；③不同层级市场是否存在进入壁垒。本节将分三部分分别讨论这三个条件。

7.1.1　是否有适合在 BoP 市场发展的颠覆性技术

颠覆性创新能够在 BoP 市场发展的第一个条件就是出现符合 BoP 市场特点的颠覆性技术。本书所研究的案例都有一个共同特点，那就是在某种颠覆性技术的基础上开展了 BoP 导向的商业模式创新，从而在 BoP 市场颠覆了产业链结构，并颠覆了传统技术。农用电脑是一个反面案例，清华同方公司曾经试图在现有产品架构的基础上，通过引入一些功能并通过商业模式创新进入 BoP 市场（在结构属性和功能属性上都不具有颠覆性），但由于该产品并没有显著提高性价比和使用的便利性，因此并未给 BoP 群体带来可感知价值的显著增加，随后的商业化行为也以失败告终。

根据第 6 章的研究，BoP 导向的颠覆性技术创新主要是在技术的结构属性和功能属性上颠覆了传统技术，加入了一些适合在 BoP 市场发展的特性，从而使得企业有可能以该技术为基础发动颠覆性商业模式创新。通过对前文研究进行总结，本研究认为，以下类型的颠覆性技术的出现可以引发面向 BoP 市场的颠覆性商业模式创新。

（1）可以提供低价、便利化和定制化解决方案的颠覆性技术。

结合本书第 3 章对 BoP 群体特征的分析，可以认为能够提供低价、便利化和定制化解决方案的技术适宜通过 BoP 市场发动对底层市场的颠覆性创新过程。在该市场中，低价是竞争的基础，但在低价这一竞争维度之上，企业还应该为 BoP 提供去技术化、便利化和定制化的技术解决方案。当一项技术的性能远远超出我们的接纳水平时，在传统性能指标足够好的基础上融合入低价和易用等性能指标的技术创新，有可能开启全新的技术轨道并构建一个全新的产业（Christensen & Rosenbloom，1995；Dosi，1982）。然而，这种新技术在主流市场往往受到排斥，而 BoP 市场则为这种技术提供了理想的发展平台。对于很多技术来说，大多数 BoP 群体属于非消费者，因此他们很乐意接受廉价、易用的技术，而对于该技术性能方面的不足则比较包容。企业如果能建立起支撑这种廉价、易用技术解决方案的流程和商业模式，则可以借助 BoP 市场为新技术建立一个全新价值网络，并借助 BoP 市场实现对其他市场的渗透和对现有产业体系的颠覆。

BoP 群体并不关心产品是否有复杂的功能或先进的技术性能，对于该群体的技能与认知水平而言，更高的性能参数只会产生性能剩余，不会带来边际效用的增加，也不会给厂商带来溢价（Christensen & Raynor，2003）；相反，沿着简易、便利、低价与小规模这条创新轨道改进的产品更能在 BoP 市场中体现出其价值，对这些技术特性的追求就表现为 BoP 市场中 4 个 A（affordability，acceptability，availability，awareness）的挑战。值得一提的是，企业在应对 4 个 A 问题时往往可以建立具有竞争性的成本结构，为其在其他市场竞争带来成本优势。

同时，成熟市场中的已有消费者已经对现有技术的功能属性形成了固有的偏好和认知，颠覆性技术在这些传统性能属性上往往比不过传统技术，因此在成熟市场会受到消费者的排斥。与之相反的是，在 BoP 市场中有很多被现有技术系统排除在外的非消费者，他们渴望通过新技术来提升生活水平并且对技术的性能属性有不同的偏好。颠覆性技术在 BoP 市场中更容易取得成功，因为 BoP 市场中的非消费者并不受已有技术的束缚，在采纳新技术时替代成本极低且没有认知和行为习惯方面的障碍，只要能够让新技术被 BoP 群体所负担得起，则新技术可以迅速在 BoP 市场中推广。相比较在成熟市场改变已有消费者对技术性能属性的认知及自身的消费行为习惯而言，克服 BoP 市场中的支付能力障碍显然要容易得多，因为后者可以通过改变成本结构和运用资本工具来实现，而前者却需要在激烈竞争的环境下尝试改变人们的认知习惯。

（2）对已有产业秩序和产业链结构造成颠覆性影响的颠覆性技术。

正如前文所述，技术结构属性的改变有可能对产业结构产生颠覆性冲击，尤其是当该技术具有"去技术化"功能时，新经济实体加入产业链就成为可能，并可以在新背景下组织一种新商业模式；而且产业链的重组允许更靠近终端消费者的生产者出现，使用较少的技能生产足够好的产品，颠覆过去那种需要很深专业技能的商业模式。比如，在山寨手机案例中，联发科将软硬件集成在芯片中以后，使得产业结构被拆分为了许多技术实力不强的小企业就可以完成的产业链环节，这才出现了大量定位于集成产业链资源的山寨厂商，以对市场和技术的快速响应来为 BoP 市场提供其所需的产品。而在电动自行车案例中，核心部件的模块化使得电动自行车的生产出现了"反自动化"的过程，即将本应由流水线机器作业的产品生产过程拆分为了大手工组装和调试，有效降低了进入该行业的门槛，从而催生了很多更贴近终端消费者的企业。

与已有的颠覆性创新研究中更强调颠覆性产品创新不同，本研究发现技术结构属性的改变可以导致工艺方面的颠覆性创新，甚至是对产业链的颠覆性创新。尤其值得指出的是，当技术结构属性的改变产生"去技术化"效果时，这种创新可以使得很多直接面对终端消费者的技术能力不高的企业加入产业链之中，以新商业模式为现有产品加入便利、快捷、定制化、低价等功能属性，从而将更多被传统产品排除在外的非消费群体纳入新价值网络。该类创新非常适合在 BoP 市场发展，因为新技术会解构在位企业已形成的能力，因此会受到产业系统内已有经济力量的抵制，只能通过新商业模式并构建全新价值网络来创建新市场，基数巨大的 BoP 群体显然可以成为这种新商业模式的理想目标。除了本书第 5 章所阐述的山寨手机和电动自行车以外，在山东省内很流行的简易版电动汽车也是这种技术和商业模式的典型案例。

以上所述的几种创新或者能让 BoP 群体解决以前所不能解决的问题（比如，山寨手机能让人们享受廉价的移动终端服务），或者为已有问题提供了解决问题的新思路（比如太阳能热水器提出了新的热水解决方案），因此打破了已有的技术范式（Dosi，1982）；同时，由于新技术范式对其所处的经济、政治和制度背景都提出了新的要求，因此在新的经济背景下更容易得到推广。这些新技术更能满足 BoP 市场的特殊需求，因此适合在 BoP 市场中发展。上述颠覆性技术可以为企业进入 BoP 市场提供技术平台，企业在此基础上建立与之相匹配的商业模式，就可以在 BoP 市场中建立成功的 BoP 业务。

7.1.2　BoP 市场的商业生态系统是否支持颠覆性技术的发展

颠覆性技术往往会扩充已有的价值网络，因此面向 BoP 市场的商业模式的形成，经常会给更多的参与者提供价值创造的机会。同时，在面向 BoP 的商业模式中，企业需要与其他合作伙伴一起构建全新的价值网络，通过与价值链的紧密合作来为用户及时提供完善的解决方案。比如，企业可以定位于价值链的某一环节，杠杆利用价值网络中的其他资源（比如，小灵通借助中国电信的网络销售给 BoP 群体）。因此，新商业模式的形成，除了受新技术功能属性影响之外，往往还要受到 BoP 市场中商业生态系统的影响。

商业生态系统（business ecosystem）是指以组织或个体的相互作用为基础的经济联合体，由顾客、供应商、主要厂家以及其他关联实体所组成，通过相互配合来共同为市场提供商业解决方案（Moore，1993，1996）。随着技术和社会经济活动的日益复杂，企业的成功除了自身力量之外，还要塑造整个商业生态系统的发展。同样地，新技术范式是否能取代旧的范式，一要取决于技术本身的特性以及市场对该技术特性的认可程度（Christensen & Bower，1996；Henderson & Clark，1990），二要看该技术与其所处之生态系统的相容程度（Adner，2006；Adner & Kapoor，2010）❶。前者主要是指新技术相对于旧技术在性能方面的优势，后者主要指现有的生态系统是否支持新技术各项功能的实现。考虑到做出是否采纳新技术决策的是技术的使用者，因此决定新技术是否被采纳的并不是纯粹技术层面的性能优势，而是技术的使用者所能感知到的新技术所带来的效用增加（Hsu，Chuang & Chang，2000；Philibert，2003；Rogers，1995；Shuo - Chang，Yung - Hsin，Chang - Hsien，Yi - Shan & Kuo -

---

❶ 从产业生态系统的角度来看，由于技术的相互依赖作用越来越强，因此，一项技术要想发挥作用，需要相应辅助性技术的支持。一方面，企业需要将产业链上游的不同投入品整合入产品，这被称为投入品（supplier）；另一方面，消费者在使用企业产品时可能需要其他相应产品的支持才能从中获得最大效用，这被称为互补产品（complementor）（Adner & Kapoor，2010）。以电动汽车为例，电动汽车如果要发展，首先需要产业生态系统中来自上游产业链的支持，如电池组和关键配件等；同时，电动车的价值还需要互补性基础设施的支持才能发挥出来（比如充电系统），这样消费者才能从电动车的使用中得到其想要的价值。

Chin，2009）。也就是说，新技术要能够给潜在的使用者带来可感知价值的增加；同理，技术与其所处的生态系统之间的相容性之所以重要，是因为新技术要依靠相应辅助性技术的支持才能将其本身所具有的性能优势传递给使用者。

在 BoP 市场中，商业生态系统就表现为：是否有相应的基础设施；是否有相应的供应商体系，以保证新产品能持续生产；是否已有（或重新构建）相应的营销体系将新技术传递给 BoP 群体，以增加该技术的可获得性；是否有互补产品支持，以保证新技术的性能可以发挥等。其中，基础设施作为 BoP 群体生产和生活环境的重要组成部分，也构成了 BoP 市场中商业生态系统的硬件条件。传统观点认为，大部分 BoP 人群无法获得充足的基础设施和有效的社会服务（例如在交通方面，BoP 环境内的道路情况简陋，且地理位置上远离交通枢纽；能源方面，很多贫困地区依然缺乏基本的电力供应，或处在一种时断时续的不稳定状态）（UNDP，2008），这种基础设施的缺失导致了许多有价值的产品与服务无法进入 BoP 市场。本研究发现，虽然 BoP 市场中的商业生态系统存在很多不完善的地方，但是如果一项技术创新能够有效利用现有的商业生态系统，通过对商业流程进行重新设计或调整来使产品与服务能够更直接面对 BoP 市场的终端消费者，并找出到达 BoP 消费者的不同路径，那么该项技术可以在 BoP 市场中得到快速推广。在山寨手机案例中，山寨厂商利用了手机产业集群中的配套资源和 BoP 市场中已有的多样化销售渠道，构建了山寨手机的价值网络；同时，几大电信运营商早已实现了对大多数农村地区的移动通信网络覆盖，因此，山寨手机的发展很大程度上要得益于完善的投入品和互补产品网络。电动自行车的发展与山寨手机类似。而在太阳能热水器案例中，导致太阳能热水器不得不在 BoP 市场首先发展的一个重要因素是该产品与城市中的基础设施（互补产品）的不匹配，却可以与 BoP 地区的基础设施无缝对接。由此可以看出，城市中成熟的商业生态系统有时候反而可能成为颠覆性技术发展的障碍，反而是 BoP 市场为颠覆性技术重新构建全新的产业体系创造了条件。与太阳能热水器类似的案例还有太阳灶。本书作者所在的课题组在对甘肃的农村地区进行调研时，发现太阳灶这种环境友好型的颠覆性技术在甘肃农村的 BoP 地区应用非常广泛，但是在城市中却非常罕见。

经济活动中的相互依存关系越来越重要，这种现象在 BoP 市场表现得尤其明显。在国内很多产业都建立起成熟的产业链体系的情况下，大的产业结构变化和价值重组的机会有可能为企业开展面向 BoP 市场的颠覆性创新提供机会。由于有限理性和组织认知能力的局限，商业生态系统中现有资源的潜力可能无法被完全开发出来。新的颠覆性技术的出现，有可能激发出这些资源新的用途，将其价值创造潜力进一步发掘出来，为企业整合这些资源进入新市场提供了条件。尤其是 BoP 社区和 BoP 市场中的一些资源，其价值潜力往往因为当地的制度环境和技能水平而被压制，如果新出现的颠覆性技术具备去技术化特性，那么这些资源得以加入价值创造环节之中，在 BoP 市场之中体现出更大的价值。这样，企业可以在 BoP 市场已有的商业生态系统中增加价值；而且为了保持灵活性和低成本，企业可以通过产业链层次的紧密合作来为 BoP 群体提供解决方案。比如，企业可以定位于价值链的某一环节，杠杆利用价值网络中的资源（如分销渠道）来一起为 BoP 市场服务。

7.1.3　不同层级市场间的进入壁垒

前文已经提到，BoP 市场有巨大的商业潜力。中国的多个行业中，并不存在传统的颠覆性创新理论中所提到的主流市场，而是呈现出高度的异质性和不确定性（琚琳丽，2009；琚琳丽，王毅 & 朱恒源，2010）。中国长期的二元经济体制直接导致市场需求二元化，城市和农村市场天然地成为两个相互独立的细分市场。农村这个 BoP 市场在通信、交通、日常生活等领域普遍存在尚未满足的需求，但是由于单个 BoP 消费者的购买力相对较弱而渠道成本较高，因此长期以来 BoP 市场一直被传统企业所忽视。受到资金、技术和购买等方面限制的 BoP 市场属于典型的"非消费"市场，为颠覆性创新提供了发展空间。

然而由于以下原因，在位企业往往忽视这个市场，为后发企业提供了发动颠覆性创新的机会。

（1）动机不对称——战略上不重视。

对 BoP 群体的固有偏见容易导致一个行业中形成忽视 BoP 市场的主导逻辑，这种主导逻辑潜移默化地渗透、积淀、凝结并固定为行业中企业的思维定式，形成固定化的程序和价值观（Prahalad & Bettis，1986），限制企业针对 BoP 市场做出战略性的创新行为。在这种情况下，即使出现了能促进 BoP 市场开发的颠覆性技术，传统企业也会因为战略上的不重视而忽视掉该技术的影响。比如，波导公司投入大量资金建立研发中心，想要在高端市场与诺基亚等公司竞争，对于低端市场却没有投入多少研发力量。事实上，传统企业倾向于将 BoP 市场看作高端市场的低端版本，因此将过时的或者被淘汰的技术应用到该市场，导致 BoP 群体的一些独特需求无法得到满足。将已有技术直接移植到 BoP 市场相当于将原有性能组合体系所传达的价值主张强加给 BoP 群体，这显然与该群体的功能价值观和价值偏好相抵触，其结果只能是该技术无法得到 BoP 市场的认可。

由于 BoP 市场与其他市场之间存在较大的异质性，具有自身独特的需求特征和文化特征，因此面向 BoP 群体的创新要求企业根据该群体的特点以新技术性能组合提出新价值主张，这就要求企业不应该仅仅关注技术本身，而应该研究一项技术在 BoP 市场中所能实现的功能。因此，企业需要去了解 BoP 群体购买和使用产品的环境，包括该群体需要完成的工作的功能性、情感性和社会性要求。为此，企业需要在新产品开发、渠道建设等方面进行转变，致力于开发和销售定位于 BoP 市场环境的产品。而对于传统厂商来说，并不会给 BoP 市场赋予很高的战略地位，因此就不会针对 BoP 市场的特殊要求做出转变。这种动机的不对称，导致了"高端拥挤、低端不足"的战略格局，为企业在 BoP 市场开展颠覆性创新提供了条件。

（2）BoP 市场要求不同的资源获取和资源整合流程。

建立面向 BoP 市场的商业模式往往需要全新的能力。在这里，本研究将能力定义为：将资源整合并转化为一定的产品或服务来为市场提出新价值主张的技巧和惯例等知识的集合（Penrose，1959；Sirmon，Hitt & Ireland，2007）。企业商业模式的一个目标就是提高资源整合的能力和价值创造能力（Amit & Schoemaker，1993），并以新的产品或服务为市场提供新价值主张，从而捕捉到新的增长机会。BoP 市场中的快速多变性要求面向 BoP 市场的企业可以快速整合所需的外部资源，越过传统的生产体系建设而实现快速发展；同时，BoP 市场要求企业保持对技术和市场的快速响应，根据市场需求的变化快速推出相应解决方案。可以说，BoP 市场上建立的新商业模式所要求的新资源整合方式和整合流程对应着新的能力体系（Amit & Schoemaker，1993；Ethiraj，Kale，Krishnan & Singh，2005；仝允桓，周江华 & 赵晶，2008），导致了传统企业的资源和能力基础与 BoP 市场要求之间的不对称，为后发企业的颠覆性创新创造了条件。面向 BoP 市场的颠覆性创新之所以能够成功，靠的就是新商业模式与企业关键资源和能力之间的相互支持。商业模式的变革，带动了关键能力的增长；关键能力的增长，又成为下一步商业模式完善的基础。

（3）BoP 市场经常要求对已有资源实现创造性利用。

已有资源的创造性利用主要指为手头现有的资源找到新用途或者新使用方式，以应对新机会、新问题或新挑战，其重点是依赖于已有资源和那些随手可得的资源（包括可以很低价或者免费获得的资源）来实现新功能。由于资源只有被转化为消费者愿意接受的产品或服务时，其价值才能体现出来，而不同的企业用资源来提供服务的能力不同，因此，为一些企业提供了创造性利用已有资源提供新服务的机会，以利用已有资源来创造更大的经济价值（Hart & Dowell，2011）。资源的创造性利用能力中包括整合已有资源，但在资源整合能力的基础上还要能够从现有资源中发现提供新解决方案的机会，这种资源的重新使用是从已有资源中发现创新的机制。虽然很多企业都有可能采取对已有资源的创造性利用方式，但这种现象在面向 BoP 市场的商业模式中更加普遍，因为 BoP 市场的一个特点就是关键资源的缺失，因此对已有资源的创造性利用就显得非常重要。前文的案例研究发现，企业建立的面向 BoP 市场的商业模式往往经常涉及资源的创造性利用，使得已有资源在新环境下可以为企业和 BoP 群体双方都创造更多的价值。比如，在山寨厂商中，将某一个组件（比如手电功能）整合入手机之中，已经被认为是一种理所当然的事情；再比如，在太阳能热水器案例中，太阳能企业将 BoP 社区中的五金家电商铺都变为了太阳能的销售终端。

要达到对资源的创造性利用，企业要冲破对资源使用的已有认知，拒绝接受对资源使用方向的传统定义（Baker & Nelson，2005），拒绝对限制条件妥协，并坚持尝试解决方案，因此赢得发展空间。也就是说，面向 BoP 市场的商业模式会挑战对资源使用的传统规则和标准，并对外部制度环境的极限进行尝试，探索现有的规则和标准之外哪些限制条件是可以忽略的，哪些是不能做的。比如，传统观点认为，手机生产是高科技行业，企业需要具备一定生产或者研发能力才能生产手机；但是，在集成式手机芯片出现以后，山寨厂商通过整合产业系统内的资源，就可以推出多种很有创意的产品，并且在 BoP 市场之中取得了成功。要对已有资源进行创造性利用，需要资源的使用者具备广泛的技巧以及对资源使用方法的知识，主要是 know – what 和 know – how，有一些技巧或资源处理方式可能是低于行业标准的，但是通过创造性的组合，他们可以提供一些传统组织无法提供的产品和服务。在不断进行资源的创造性利用的过程中，企业的这种技巧和知识会得到拓宽，从而加强其进一步对资源进行创造性利用的能力。

资源的创造性利用能力会促进企业通过拼组手头资源进行创新的技巧，还会对 BoP 中这种基于网络合作的商业模式起到强化作用。对资源进行创造性利用的技巧可以帮助企业开发网络中资源的新价值，因此会促进网络内廉价资源的交换。拼组资源创新出的产品往往不符合大众市场的消费偏好，因此需要面对非传统的消费群体，而且需要在厂商与消费者之间建立一种基于共同发展的交流机制：厂商承诺对产品进行维护和升级，用户则降低对产品性能的预期。通过这种双向责任，企业可以在非消费者中创造市场。尤其值得一提的是，在山寨手机案例中，山寨厂商在对产业链中资源进行整合的过程中，将自己对市场的理解以及对产品价值属性的解读转化为了很多底层创造力，推出了多种扎根于本地市场的新产品。资源的创造性利用能力是这种"草根创新"现象得以出现的原因，从而为山寨现象赋予了更深层次的文化内涵。

与之相对比的是，传统厂商更倾向于正规的资源利用方式和资源利用流程，缺少资源使用的灵活性，这样在 BoP 市场面对关键资源缺失问题时，就很难应付。缺少资源的创造性利用能力，是传统厂商难以进入 BoP 市场的一个障碍因素。

（4）BoP 市场要求快速的需求识别和机会捕捉能力。

机会识别能力主要是指企业能迅速捕获环境变化特征以及环境变化对企业可能产生的影响，识别产业结构变化、新技术趋势和消费需求变化等所蕴含的市场发展机遇，从中识别新的机会；同时，能够迅速选择合适的技术和产品以满足特定消费者的需求。BoP 群体中有很多未满足的需求，通过更贴近 BoP 群体的顾客界面以及柔性化组织体系，企业可以快速捕捉这种隐性需求，并迅速落实为产品。但传统企业基于市场调研的需求捕捉方式却不能满足 BoP 市场的特殊需求，因此难以抓住 BoP 市场的发展机遇。

（5）BoP 市场要求技术和组织的柔性化。

组织柔性能力是企业在职责配置、信息流动等规则和程序的一种组织结构属性，允许各部门打破正规工作程序，以保持工作的灵活性和动态性，同时具备畅通的内部沟通渠道和沟通机制，保障公司的运营模式能因外部环境的变化及时调整。技术柔性能力是指企业所具备的技术体系应有利于快速增加新内容，以支持其根据市场变化快速增加产品和服务的种类。技术和组织的柔性能力是面向 BoP 的商业模式保持低成本、并为 BoP 市场提出多样化解决方案的重要技巧。然而传统厂商的正规流程和组织，使得其在面对异质化和快速多变的 BoP 市场时，缺乏足够的灵活性，从而难以应对市场的需求。

通过以上分析可以看出，由于面向 BoP 市场的商业模式经常伴随着产业链的重新整合，因此要求企业的能力基础发生改变。这种商业模式所要求的能力要求传统厂商解构原有的生产组织方式和资源整合流程，从而颠覆掉传统厂商的价值创造和价值获取逻辑，要求传统厂商重新培养产业链集结能力。面向 BoP 市场的商业模式对传统商业模式的能力解构作用是传统企业无法对 BoP 市场的特殊需求做出快速响应的重要原因。

基于以上分析，本研究认为发展动机的不对称以及 BoP 市场对资源整合和机会识别等方式的特殊要求，是传统企业无法在不同市场层级间自由进出的重要原因（见图 7.1），这种进入壁垒构成了颠覆性商业模式创新中的隔离机制（王炳成 & 许长宇，2010），为新进入企业提供了颠覆性创新的机会。

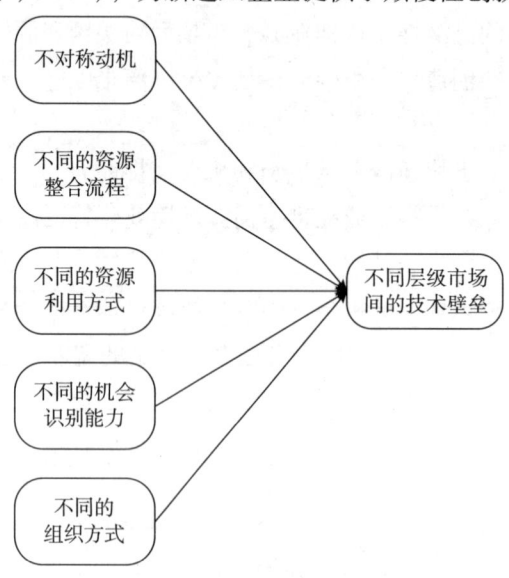

图 7.1　造成不同层级市场进入壁垒的因素

　　综上所述，颠覆性技术是否适合 BoP 市场、BoP 市场中的商业生态系统是否支持颠覆性技术的发展以及不同层级市场之间的进入壁垒构成了颠覆性创新在 BoP 市场发生的条件，这三个条件决定了颠覆性创新能否在 BoP 市场发生。基于以上分析，本研究建立如图 7.2 所示的分析体系。

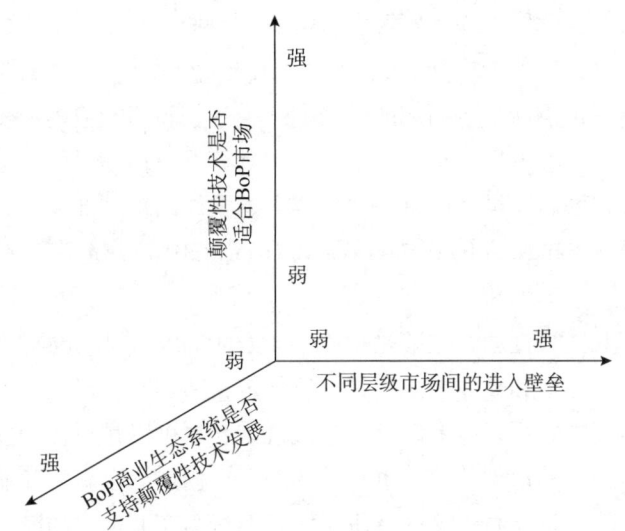

图 7.2　颠覆性创新在 BoP 市场发生的条件

　　以上三个条件的组合决定了企业能否在 BoP 市场通过商业模式创新发动颠覆性创新，在越接近原点的位置，企业发动颠覆性商业模式创新的可能性越小；反之，距离原点越远的地方，企业越容易通过颠覆性商业模式在 BoP 市场颠覆现有产业结构。中国 BoP 市场潜力巨大，而且不同市场区隔之间较大的异质性可以为颠覆性创新创造条件。在上述三个条件都满足的情况下，颠覆性创新可以在 BoP 这个局部市场实现。

　　根据前文的论述，颠覆性技术的出现为企业在 BoP 市场发动颠覆性创新过程提供了条件，企业在此基础上的商业模式创新是颠覆性创新得以实现的重要保证。本书下一节将在以上分析的基础上，进一步探讨在 BoP 市场开展颠覆性商业模式创新的手段，以及 BoP 市场可以孕育的颠覆性商业模式的种类。

7.2 面向 BoP 市场的颠覆性商业模式创新

7.2.1 创新的实现手段

商业模式创新常常表现为资源整合方式的改变。从本质上讲，企业商业模式创新是通过对其价值创造和价值获取活动进行优化选择，并对某些价值活动进行创新，然后再重新整合而成的。当商业模式创新与相应的颠覆性技术结合起来时，就会产生颠覆性效果。本书将这种具有颠覆性效果的商业模式称之为颠覆性商业模式创新。虽然已有一些研究开始关注颠覆性商业模式创新的概念（Christensen & Hwang，2009；Markides & Oyon，2010），但尚没有研究对其进行比较严格的界定。

颠覆性商业模式创新，主要是根据企业已有的经验和资源，依托新市场，打破现有的思维习惯和商业模式要素，重新定义顾客价值以及产品或服务的传递路径。其实现方式可以是突破旧的游戏规则，也可以是对传统价值链进行要素的重构与整合，实现创新要素更有效的配置，创造出全新的商业模式。

根据前文的分析，并借鉴已有研究，我们认为商业模式的颠覆性体现在以下几个方面：

第一，为顾客提供了非传统的价值组合，将更多用户吸引入新价值网络，从而有效扩充了市场基础并改变了产业的边界；

第二，允许更多非传统的经济实体加入价值链，实现价值创造环节的扩张；

第三，改变了竞争规则，构建了新的价值创造和价值获取的逻辑。

商业模式创新中可以有三种手段来改变游戏规则：第一，重新设计价值链结构，以降低成本并提高传递给顾客的价值；第二，提供新顾客解决方案，为顾客提供新价值主张；第三，发现潜在顾客，重新定义顾客基础（Willemstein，van der Valk & Meeus，2007）。

结合本书 6.3.2 节中的分析，我们认为在面向 BoP 市场的创新中，企业可以通过三种手段来建立颠覆性的商业模式。

第一，通过顾客界面创新，将被传统市场排除在外的 BoP 消费者与现有市场联结起来。正如前文所述，顾客界面建设包括两部分内容：一是如何将企业的产品和服务传递给 BoP 消费者，二是企业与 BoP 消费者之间如何进行信息的传递和沟通。顾客界面创新的原则就是以合理的成本达到不断提高 BoP 群体接触效果的目的，要回答的一些基本问题有：如何与 BoP 群体有效地交流？潜在顾客如何获得产品和服务信息？产品和服务如何以最佳的方式到达 BoP 市场？对以上问题的正确回答是企业在 BoP 市场建立良好顾客界面的基础和前提。现有的市场基础设施往往很难深入 BoP 地区，企业与 BoP 群体之间的联结是不连续的，为企业的价值传递过程带来困难；同时，BoP 群体的经济行为具有强烈的本地社会性和对外排斥性，这就要求企业在将新价值主张传递给该群体时采取非传统的顾客界面。比如，在 BoP 市场中要求企业与 BoP 群体之间进行更多直接沟通和互动，以更好发掘该群体中的隐性需求。能够更好地与 BoP 群体建立联结的企业就有可能通过顾客界面创新在 BoP 市场建立颠覆性商业模式。

不过，值得指出的是，上述基于顾客界面的商业模式创新的一个基本假设是 BoP 市场中市场严重失灵，导致大部分技术无法被 BoP 群体接触到，这样企业才有通过界面创新开拓 BoP 群体的发展空间。这种创新方式在孟加拉、非洲等市场经济严重不健全的国家比较适用，而在中国其发展空间则相对有限。因此该创新方式往往需要与下文所述的其他手段结合才更加有效。

第二，以新的顾客解决方案为市场提供新价值主张，并由此而进行商业模式的重新设计，从而在 BoP 市场建立颠覆性业务模型。不同市场层级的消费者重视的产品属性也不一样，这就为企业通过颠覆性的价值主张进入新市场创造了条件。在同质化竞争日益严重的情况下，能够率先提出颠覆性价值主张的企业能够迅速成为新市场的领跑者。企业可以从 BoP 群体的需求特征出发，通过对其需求的深入发掘、理解和把握，搜索为其提供新价值的机会，从而形成一种新的市场定位，扩充现有的市场边界。从操作角度考虑，新价值主张的提出意味着产品和服务功能属性的改变，企业可以通过产品和服务中不同价值元素之间的删减、嫁接、转换和整合，使其功能属性能产生更有针对性的顾客利益，为 BoP 消费者提供更大价值。

第三，拆分或重新整合价值链，使企业的成本结构和价值创造方式发生变动，并进而构建面向 BoP 市场的新商业模式。价值链的拆分或重新整合可以使企业建立新的低成本结构（王敏，2009），由此为进入 BoP 市场奠定基础。同时，价值链的重新组合有可能形成新的价值网络，从而催生新的企业组织方式。BoP 群体的地理分散性和本地化价值观倾向决定了很难存在一个统一的 BoP 市场，在面对这些异质性的 BoP 市场时，传统的以规模经济为导向的价值创造逻辑往往无法适应该市场的需求特点。与之恰恰相反的是，该市场要求企业能够高效地获取关键资源，并快速将其整合为市场所需的方案，因此客观上要求面向 BoP 市场的企业采取新的组织体系和价值创造方式（周江华，全允桓 & 邢小强，2011）。在 BoP 市场中，企业需要利用其他企业的资源，构建网络化的协同创新模式，从而对传统商业模式实现颠覆。正如前文所述，颠覆性技术的出现会对现有产业链形成颠覆性冲击，使得重新拆分或者整合现有价值链成为可能，企业可以通过对价值链分解和整合以及对价值网络的重新界定来寻求改变现有规则的方法，寻找颠覆现有商业模式的途径。

企业可以通过以上三种方式有效组织其战略资源，达到满足顾客需求并实现价值创造的目的。企业通过以上方式建立的商业模式必须具有独特性和高效率，才能为其在 BoP 市场带来灵活性，为企业和消费者双方都带来收益。随着企业间的相互学习，上述的颠覆性创新有可能在产业内实现扩散，实现整个产业的运作模式在低端市场的颠覆性创新。本书第 5 章所研究的案例中，这几个产业内的企业通过产业链内的深度分工，在技术含量不高的情况下通过分工协作实现了低成本生产，这种模式就是产业运作层次的颠覆性创新。日本的精益生产和即时制造等模式在当时特定的历史时期也属于产业层次的颠覆性商业模式创新。

7.2.2 面向 BoP 市场的颠覆性商业模式的种类

本书上一节讨论了企业在 BoP 市场推行颠覆性商业模式创新的手段。结合本书的案例研究，我们发现借助以上几种手段在 BoP 市场中可以形成以下两类商业模式：平台型商业模式（platform – based business model）和产品型商业模式（product – based business model）。

7.2.2.1 平台型商业模式

该类商业模式对应的是拆分或重新整合价值链的商业模式创新。随着颠覆性技术结构属性的变化对产业价值链产生解构效应，企业可以聚焦于产业链的某一个环节，通过网络化的协同创新来服务于 BoP 市场。具体而言，就是一些企业聚焦于开发和发展技术平台，为直接面向 BoP 市场的企业提供技术方案；而在技术平台和产业链的支持下，大量企业则通过分布式的经济系统实现面向 BoP 市场的价值创造、价值传递和价值获取过程。

虽然 BoP 群体整体上购买力巨大，但却无法形成一个统一的市场。BoP 群体呈现出区域内的集中性和区域间的分散化特征，一定地域内的 BoP 群体倾向于保留自身的文化、行为特征，因此单一 BoP 群体内部有强烈的归属感和行为一致性，但不同的 BoP 群体间则可能由于文化特征的不同而较难融合，导致不同 BoP 群体之间价值取向和价值偏好的差异。这些特点要求企业具备快速市场响应能力，并且能够通过服务于多个异质性的市场而获利并成长，这就为追求规模经济的企业提出了挑战。在面对这些具有强烈本地化价值取向的 BoP 市场时，形成一系列分布式的本地化经济系统可以成为有效策略（见图 7.3）。

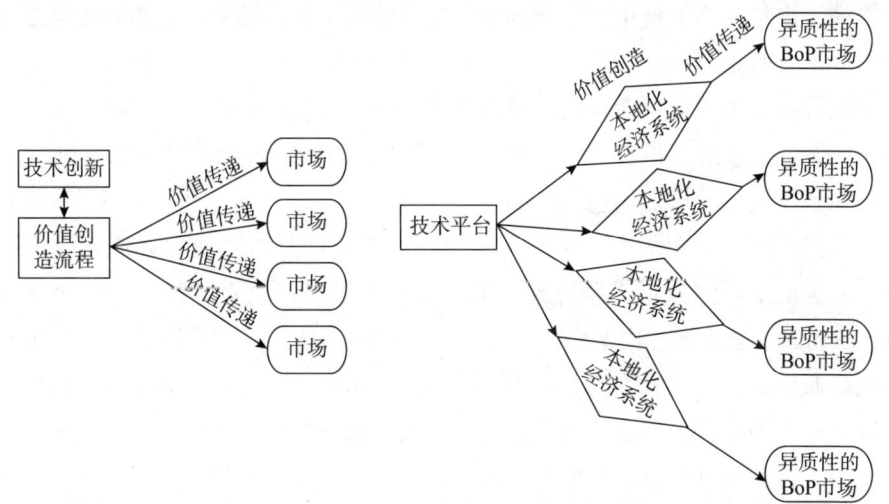

(a) 传统市场中的价值创造和价值传递流程　　(b) 面向BoP市场的分布式价值创造和价值传递流程

图7.3　从传统商业模式到平台型商业模式

如图 7.3（b）所示，面对众多异质性的 BoP 市场，价值创造环节被转移到分布式的本地化经济系统中，以灵活的生产方式和快速响应能力应对多样化的 BoP 市场。正如前文所论述，嵌入式产品和市场开发是企业开展 BoP 业务的有效手段，相比较大企业而言，本地化的经济系统更容易嵌入当地社区并与 BoP 群体开展各种互动，因此可以与当地的各种利益相关者共同创造本地化解决方案。

需要指出的是，要建立这种分布式的本地化经济系统，需要当地的经济系统具备参与价值创造的能力，因此本地化能力建设是不可或缺的环节（London & Hart，2004）。总体来说，本地化能力建设有两种途径：第一，提高本地化的技能并填补当地的制度缺陷，以提高本地经济实体参与价值创造的能力，比如，对当地企业家进行技能培训、基础设施建设、促进当地组织与市场的联结等；第二，通过去技术化（deskilling），降低本地经济实体加入价值创造环节的技术门槛。对于技术实力较强的大企业来说，可以通过培育这种分布式的本地化经济系统并与之结成战略联盟来进入 BoP 市场，即为 BoP 市场中的分布式经济系统提供各种支持，并杠杆利用经济系统中的中小企业开展 BoP 业务的优势，与这些经济系统一起开发 BoP 市场。通过这种方式，企业一方面可以更加专注于自己在产业链中的优势环节，另一方面可以借助分布式的经济系统实现对 BoP 市场的开发，获取网络外部性带来的收益。同时，提供技术平台的企业可以进一步为下游企业提供一整套生产、管理以及市场信息的解决方案，既为中小企业的发展提供有力的技术支持，同时又帮助小企业解决其技术水平不高的问题，实现了价值创造环节的下沉。

当然，正如前文所述，该类商业模式的有效运行需要成熟产业系统的支持，以保证下游的分布式经济系统能及时获得必需的资源，将其整合为面向 BoP 市场的解决方案。山寨手机和电动自行车的快速发展，借助的就是这种平台型商业模式。在山寨手机案例中，联发科公司推出的一站式解决方案构成了山寨手机发展的技术平台，在此基础上，大量山寨厂商借助深圳本地成熟产业系统的支持，通过分布式的生产方式实现了在 BoP 市场的快速发展；在电动自行车案例中，电池、电机等关键组件构成了电动自行车的平台技术，通过江苏省、浙江省等地产业集群的支持，大量电动自行车企业实现了分布式生产；在太阳能热水器发展后期，随着 LN 等专注于产业链关键环节的公司的出现，该行业中也出现了类似的发展模式。

已有的 BoP 研究大多提到基础设施不足的障碍在 BoP 业务中的负面影响，并进而认为只有大型跨国公司才具备克服这一障碍的资源基础（Prahalad & Hart，2002）。本研究则发现，成熟的产业系统可以弥补企业自身资源和能力的不足，中小企业可以通过杠杆利用已有的基础设施以及广泛分布于 BoP 市场中的代理人网络，通过整合各种外部资源以进入 BoP 市场，在这个过程中，中小企业可以发挥自身灵活、响应速度快等优点，在 BoP 市场中建立自身独特的竞争优势，而且已有 BoP 研究中提到了嵌入式创新在企业开展 BoP 业务中的作用，在嵌入当地社区以及与 BoP 群体深入互动方面，中小企业比大企业具有优势。而大型企业可以杠杆利用中小企业在开展 BoP 业务中的优势，通过关注于产业链中自身专长的环节并与中小企业结成战略联盟来进入 BoP 市场。

7.2.2.2　产品型商业模式 – 新价值主张和深度嵌入式市场开发

该类商业模式是基于新价值主张和顾客界面创新两种方式的综合，其基本前提是企业的产品（或服务）在功能属性上颠覆了传统产品（服务），因此企业可以凭借新价值主张进入 BoP 市场。嵌入式顾客界面则是企业进入 BoP 市场的方式。

以法律和契约为代表的正式制度以及相关支撑性基础设施在 BoP 市场经常缺失，因此该市场中的经济行为大多伴随着基于相互信任的社会性活动。在一项创新从被认知到被认可、再到被采纳的复杂过程中，BoP 群体最重视熟人推荐等沟通方式，而且 BoP 市场中的很多购买习惯是与当地的习俗、当地居民的生活习性紧密联系在一起的，要求企业以更符合当地习俗和沟通习惯的方式推销其产品。

BoP 市场中的这些特点决定了在该市场中深度嵌入式开发策略更加有效（图 7.4）。由于 BoP 群体长期被正式经济体排除在外，该群体和一般企业在对文化和商业环境的感知与理解方面会存在差异，造成二者之间的心理距离，从而妨碍了 BoP 群体对企业产品的认同。为此，企业首先需要通过建立深入社区的机构以消除与 BoP 群体的地理距离，提高自身产品的可感知性；同时，企业需要通过启蒙教育、整合当地习俗的营销等手段培养该群体对企业产品的认同感，以提高产品的可接受性。在此过程中，企业通过本地化学习来体验与理解

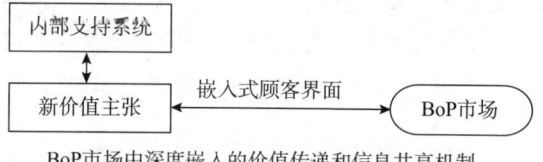

BoP市场中深度嵌入的价值传递和信息共享机制

图 7.4　深度嵌入式产品型商业模式

BoP 当地社区内的生活与生产活动，不仅要了解诸如 BoP 人群的收入与支配状况等直观信息，而且要获取那些支撑 BoP 社区内社会、经济与文化活动的运行机制与规律方面的隐性知识，以辨析 BoP 市场与中高端市场间的差异，并通过产品与营销手段创新来更好满足当地居民的需求。

西方学者比较推崇这种嵌入式开发模式，认为企业进入 BoP 市场时，需要与本地的各种组织建立嵌入性的紧密联系，以更好地理解本地市场特征和用户需求（London & Hart，2004），并消除心理距离、填补制度空洞和降低不确定性（Mair & Martí，2006）。本研究认为，在市场基础设施不健全时，通过这种嵌入式顾客界面可以用较低的成本弥补企业终端延伸不足的窘境，并且可以提高企业在 BoP 市场中的合法性，从而有效提高相应产品的可获得性、可感知性和可接受性。太阳能热水器早期在农村市场的发展过程中，企业就采取了深入嵌入式的开发策略，有效推动了太阳能热水器在农村地区的快速增长。

7.3 小结

本书研究发现颠覆性创新可以在 BoP 市场这个层次发生，实现对局部市场的颠覆。本章主要探讨了颠覆性创新在 BoP 市场发生的条件，构建了由"颠覆性技术是否适合 BoP 市场""BoP 市场中商业生态系统是否支持颠覆性技术的发展"以及"不同层级市场之间的进入壁垒"所构成的分析框架。在此基础上，我们分析了在 BoP 市场开展颠覆性商业模式创新的手段和类型，提出基于顾客界面的创新、基于价值主张的创新和基于价值链整合的创新三种手段，并总结出"技术平台型"和"产品型"两种面向 BoP 市场的商业模式。

研究发现，成熟的产业系统可以弥补企业自身资源和能力的不足，中小企业可以通过杠杆利用已有的基础设施以及广泛分布于 BoP 市场中的代理人网络，通过颠覆性商业模式创新整合各种外部资源以进入 BoP 市场，并发挥自身灵活、响应速度快等优点，建立成功的 BoP 业务模型。而大型企业可以杠杆利用中小企业在开展 BoP 业务中的优势，通过关注于产业链中自身专长的环节并与中小企业结成战略联盟来进入 BoP 市场。本研究丰富了破坏性创新和 BoP 研究。

第8章 结论与展望

8.1 研究结论

金字塔底层（BoP）战略强调将 BoP 群体纳入到企业的商业活动和价值链中来，在共同的价值创造活动中为双方都带来收益。企业实施 BoP 战略意味着更多人口被包容到全球价值创造过程中来，为企业界和 BoP 群体提供巨大的发展机遇。虽然单个 BoP 群体的购买力较低，但凭借其巨大的基数，仍然可以构成一个不容忽视的市场。同时，作为非消费者的 BoP 群体相对比较宽容，可以为新技术和企业的发展提供一定的缓冲空间。企业可以凭借在 BoP 市场培育的新技术和商业模式，特别是颠覆式创新来实现迅速成长。

已有研究已指出，BoP 战略与颠覆性创新相结合可以为企业提供新的机会之窗。由于 BoP 市场中有大量没有被包容进现有价值网络的非消费群体，如果企业可以通过创造新的价值网络在该市场中推行颠覆性创新，则能够以该市场为平台获得快速发展（Hart & Christensen，2002）。颠覆性创新可以成为 BoP 战略与企业创新行为的结合点，为学术界和商业社会研究面向 BoP 市场的创新提供新思路。

基于以上背景，本研究在对 BoP 市场特征进行梳理的基础上，用案例研究方法探讨了企业如何通过颠覆性技术与商业模式的协同创新在 BoP 市场实现快速发展。我们首先回顾了自从 BoP 概念提出十年来理论界已经取得的研究成果，并借鉴营销和战略视角、颠覆性创新视角、社会网络视角、创新扩散视角、商业模式创新视角和社会创业视角的研究，对 BoP 领域的已有研究进行了梳理，并针对已有研究的不足以及结合中国的实践提出了本研究的研究内容。在此基础上，本书用扎根理论对山寨手机企业、太阳能热水器企业和电动自行车企业在 BoP 市场的创新行为进行分析，从案例中归纳出面向 BoP 市场的颠覆性技术和商业模式创新的特征和维度，并且构建了企业 BoP 导向的颠覆性技术与商业模式协同创新的分析框架。在此基础上，本研究总结了面向 BoP 市场的颠覆性创新发生的条件以及实现的方式。

具体而言，本书通过研究得出以下结论：

第一，由于企业所采取的创新行为由目标市场的特征所决定，因此，本书从消费、能力、认知和环境四个维度系统总结了 BoP 市场和 BoP 群体的特征，以找出 BoP 市场的特性为企业创新所提供的机遇和挑战。我们发现，BoP 市场的特性要求企业进入该市场时在技术和商业模式方面分别进行不同程度的创新，两者互相补充，缺一不可。基于以上分析，本书提出技术与商业模式协同创新的描述性框架，并据此提出了本研究的研究设计和研究方法。

第二，本书采用嵌入式多案例研究设计，对多家山寨手机企业、太阳能热水器企业和电动自行车企业在 BoP 市场的创新行为进行了研究，并且采用扎根理论对案例研究中得到的质性数据进行分析，从中分别总结出颠覆性技术的结构属性颠覆和功能属性颠覆两个维度，以及商业模式的新价值主张、嵌入式顾客界面、柔性化组织和包容性伙伴界面四个维度，将已有研究中的一些理念具体化为可操作化的构念，推动了 BoP 研究和颠覆性创新研究进一步走向纵深。

第三，在对山寨手机、太阳能热水器和电动自行车三个行业内的企业进行分组研究的基础上，本研究对三个行业进行了跨案例比较分析，并将案例研究发现与已有研究进行了对接，从理论层面进一步探讨了 BoP 导向的颠覆性技术和商业模式创新中各维度的内涵。随后，本书分析了商业模式各要素之间的互动关系，并指出各要素之间的协同才构成完整的 BoP 导向的商业模式。已有 BoP 研究很少系统地探讨 BoP 商业模式的内部要素以及要素间的互动关系，本书的研究是已有研究的系统化和进一步深化。

第四，在以上研究的基础上，本书从技术与商业模式匹配的角度探讨了企业如何在 BoP 市场开展颠覆性创新。结合案例研究中的发现，我们提出 BoP 导向的技术与商业模式协同创新的模型，指出技术的结构属性变化和功能属性变化会对企业商业模式各要素以及商业模式结构产生影响。具体而言，技术功能属性的变化会影响企业为 BoP 市场提供的价值主张，而结构属性的变化则会影响企业的运营模式和合作伙伴界面的建设，功能属性和结构属性的共同作用导致了企业可以通过创新性的商业模式，在 BoP 市场实现对已有产业秩序的颠覆性创新。基于以上分析，本书提出根据技术的颠覆性程度进行相应商业模式设计的思路，而且根据技术的结构属性和功能属性不同颠覆性程度的组合，本书总结出了基于顾客界面的颠覆、基于价值主张的颠覆、基于组织体系的颠覆和复合型颠覆四种商业模式创新。

本研究所提的分析框架不但深化了颠覆性创新和 BoP 研究，而且对商业模式研究也有贡献。现有的大多数研究只专注于商业模式本身，对于新技术对企业商业模式的影响却很少涉及，结合新技术的特征来分析企业商业模式创新的研究还比较少，探讨企业如何根据外部技术环境变化来进行相应商业模式变革的研究还比较缺乏（吴菲菲，徐艳 & 黄鲁成，2010）。另外，技术本身的性质以及技术创新过程的管理在学术界很受重视，但是商业层面影响技术成功的要素却被已有研究所忽视。本研究创造性地将技术与商业模式创新结合在了一起，提出技术与商业模式协同创新的分析框架，是对已有研究的补充。

第五，本研究指出，BoP 市场确实可以为颠覆性创新提供理想的发展平台，即使不考虑从 BoP 市场到高端的颠覆过程，在 BoP 市场这个局部市场空间内仍然可以有很大的颠覆性创新空间。在此基础上，本书总结了颠覆性创新在 BoP 市场发生的条件，用"颠覆性技术是否适合 BoP 市场""BoP 市场中商业生态系统是否支持颠覆性技术的发展"以及"不同层级市场之间的进入壁垒"三个维度构建了面向 BoP 市场的颠覆性创新的分析框架。根据该框架，距离原点越远的区域，在 BoP 市场发动颠覆性创新的成功概率越大。本书所研究的三种产品（山寨手机、太阳能热水器和电动自行车）就是因为满足了在 BoP 市场发动颠覆性创新的条件，大量企业才在颠覆性技术的基础上通过商业模式创新在 BoP 市场获得了成功。本研究进一步拓宽了颠覆性创新的应用范围，使得颠覆性创新的空间更大，从而丰富了颠覆性创新研究。

第六，在对已有案例进行总结的基础上，本研究进一步归纳出面向 BoP 市场进行颠覆性商业模式创新的手段和种类，从基于价值主张的创新、基于组织模式的创新和基于顾客界面的创新三个角度分析了颠覆性商业模式创新的实现手段，并在此基础上提出"技术平台型"和"产品型"两种面向 BoP 市场的商业模式。本书的研究进一步丰富了颠覆性创新和 BoP 研究。

8.2 本研究的主要创新点

本书的创新点可以归纳为以下几点：

第一，本研究指出了商业模式创新在 BoP 导向的颠覆性创新中的作用，并采用了基于扎根理论的多案例研究方法进一步提炼出 BoP 导向的商业模式创新的具体维度，将其具体化为可操作化的变量。在此之前，学术界倾向于对颠覆性创新中的商业模式做模糊化处理，很少去关注其中的具体要素，本书的研究是对这些已有理念的具体化和进一步深化。

第二，本书从功能属性和结构属性两个角度探讨了技术创新的颠覆性来源，并提出"技术发展的指向性"这一概念，总结出适合在 BoP 市场发展的颠覆性技术创新的类型，使得对颠覆性创新的分析更结构化。

第三，基于案例研究，我们指出颠覆性技术和商业模式创新的协同是企业面向 BoP 市场创新成功的关键要素，这对 BoP 研究是一个推进。本书从技术的结构属性和功能属性对商业模式各要素的影响角度，探讨了 BoP 导向的商业模式与技术创新的匹配机理，提出技术和商业模式协同创新的分析框架，并提出根据技术的不同颠覆性程度进行相应商业模式创新的分析思路。本研究将技术创新和商业模式创新研究联系了起来，推动了相应研究的进展。

第四，本研究指出，颠覆性创新可以在 BoP 这个市场层次发生，颠覆性创新的颠覆对象可以是局部市场，这丰富和发展了颠覆性创新的理论，使颠覆性创新的机会更丰富，从而使颠覆性创新理论的应用性更强。在此基础上，本书进一步分析了颠覆性创新在 BoP 市场发生的条件，提出由"颠覆性技术是否适合 BoP 市场""BoP 市场中商业生态系统是否支持颠覆性技术的发展"以及"不同层级市场之间的进入壁垒"三个维度构成的分析模型，使得面向 BoP 市场的颠覆性创新具有了更强的可操作性。研究结论对于那些实施或计划实施面向 BoP 市场的颠覆性创新的企业具有指导意义。

第五，本书对企业面向 BoP 市场的商业模式进行了总结，提出"技术平台型"和"产品型"两类商业模式，丰富和推进了 BoP 研究。本研究基于中国案例提出的基于技术平台和产业系统的分布式经济系统模型，弥补了已有 BoP 研究中忽视本地中小企业的不足。本书研究指出，基于产业系统的大量中小企业可以比大型企业更有效地服务于 BoP 市场，这一结论是对"分布式技术"这一商业模式的进一步深化，是对已有 BoP 研究的重要补充。

8.3　本研究的局限性和未来展望

8.3.1　研究局限性

本研究所进行的是一项探索性研究。由于 BoP 研究尚无成型的理论框架，本研究在探索的过程中存在着一些不足，需要在未来的研究中进一步补充和完善。本研究的局限性主要体现在以下几方面：

（1）在研究结论的信度和效度方面，本研究虽然采用了规范的案例研究设计，而且遵循了三角测量法来保证案例研究的信度和效度，并得出了具有一定系统性的结论，但部分研究结论的外部效度仍然无法得到充分验证，没有达到"理论饱和"的阶段。其原因主要是因为基于 BoP 市场发展起来的行业比较有限，可供选作研究样本的企业数量比较少，不足以支持更多样化的样本选择。随着 BoP 战略在学术界和企业界获得越来越多的重视，这一状况有望得到改观。未来应该选取更多行业作为研究对象，进一步深化研究结论，并提高其外部效度。

（2）本书主要是研究同一行业内的企业在商业模式方面的共性，从中归纳出了某一类企业群的商业模式的特征，而没有考虑行业内不同企业之间的差异。在实际的经济生活中，即使是采取了同一类商业模式的企业，其具体运作模式也有所不同。忽视了不同企业之间的这种差异，会使得研究结论对实际企业的指导意义有所下降。未来研究可以考虑以单个企业作为主要研究对象，研究不同企业之间在商业模式和绩效方面的差异。

（3）在研究方法上，本研究主要采用了符合探索性逻辑的质性研究方法。质性研究方法虽然在研究不同变量之间的因果关系和内部机理方面具有一定的优势，但是在外部效度方面存在不足。文中所提到的颠覆性创新的运作机理和发生条件，很多情况下要受外部宏观经济环境的影响。比如，本研究所提到的基于产业链合作的商业模式需要成熟产业系统的支持，这种商业模式在移植到产业系统不太完善的国家或地区时就要受到限制，我国的山寨手机企业在向国外复制其商业模式时就遇到了这些问题。因此，对于文中所提的研究框架，需要在更广泛的经济背景下探讨宏观经济环境对该框架的影响，以使得本书的研究结论具有更强的普适性。随着 BoP 研究的不断深入，未来研究可以考虑采用定量研究方法，通过大样本调研的方式进一步验证本研究结论的有效性。

8.3.2　未来研究方向

未来研究可以着重在以下几方面展开：

（1）介入式研究。

面向 BoP 市场的创新是一项与企业管理实践紧密结合的应用性研究，在理论框架尚未成型时，基于探索性逻辑的案例研究方法比较适合。但案例研究方法也有其局限性。案例研究主要是通过观察并解释已有现象来提炼理论，属于基于阐释主义的研究范式，这种研究范式会导致理论总是落后于实践，对实践的指导作用大大下降。本研究提出的分析框架虽然是理论和实证的结合，但所依赖的实证基础仍是已发生的现象，该框架是否符合企业的未来发展还需要验证。因此，后续研究应把介入式研究作为研究方法之一，在目前所研究的企业中，选择试点企业，深入其经营活动和创新实践并对其施加影响，更加严格地控制研究进程，显著加强理论建构的修正反馈机制，以进一步提高研究结论的有效性。

（2）企业 BoP 导向商业模式的演化。

BoP 商业模式的进一步演化是理论界和实业界都很关注的问题，关于这个问题，目前有两种看法：①开展 BoP 业务的企业可以将自己的商业模式复制到其他 BoP 市场，实现"BoP - BoP"的发展模式，如 Grameen 银行从孟加拉到阿富汗、印度等的发展；②克服 BoP 市场中各种极端条件所建立的商业模式具有较强的可复制性和可扩性，可以应用到各种市场条件更完善的金字塔顶层（ToP）市场，实现"BoP - ToP"的发展模式。

在 BoP 市场中运作的丰富经验为企业提供了开展试错型学习的机会，同时会带来学习曲线效应，带动企业产品质量的显著提高和成本的降低，为企业进入新市场奠定了竞争力基础。从理论上说，企业在 BoP 市场建立的商业模式具备进入 ToP 市场的潜力，但现实中很多企业却固守在低端位置，只有少数企业能实现从 BoP 向 ToP 的升级。因此，有必要进一步研究哪些因素是影响企业从 BoP 向 ToP 市场升级的关键。虽然已有一些研究开始探讨企业从低端向高端发展的障碍因素，比如，缺乏向高端发展的信心和资源承诺（Bartlett & Ghoshal，

2000；Gao，2003；高旭东，2008），但是这些研究无法解释从 BoP 向 ToP 发展中的更复杂情况。后续研究可以结合已有研究，采用案例研究方法，探究企业从 BoP 向 ToP 发展中的一些关键问题。比如，为什么有些企业能实现从 BoP 到 ToP 的升级，而其他企业却不能？这一过程中的关键因素有哪些？对这些问题的深入研究，可以进一步丰富 BoP 和颠覆性创新理论。

（3）BoP 战略与企业的可持续发展战略。

"企业可持续发展"指企业不仅要关注当前的竞争优势，还要在此基础上合理利用和开发企业的核心能力，使企业在可预见的未来也具有竞争优势，并获得良好发展（陈晓鹏，2010）。符合社会和生态视角的可持续发展应当成为公司经营战略的一部分，而 BoP 战略则是上述经营战略的重要组成部分。

除了 BoP 战略以外，实现企业的可持续发展还有另一部分重要内容，即通过技术创新满足自然环境可持续发展的要求。低能耗、环境友好型的清洁技术的开发和应用可以成为将企业视角与自然环境视角可持续发展融合在一起的下一个经济增长点。虽然清洁技术的推广和 BoP 战略是企业可持续发展战略的两个重要组成部分，但两种战略有着不同的发展思路，尤其是不同的主导逻辑和核心假设，因此这两个思路一直没有被统一到一个分析框架之下。

本课题组在研究中发现，清洁技术有可能与 BoP 战略进行结合，实现绿色跨越。由于清洁技术对传统技术而言具有突破性和替代性，其应用会对当前的市场秩序造成冲击，引发所在行业的变革，因此在高端市场的推行中存在不少阻力。另外，在 BoP 市场中，BoP 群体受到贫困惩罚的困扰，没有预设的基础设施和产业体系，因此为从头建设基于清洁技术设施和产业体系提供了可能。一旦这些新技术在 BoP 市场中扎根下来，就有可能向上渗透到金字塔顶层的市场。从这个意义上说，BoP 市场反而可以成为清洁技术早期应用和推广的最佳平台。清洁技术和 BoP 战略的结合为创新和企业增长都提供了巨大的机会，这两个思路的融合，可以形成完整体现企业可持续发展观的战略。该视角的研究将成为 BoP 战略未来发展的重要方向之一。

参 考 文 献

[1] Adner R. Match Your Innovation Strategy to Your Innovation Ecosystem [J]. Harvard Business Review, 2006, 84 (4): 98.

[2] Adner R. When Are Technologies Disruptive? A Demand – Based View of the Emergence of Competition [J]. Strategic Management Journal, 2002, 23 (8): 667 – 688.

[3] Adner R, Kapoor R. Value Creation in Innovation Ecosystems: How the Structure of Technological Interdependence Affects Firm Performance in New Technology Generations [J]. Strategic Management Journal, 2010, 31 (3): 306 – 333.

[4] Adner R, Snow D. Old Technology Responses to New Technology Threats: Demand Heterogeneity and Technology Retreats [J]. Industrial and Corporate Change, 2010, 19 (5): 1655 – 1675.

[5] Adner R, Zemsky P. A Demand – Based Perspective on Sustainable Competitive Advantage [J]. Strategic Management Journal, 2006, 27 (3): 215 – 239.

[6] Agarwal B. Diffusion of Rural Innovation: Some Analytical Issues and the Case of Wood – Burning Stoves [J]. World Development, 1983, 11 (4): 359 – 376.

[7] Amit R, Schoemaker P J H. Strategic Assets and Organizational Rent [J]. Strategic Management Journal, 1993, 14 (1): 33 – 46.

[8] Amit R, Zott C. Value Creation in E – Business [J]. Strategic Management Journal, 2001, 22 (6 – 7): 493 – 520.

[9] Anderson J, Markides C. Strategic Innovation at the Base of the Pyramid [J]. Mit Sloan Management Review, 2007, 49 (1): 83 – 88.

[10] Arnold D J, Quelch J A. New Strategies in Emerging Markets [J]. Sloan Management Review, 1998, 40 (1): 7 – 20.

[11] Austin J, Márquez P, Reficco E, Berger G, Fedato C, Fischer R M. 2007. Building New Business Value Chains with Low – Income Sectors inLatin America. In V. K. Rangan & J. A. Quelch & G. Herrero & B. Barton (Eds.), Business Solutions for the Global Poor: Creating Social and Economic Value: 193 – 206. San Francisco: Jossey – Bass.

[12] Baker T, Nelson R E. Creating Something from Nothing: Resource Construction through Entrepreneurial Bricolage [J]. Administrative Science Quarterly, 2005, 50 (3): 329 – 366.

[13] Banerjee A V, Duflo E. The Economic Lives of the Poor [J]. Journal of Economic Perspec-

tives, 2007, 21 (1): 141 – 167.

[14] Bartlett C A, Ghoshal S. Going Global: Lessons from Late Movers [J]. Harvard Business Review, 2000, (3): 132 – 142.

[15] Bazeley P. Qualitative Data Analysis with Nvivo [M]: Sage Publications Ltd, 2007.

[16] Bettis R A, Prahalad C K. The Dominant Logic: Retrospective and Extension [J]. Strategic Management Journal, 1995, 16: 5 – 5.

[17] Bjorkdahl J. Technology Cross – Fertilization and the Business Model: The Case of Integrating Icts in Mechanical Engineering Products [J]. Research Policy, 2009, 38 (9): 1468 – 1477.

[18] Bringer J, Johnston L, Brackenridge C. Using Computer – Assisted Qualitative Data Analysis Software to Develop a Grounded Theory Project [J]. Field methods, 2006, 18 (3): 245.

[19] Brown J S, Hagel J. Innovation Blowback: Disruptive Management Practices from Asia [J]. McKinsey Quarterly, 2005, (1): 35 – 45.

[20] Brown J S, Hagel J I. Creation Nets: Getting the Most from Open Innovation [J]. McKinsey Quarterly, 2006, 2: 40 – 51.

[21] Brown L. Innovation Diffusion [M]. New York: Methuen, 1981.

[22] Brugmann J, Prahalad C K. Cocreating Business's New Social Compact [J]. Harvard Business Review, 2007, 85 (2): 80 – 90.

[23] Budinich V, Reott K M, Schmidt S. 2007. Hybrid Value Chains: Social Innovations and Development of the Small Farmer Irrigation Market in Mexico. In V. K. Rangan & J. A. Quelch & G. Herrero & B. Barton (Eds.), Business Solutions for the Global Poor: Creating Social and Economic Value: 279 – 288. San Francisco: Jossey – Bass.

[24] Chambers R. Whose Reality Counts?: Putting the First Last [M]. London: ITDG Publishing, 1997.

[25] Charitou C D, Markides C C. Responses to Disruptive Strategic Innovation [J]. MIT Sloan Management Review, 2003, 44 (2): 55 – 63.

[26] Chesbrough H. Business Model Innovation: Opportunities and Barriers [J]. Long Range Planning, 2010, 43 (2 – 3): 354 – 363.

[27] Chesbrough H, Ahern S, Finn M, Guerraz S. Business Models for Technology in the Developing World: The Role of Non – Governmental Organizations [J]. California Management Review, 2006, 48 (3): 48 – 61.

[28] Chesbrough H, Rosenbloom R S. The Role of the Business Model in Capturing Value from Innovation: Evidence from Xerox Corporation's Technology Spin - Off Companies [J]. In-

dustrial and Corporate Change, 2002, 11 (3): 529 - 555.

[29] Christensen C M. Exploring the Limits of the Technology S – Curve. Part I: Component Technologies [J]. Production and Operations Management, 1992a, 1 (4): 334 - 357.

[30] Christensen C M. Exploring the Limits of the Technology S – Curve. Part Ii: Architectural Technologies [J]. Production and Operations Management, 1992b, 1 (4): 358 - 366.

[31] Christensen C M. The Innovator's Dilemma: When New Technologies Cause Great Firms to Fail [M]. Boston: Harvard Business School Press, 1997.

[32] Christensen C M, Anthony S D, Roth E A. Seeing What's Next [M]. Boston: Harvard Business School Press, 2004.

[33] Christensen C M, Baumann H, Ruggles R, Sadtler T M. Disruptive Innovation for Social Change [J]. Harvard Business Review, 2006, 84 (12): 94 - 101.

[34] Christensen C M, Bower J L. Customer Power, Strategic Investment, and the Failure of Leading Firms [J]. Strategic Management Journal, 1996, 17 (3): 197 - 218.

[35] Christensen C M, Craig T, Hart S. The Great Disruption [J]. Foreign Affairs, 2001, 80 (2): 80 - 95.

[36] Christensen C M, Hwang J. A Disruptive Solution for Health Care [J]. Business Week (Online), 2009.

[37] Christensen C M, Raynor M. The Innovator's Solution [M]. Boston: Harvard Business School Press, 2003.

[38] Christensen C M, Rosenbloom R S. Explaining the Attacker's Advantage: Technological Paradigms, Organizational Dynamics, and the Value Network [J]. Research Policy, 1995, 24 (2): 233 - 257.

[39] Christensen C M, Suárez F F, Utterback J M. Strategies for Survival in Fast – Changing Industries [J]. Management Science, 1998, 44 (12): S207 - S220.

[40] Corbin J, Strauss A. Grounded Theory Research: Procedures, Canons, and Evaluative Criteria [J]. Qualitative sociology, 1990, 13 (1): 3 - 21.

[41] Dahan N M, Doh J P, Oetzel J, Yaziji M. Corporate – Ngo Collaboration: Co – Creating New Business Models for Developing Markets [J]. Long Range Planning, 2010, 43 (2 - 3): 326 - 342.

[42] Dawar N, Chattopadhyay A. Rethinking Marketing Programs for Emerging Markets [J]. Long Range Planning, 2002, 35 (5): 457 - 474.

[43] De Soto H. The Mystery of Capital: Why Capitalism Triumphs in the West and Fails Everywhere Else [M]. New York: Basic Books, 2000.

[44] Demil B, Lecocq X. Business Model Evolution: In Search of Dynamic Consistency [J]. Long Range Planning, 2010, 43 (2 – 3): 227 – 246.

[45] Dosi G. Technological Paradigms and Technological Trajectories: A Suggested Interpretation of the Determinants and Directions of Technical Change [J]. Research Policy, 1982, 11 (3): 147 – 162.

[46] Eisenhardt K, Graebner M. Theory Building from Cases: Opportunities and Challenges [J]. Academy of Management Journal, 2007, 50 (1): 25.

[47] Eisenhardt K M. Building Theories from Case Study Research [J]. The Academy of Management Review, 1989, 14 (4): 532 – 550.

[48] Ethiraj S K, Kale P, Krishnan M S, Singh J V. Where Do Capabilities Come from and How Do They Matter? A Study in the Software Services Industry [J]. Strategic Management Journal, 2005, 26 (1): 25 – 45.

[49] Foster R. Innovation: The Attacker's Advantage [M]. New York: Summit Books, 1986.

[50] Gao X. Technological Capability Catching Up: Follow theNormal Way or Deviate [D]. MIT Ph. D Dissertation, Massachusetts Institute of Technology. 2003.

[51] Gardetti M A. A Base – of – the – Pyramid Approach inArgentina [J]. Greener Management International, 2007, 51: 65 – 77.

[52] Gilbert C, Bower J L. Disruptive Change [J]. Harvard Business Review, 2002, 80 (5): 95 – 100.

[53] Glaser B. Emergence Vs Forcing: Basics of Grounded Theory Analysis [M]: Sociology Press Mill Valley, CA, 1992.

[54] Glaser B, Strauss A. The Discovery of Grounded Theory: Strategies for Qualitative Research [M]: Aldine, 1967.

[55] Gotsch C. Technical Change and the Distribution of Income [J]. The American Journal of Agricultural Economics, 1972, 54 (2): 326 – 341.

[56] Granovetter M. Economic Action and Social Structure: The Problem of Embeddedness [J]. American Journal of Sociology, 1985, 91 (11): 481 – 510.

[57] Grosh M, Glewwe P. Household Survey Data from Developing Countries: Progress and Prospects [J]. The American Economic Review, 1996, 86 (2): 15 – 19.

[58] Hüsig S, Hipp C, Dowling M. Analysing Disruptive Potential: The Case of Wireless Local Area Network and Mobile Communications Network Companies [J]. R&D Management, 2005, 35 (1): 17 – 35.

[59] Hamel C. Leading the Revolution [M]. Boston: Harvard Business School, 2000.

[60] Hammond A L, Kramer W J, Katz R S, Tran J T, Walker C. 2007. The Next 4 Billion. Market Size and Business Srategy at the Base of the Pyramid [R]. World Resource Institute, International Finance Corporation.

[61] Hart S L. Capitalism at the Crossroads (2nd Edition) [M]. New Jersey: Wharton School Publishing, 2005a.

[62] Hart S L. Innovation, Creative Destruction and Sustainability [J]. Research – Technology Management, 2005b, 48 (5): 21 – 27.

[63] Hart S L, Christensen C M. The Great Leap – Driving Innovation from the Base of the Pyramid [J]. Mit Sloan Management Review, 2002, 44 (1): 51 – 56.

[64] Hart S L, Dowell G. A Natural – Resource – Based View of the Firm: Fifteen Years After [J]. Journal of Management, 2011, forthcoming.

[65] Hart S L, Sharma S. Engaging Fringe Stakeholders for Competitive Imagination [J]. Academy of Management Executive, 2004, 18 (1): 7 – 18.

[66] Havens A, Flinn W. Green Revolution Technology and Community Development: The Limits of Action Programs [J]. Economic Development and Cultural Change, 1975, 23 (469 – 481).

[67] Henderson R. The Innovator´s Dilemma as a Problem of Organizational Competence [J]. Journal of Product Innovation Management, 2006, 23 (1): 5 – 11.

[68] Henderson R M, Clark K B. Architectural Innovation: The Reconfiguration of Existing Product Technologies and the Failure of Established Firms [J]. Administrative Science Quarterly, 1990, 35 (1): 9 – 30.

[69] Hsu S, Chuang M, Chang C. A Semantic Differential Study of Designers´ and Users´ Product Form Perception [J]. International Journal of Industrial Ergonomics, 2000, 25 (4): 375 – 391.

[70] Hwang J, Christensen C. Disruptive Innovation in Health Care Delivery: A Framework for Business – Model Innovation [J]. Health Affairs, 2008, 27 (5): 1329.

[71] Immelt J R, Govindarajan V, Trimble C. How Ge Is Disrupting Itself [J]. Harvard Business Review, 2009, 87 (10): 56 – 65.

[72] Jain D, Mahajan V, Muller E. Innovation Diffusion in the Presence of Supply Restrictions [J]. Marketing Science, 1991, 10: 83 – 90.

[73] Johnson M W, Christensen C M, Kagermann H. Reinventing Your Business Model [J]. Harvard Business Review, 2008, 86 (12): 50 – 59.

[74] Kandachar P, de Jongh I, Diehl J C. Designing for Emerging Markets [M]. Delft: Delft

University of Technology, 2009.

[75] Karnani A. The Mirage of Marketing to the Bottom of the Pyramid: How the Private Sector Can Help Alleviate Poverty [J]. California Management Review, 2007, 49 (4): 90 – 111.

[76] Klein M H. Poverty Alleviation through Sustainable Strategic Business Models [D]. PhD Dissertation, Erasmus University Rotterdam, Rotterdam, Netherland. 2008.

[77] Kolk A, Rivera – Santos M, Rufin C. 2010. What Do We Really Know About the Base of the Pyramid Concept? A Literature Review [C]. TheAcademy of Management Proceedings.

[78] Kostka G, Zhou J. 2010. Chinese Firms EnteringChina's Low – Income Market: Gaining Competitive Advantage by Partnering Governments [J], Frankfurt School – Working Paper Series.

[79] Kotler P, Keller K. Marketing Management (13th Edition) [M]. New Jersey: Prentice Hall, 2008.

[80] Kuzel A J. 1992. Sampling in Qualitative Inquiry. In B. F. Crabtree & W. L. Miller (Eds.), Doing Qualitative Research, Vol. 3: 31 – 44. Thousand Oaks, CA, US: Sage Publications, Inc.

[81] Landrum N E. Advancing the "Base of the Pyramid" Debate [J]. Strategic Management Review, 2007, 1 (1): 1 – 12.

[82] Lepak D, Smith K, Taylor M. Value Creation and Value Capture: A Multilevel Perspective [J]. Academy of Management Review, 2007, 32 (1): 180.

[83] Letelier M F, Flores F, Spinosa C. Developing Productive Customers in Emerging Markets [J]. California Management Review, 2003, 45 (4): 77 – 103.

[84] London T. 2007. The Base – of – the – Pyramid Perspective: A New Approach to Poverty Alleviation [C]. The Academy of Management Proceedings.

[85] London T. Making Better Investments at the Base of the Pyramid [J]. Harvard Business Review, 2009, 87 (5): 106 – 113.

[86] London T, Anupindi R, Sheth S. Creating Mutual Value with Base of the Pyramid Producers [J]. Academy of Management Proceedings, 2009: 1 – 6.

[87] London T, Anupindi R, Sheth S. Creating Mutual Value: Lessons Learned from Ventures Serving Base of the Pyramid Producers [J]. Journal of Business Research, 2010, 63 (6): 582 – 594.

[88] London T, Hart S L. Reinventing Strategies for Emerging Markets: Beyond the Transnational Model [J]. Journal of International Business Studies, 2004, 35 (5): 350 – 370.

[89] London T, Rondinelli D A. Partnerships for Learning: Managing Tensions in Nonprofit Or-

ganizations' Alliances with Corporations [J]. Stanford Social Innovation Review, 2003, 1 (3): 28 – 35.

[90] Lyytinen K, Rose G M. The Disruptive Nature of Information Technology Innovations: The Case of Internet Computing in Systems Development Organizations [J]. MIS Quarterly, 2003, 27 (4): 557 – 596.

[91] Mahajan V, Pratini De Moraes M V, Wind J. The Invisible Global Market [J]. Marketing Management, 2000, 9 (4): 30 – 35.

[92] Mair J, Martí I. Social Entrepreneurship Research: A Source of Explanation, Prediction, and Delight [J]. Journal of World Business, 2006, 41 (1): 36 – 44.

[93] Mair J, Marti I. Entrepreneurship in and around Institutional Voids: A Case Study from Bangladesh [J]. Journal of Business Venturing, 2009, 24 (5): 419 – 435.

[94] Markides C. Disruptive Innovation: In Need of Better Theory [J]. Journal of Product Innovation Management, 2006, 23 (1): 19 – 25.

[95] Markides C, Oyon D. What to Do against Disruptive Business Models (When and How to Play Two Games at Once) [J]. Mit Sloan Management Review, 2010, 51 (4): 25.

[96] Martin M J C. Selling Solar: The Diffusion of Renewable Energy in Emerging Markets. By Damian Miller [J]. R&D Management, 40 (2): 209 – 210.

[97] Maxwell J. Qualitative Research Design: An Interactive Approach [M]: Sage, 2004.

[98] Mendoza R U, Thelen N. Innovations to Make Markets More Inclusive for the Poor [J]. Development Policy Review, 2008, 26 (4): 427 – 458.

[99] Miles M, Huberman A. Qualitative Data Analysis: An Expanded Sourcebook [M]: Sage Pubns, 1994.

[100] Miller D. Selling Solar: The Diffusion of Renewable Energy in Emerging Markets [M]. London: Earthscan, 2009.

[101] Mitchell D W, Coles C B. Building Better Business Models [J]. Leader to Leader, 2003, 29: 12 – 17.

[102] Moore J F. The Death of Competition: Leadership and Strategy in the Age of Business Ecosystems [M]. New York: Harper Collins, 1996.

[103] Moore J F. Predators and Prey: A New Ecology of Competition [J]. Harvard Business Review, 1993, 71: 75 – 86.

[104] Morris M, Schindehutte M, Allen J. The Entrepreneur's Business Model: Toward a Unified Perspective [J]. Journal of Business Research, 2005, 58 (6): 726 – 735.

[105] Nahapiet J, Ghoshal S. Social Capital, Intellectual Capital, and the Organizational Advan-

tage [J]. Academy of Management Review, 1998, 23: 242 – 266.

[106] Narayan D, Chambers R, Shah M K, Petesch P. Voices of the Poor: Crying out for Change [M]. New York: Oxford University Press, 2000a.

[107] Narayan D, Patel R, Schafft K, Rademacher A, Koch – Schulte, S. Voices of the Poor: Can Anyone Hear Us? [M]. New York: Oxford University Press, 2000b.

[108] O'Reilly Ⅲ C A, Tushman M L. Ambidexterity as a Dynamic Capability: Resolving the Innovator's Dilemma [J]. Research in Organizational Behavior, 2008, 28: 185 – 206.

[109] Olsen M, Boxenbaum E. Bottom – of – the – Pyramid: Organizational Barriers to Implementation [J]. California Management Review, 2009, 51 (4): 100 – 125.

[110] Osterwalder A, Pigneur Y, Tucci C L. Clarifying Business Models: Origins, Present, and Future of the Concept [J]. Communications of the association for Information Systems, 2005, 16 (1): 1 – 25.

[111] Paap J, Katz R. Anticipating Disruptive Innovation [J]. Research – Technology Management, 2004, 47: 13 – 22.

[112] Pandit N. The Creation of Theory: A Recent Application of the Grounded Theory Method [J]. The Qualitative Report, 1996, 2 (4).

[113] Penn T. Book Reviews. Innovation Diffusion: A New Perspective, byLawrence A. Brown [J]. Technology and Culture, 1984, 25 (2): 316 – 317.

[114] Penrose F. The Theory of the Growth of the Firm [M]. New York: JohnWiley & Sons, 1959.

[115] Perez – Aleman P, Sandilands M. Building Value at the Top and the Bottom of the Global Supply Chain: Mnc – Ngo Partnerships [J]. California Management Review, 2008, 51 (1): 24 – 49.

[116] Philibert C. 2006. Barriers to Technology Diffusion. The Case of Solar Thermal Technologies [J]: OECD/IEA Information Paper, Paris.

[117] Philibert C. 2003. Technology Innovation, Development and Diffusion [J]: OECD/IEA Information Paper, Paris.

[118] Pitta D A, Guesalaga R, Marshall P. The Quest for the Fortune at the Bottom of the Pyramid: Potential and Challenges [J]. Journal of Consumer Marketing, 2008, 25 (7): 393 – 401.

[119] Prahalad C K. The Fortune at the Bottom of the Pyramid [M]. Upper Saddle River, NJ: Wharton School Publishing, 2004a.

[120] Prahalad C K. The Future of Competition: Co – Creating Unique Value with Customers

［J］. Research – Technology Management, 2004b, 47（3）: 62 – 62.

［121］ Prahalad C K, Bettis R A. The Dominant Logic: A New Linkage between Diversity and Performance ［J］. Strategic Management Journal, 1986, 7（6）: 485 – 501.

［122］ Prahalad C K, Hammond A. Serving the World's Poor, Profitably ［J］. Harvard Business Review, 2002, 80（9）: 48 – +.

［123］ Prahalad C K, Hart S L. The Fortune at the Bottom of the Pyramid ［J］. Strategy + Business, 2002, （26）: 54 – 67.

［124］ Prahalad C K, Lieberthal K. The End of Corporate Imperialism ［J］. Harvard Business Review, 2003, 81（8）: 109 – +.

［125］ Prasad V C S, Ganvir V. Study of the Principles of Innovation for the Bop Consumer—the Case of a Rural Water Filter ［J］. International Journal of Innovation and Technology Management, 2005, 2（4）: 349 – 366.

［126］ Rahm D. Us Public Policy and Emerging Technologies ［J］. Energy Policy, 1993, April: 374 – 384.

［127］ Rangan V K, Quelch J A, Herrero G, Barton B. （Eds.）. 2007. Business Solutions for the Global Poor: Creating Social and Economic Value. San Francisco: Jossey – Bass.

［128］ Reficco E, Márquez P. Inclusive Networks for Building Bop Markets ［J］. Business & Society, 2009, （March）: 1 – 43.

［129］ Rivera – Santos M, Rufín C. Global Village Vs. Small Town: Understanding Networks at the Base of the Pyramid ［J］. International Business Review, 2010, 19（2）: 126 – 139.

［130］ Rogers E. Diffusion of Innovations（Fourth Edition）［M］. New York: Free Press, 1995.

［131］ Rogers E, Shoemaker F. Communication of Innovation: A Cross Cultural Approach ［M］. New York: Free Press, 1971.

［132］ Roling N. 1982. Alternative Approaches in Extension. In G. Jones & M. Rolls（Eds.）, Progress in Rural Extension and Community Development, Vol. 1. New York: Wiley Publishing.

［133］ Rosenberg N. Factors Affecting the Diffusion of Technology ［J］. Explorations in Economic History, 1972, 10（1）: 3 – 33.

［134］ Rost C, Ydren E. Profit for the Poor: Sustainable Market Development in Bop – Markets ［D］. Jönköping International Business School, Jönköping. 2006.

［135］ Roy K C, Clark C. Technological Change and Rural Development in Poor Countries: Neglected Issues ［M］. Calcutta; New York: Oxford University Press, 1994.

[136] Sánchez P, Ricart J E, Rodríguez M Á. Influential Factors in Becoming Socially Embedded in Low – Income Markets [J]. Greener Management International, 2006, (51): 19 – 38.

[137] Sahal D. Patterns of Technological Innovations [M]. Reading, MA: Addison – Wesley Publishing, 1981.

[138] Sainio L M, Puumalainen K. Evaluating Technology Disruptiveness in a Strategic Corporate Context: A Case Study [J]. Technological Forecasting and Social Change, 2007, 74 (8): 1315 – 1333.

[139] Seelos C, Mair J. Profitable Business Models and Market Creation in the Context of Deep Poverty: A Strategic View [J]. Academy of Management Perspectives, 2007, 21 (4): 49 – 63.

[140] Shuo – Chang T, Yung – Hsin C, Chang – Hsien H, Yi – Shan K, Kuo – Chin H. 2009. Exploring Factors Affecting the Adoption Intention toward the Integration of Traditional Chinese and Western Medicine as a Disruptive Innovation in the Health – Care Service Industry [C], Xiamen, China.

[141] Simanis E. At the Base of the Pyramid [J]. Wall Street Journal – Eastern Edition, 2009, 254 (99): R7.

[142] Simanis E, Hart S. Innovation from the inside Out [J]. MIT Sloan Management Review, 2009, 50 (4): 78 – 86.

[143] Simanis E, Hart S L. 2008. The Base of the Pyramid Protocol: Toward Next Generation Bop Strategy (2nd Edition) [R]. New York: Center for Sustainable Global Enterprise, Cornell University,

[144] Simanis E, Hart S L. Beyond Selling to the Poor: Building Business Intimacy through Embedded Innovation [J]. Sloan Management Review, 2010, forthcoming.

[145] Sirmon D, Hitt M, Ireland R. Managing Firm Resources in Dynamic Environments to Create Value: Looking inside the Black Box [J]. Academy of Management Review, 2007, 32 (1): 273 – 292.

[146] Sridharan S, Viswanathan M. Marketing in Subsistence Marketplaces: Consumption and Entrepreneurship in a South Indian Context [J]. Journal of Consumer Marketing, 2008, 25 (7): 455 – 462.

[147] Steidlmeier P. The Business Community and the Poor: Rethinking Business Strategies and Social Policy [J]. American Journal of Economics and Sociology, 1993, 52 (2): 209 – 221.

[148] Strauss A, Corbin J. Basics of Qualitative Research: Grounded Theory Procedures and

Techniques [M]. Sage Newbury Park, CA, 1990.

[149] Teece D J. Business Models, Business Strategy and Innovation [J]. Long Range Planning, 2010, 43 (2 – 3): 172 – 194.

[150] Teece D J. Profiting from Technological Innovation: Implications for Integration, Collaboration, Licensing and Public Policy [J]. Research Policy, 1986, 15 (6): 285 – 305.

[151] Thomond P, Herzberg T, Lettice F. 2003. Disruptive Innovation: Removing the Innovators' Dilemma [C]. British Academy of Management 2003 Conference Proceedings, Cranfield University, UK.

[152] Tushman M L, Anderson P. Technological Discontinuities and Organizational Environments [J]. Administrative Science Quarterly, 1986, 31 (3): 439 – 465.

[153] UNDP. 2008. Creating Value for All: Strategies for Doing Business with the Poor [R]. New York, USA: United Nations Development Programme.

[154] Utterback J M, Acee H J. Disruptive Technologies:: An Expanded View [J]. International Journal of Innovation Management, 2005, 9 (1): 1 – 17.

[155] Vachani S, Smith N C. Socially Responsible Distribution: Distribution Strategies for Reaching the Bottom of the Pyramid [J]. California Management Review, 2008, 50 (2): 52 – 84.

[156] Visser W, Matten D, Pohl M, Tolhurst N. The a to Z of Corporate Social Responsibility [M]. West Sussex, England: John Wiley & Sons, 2007.

[157] Viswanathan M, Seth A, Gau R, Chaturvedi A. Doing Well by Doing Good: Pursuing Commercial Success by Internalizing Social Good in Subsistence Markets [J]. Academy of Management Proceedings, 2007: 1 – 6.

[158] Viswanathan M, Seth A, Gau R, Chaturvedi A. Ingraining Product – Relevant Social Good into Business Processes in Subsistence Marketplaces: The Sustainable Market Orientation [J]. Journal of Macromarketing, 2009, 29 (Dec): 406 – 425.

[159] Viswanathan M, Sridharan S, Ritchie R. 2008. Marketing in Subsistence Marketplaces. In C. Wankel (Ed.), Alleviating Poverty through Business Strategy: 209 – 232. New York: Palgrave Macmillan.

[160] WBCSD. 2005. Business for Development: Business Solutions in Support of the Millennium Development Goals [R]. Geneva: World Business Council for Sustainable Development.

[161] WBCSD. 2004. Doing Business with the Poor: A Field Guide [R]. Geneva: World Business Council for Sustainable Development.

[162] Webb J W, Tihanyi L, Ireland R D, Sirmon D G. You Say Illegal, I Say Legitimate: En-

trepreneurship in the Informal Economy [J]. Academy of Management Review, 2009, 34 (3): 492 – 510.

[163] Weiss W, Bergmann I, Faninger G. 2006. Solar Heat Worldwide [R]. Austria: IEA Solar Heating & Cooling Programme.

[164] Weiss W, Bergmann I, Faninger G. 2009. Solar Heat Worldwide: Markets and Contribution to the Energy Supply 2007 [R]. Austria: IEA Solar Heating & Cooling Programme.

[165] Wejnert B. Integrating Models of Diffusion of Innovations: A Conceptual Framework [J]. Annual review of sociology, 2002: 297 – 327.

[166] Willemstein L, van der Valk T, Meeus M T H. Dynamics in Business Models: An Empirical Analysis of Medical Biotechnology Firms in theNetherlands [J]. Technovation, 2007, 27 (4): 221 – 232.

[167] World Bank. 2005. Business Action for the Mdgs: Private Sector Involvement as a Vital Factor in Achieving the Millennium Development Goals [R]. Washington DC: World Bank Institute.

[168] World Economic Forum. 2009. The Next Billions: Unleashing Business Potential in Untapped Markets [R]. Geneva, Switzerland: World Economic Forum.

[169] Wu X, Ma R, Shi Y. How Do Latecomer Firms Capture Value from Disruptive Technologies? A Secondary Business – Model Innovation Perspective [J]. Engineering Management, IEEE Transactions on, 2010, 57 (1): 51 – 62.

[170] Yin R K. Case Study Research: Design and Methods (Fourth Edition) [M]. California: SAGE Publications, 2009.

[171] Zhou J, Kostka G. 2010. Public – Private Partnerships: Co – Opting Chinese Firms to Alleviate Rural Poverty in China [C]. Academy of Management Proceedings.

[172] Zhou J, Xing X, Tong Y. 2009. Serving the Low – Income Group with Microfinance in China [C]. Portland International Conference on Management of Engineering & Technology, 2009, Portland, USA.

[173] Zhu S, Shi Y. Shanzhai Manufacturing – an Alternative Innovation Phenomenon in China: Its Value Chain and Implications for Chinese Science and Technology Policies [J]. Journal of Science and Technology Policy in China, 2010, 1 (1): 29 – 49.

[174] Zott C, Amit R. Business Model Design: An Activity System Perspective [J]. Long Range Planning, 2010, 43 (2 – 3): 216 – 226.

[175] Zott C, Amit R. The Fit between Product Market Strategy and Business Model: Implications for Firm Performance [J]. Strategic Management Journal, 2008, 29 (1): 1 – 26.

[176] 曾涛. 企业商业模式研究 [D]. 西南财经大学博士学位论文, 2006.

[177] 陈向明. 质的研究方法与社会科学研究 [M]. 北京：教育科学出版社, 2000.

[178] 陈晓鹏. 面向社会经济金字塔底层（BoP）的企业商业模式创新 [D]. 清华大学博士学位论文, 2010.

[179] 范轶琳, 吴晓波, 顾淑林. 包容性发展视角下的农村创新系统重构 [J]. 科技进步与对策, 2010, 27（17）：22 – 24.

[180] 高闯, 关鑫. 企业商业模式创新的实现方式与演进机理——一种基于价值链创新的理论解释. 中国工业经济, 2006,（11）：83 – 90.

[181] 高旭东. 企业自主创新战略与方法 [M]. 北京：知识产权出版社, 2008.

[182] 龚丽敏, 江诗松, 魏江. 试论商业模式构念的本质、研究方法及未来研究方向 [J]. 外国经济与管理, 2011, 33（3）：1 – 8.

[183] 黄敏, 司春林. 洞见未来——用变革理论预测产业变化 [J]. 研究与发展管理, 2005, 17（6）：137 – 138.

[184] 焦豪, 周江华. 在公益领域创业——企业家的社会化潮流 [J]. 北大商业评论, 2011,（1）：27 – 29.

[185] 琚琳丽. 基于模块化理论的破坏性创新研究：以山寨机现象为例 [D]. 清华大学硕士论文, 2009.

[186] 琚琳丽, 王毅, 朱恒源. 柔性模块化和复合破坏：对我国手机产业山寨机现象的研究 [J]. 创新与创业管理, 2010, 6：19 – 31.

[187] 赖国伟. 基于模块化的商务模式创新——以 PC 产业为例 [D]. 厦门大学博士学位论文, 2004.

[188] 李东. 基于结构特征的商业模式创新：路径类型、产业效应与策略体系 [J]. 中国软科学, 2006,（11）：141 – 145.

[189] 李怀祖. 管理研究方法论 [M]. 西安：西安交通大学出版社, 2004（1）.

[190] 李纪珍. 产业共性技术供给体系研究 [D]. 清华大学博士学位论文, 2001.

[191] 刘志强. 商务模式视角的资源外包网络研究 [D]. 厦门大学博士论文, 2007.

[192] 柳御林. 技术创新经济学 [M]. 北京：中国经济出版社, 1993.

[193] 娄永海. 基于 Triz 理论的企业商业模式研究 [D]. 吉林大学博士学位论文, 2009.

[194] 罗谭. 面向低收入群体的企业创新模式研究 [D]. 清华大学硕士学位论文, 2007.

[195] 苏平平. 面向农村 BoP 人群的小额信贷研究 [D]. 清华大学硕士学位论文, 2008.

[196] 苏启林. 破坏性技术、组织创新与产业成长预测 [J]. 中国工业经济, 2006,（11）：117 – 124.

[197] 唐方成, 仝允桓, 席酉民. 面向低收入群体市场的企业创新模式与可持续发展战略

[C]. 科学发展观与系统工程——中国系统工程学会第十四届学术年会论文集, 2006.

[198] 邰秀军, 李树苗, 李聪, 等. 中国农户谨慎性消费策略的行程机制 [J]. 管理世界, 2009, (7): 85-92.

[199] 田红云, 陈继祥, 田伟. 破坏性创新机理探究 [J]. 研究与发展管理, 2007, 19 (5): 1-7.

[200] 仝允桓, 周江华, 邢小强. 面向低收入群体 (BoP) 的创新理论——述评和展望 [J]. 科学学研究, 2010, 28 (2): 169-176.

[201] 仝允桓, 周江华, 赵晶. 基于知识整合的企业内部技术转移模式分析 [J]. 科学学与科学技术管理, 2008, (10): 68-73.

[202] 王炳成, 许长宇. 破坏性创新商业模式的成长路径研究 [J]. 科技进步与对策, 2010, 27 (16): 1-4.

[203] 王敏. 基于二元组织的企业颠覆性和维持性创新研究 [D]. 上海交通大学博士学位论文, 2009.

[204] 王世权, 牛建波. 利益相关者参与公司治理的途径研究——基于扎根理论的雷士公司控制权之争的案例分析 [J]. 科研管理, 2009, 30 (4): 105-114.

[205] 王毅, 等. 新产品开发管理新范式: 基于核心能力的平台方法 [J]. 科研管理, 1999 (5): 6-12.

[206] 翁君奕. 商务模式创新 [M]. 北京: 经济管理出版社, 2004.

[207] 魏江. 产业集群——创新系统与技术学习 [M]. 北京: 科学出版社, 2003.

[208] 魏江, 冯军政. 国外不连续创新研究现状评介与研究框架构建 [J]. 外国经济与管理, 2010, 32 (6): 9-16.

[209] 巫强, 刘志彪. 双边交易平台下构建国家价值链的条件、瓶颈与突破——基于山寨手机与传统手机产业链与价值链的比较分析 [J]. 中国工业经济, 2010, (3): 76-85.

[210] 吴菲菲, 徐艳, 黄鲁成. 新技术引致商业模式创新的研究 [J]. 科技管理研究, 2010, (23): 1-4.

[211] 吴贵生, 谢伟. "破坏性创新"与组织响应 [J]. 科学学研究, 1997, 15 (4): 35-39.

[212] 吴晓波. 二次创新的周期与企业组织学习模式 [J]. 管理世界, 1995 (3): 168-172.

[213] 谢伟. 中国企业技术创新的分布和竞争策略 [J]. 管理世界, 2006, (2): 50-62.

[214] 邢小强, 周江华, 仝允桓. 面向低收入群体市场的创新研究 [J]. 科学学研究,

2010a, 28（10）：1564 – 1570.

[215] 邢小强，周江华，仝允桓. 面向低收入市场的金字塔底层战略研究述评 [J]. 财贸经济，2011，(1)：79 – 85.

[216] 邢小强，周江华，仝允桓. 面向金字塔底层的包容性创新系统研究 [J]. 科学学与科学技术管理，2010b (11)，27 – 32.

[217] 张洪石，陈劲，付玉秀. 突破性创新：跨越式发展之基 [J]. 自然辩证法通讯，2005，27 (1)：69 – 78.

[218] 张红宇，杨春华，张海阳，等. 当前农业和农村经济形势分析与农业政策的创新 [J]. 管理世界，2009，(11)：74 – 83.

[219] 张宗臣，苏敬勤. 技术平台及其在企业核心能力理论中的地位 [J]. 科研管理，2001 (6)：76 – 81.

[220] 赵晶，关鑫，仝允桓. 面向低收入群体（Bop）的商业模式创新 [J]. 中国工业经济，2007，(11)：1 – 9.

[221] 郑适，王志刚. 农户参与专业合作经济组织影响因素的分析 [J]. 管理世界，2009，(4)：171 – 172.

[222] 中华人民共和国国家统计局. 中国统计年鉴 [M]. 北京：中国统计出版社，2007.

[223] 中华人民共和国国家统计局. 中国统计年鉴 [M]. 北京：中国统计出版社，2008.

[224] 中华人民共和国国家统计局. 中国统计年鉴 [M]. 北京：中国统计出版社，2009.

[225] 周江华，邵希. 九康的"包容性创新" [J]. 北大商业评论，2010，(12)：94 – 97.

[226] 周江华，仝允桓，李纪珍. 面向 BoP 市场的破坏性创新机理：基于山寨手机行业的案例研究 [J]. 清华大学学报（社会科学版），2011，已录用.

[227] 周江华，仝允桓，李纪珍. 企业面向低收入群体的创新模式研究 [J]. 经济与管理研究，2010，(10)：12 – 17.

[228] 朱武祥，魏炜. 施乐天才商人商业模式拯救新技术 [J]. 深圳特区科技，2007，(1)：20 – 21.